本书为 2010 年国家社科基金"西部农村地区教师政策问题"（10BSH009）阶段性研究成果

2014 年度中西部高校提高综合实力：宁夏大学教师教育人才培养改革计划经费资助项目

王安全 著

西部农村教师教育政策的理论基础与实践反思

中国社会科学出版社

图书在版编目(CIP)数据

西部农村教师教育政策的理论基础与实践反思 / 王安全著 . —北京：
中国社会科学出版社，2016.2
ISBN 978-7-5161-7669-6

Ⅰ. ①西…　Ⅱ. ①王…　Ⅲ. ①农村—师资培养—教育政策—
研究　Ⅳ. ①G451.2

中国版本图书馆 CIP 数据核字(2016)第 039975 号

出 版 人	赵剑英
责任编辑	冯春凤
责任校对	张爱华
责任印制	张雪娇

出　　　版	中国社会科学出版社
社　　　址	北京鼓楼西大街甲 158 号
邮　　　编	100720
网　　　址	http：// www.csspw.cn
发 行 部	010 - 84083685
门 市 部	010 - 84029450
经　　　销	新华书店及其他书店

印　　　刷	北京君升印刷有限公司
装　　　订	廊坊市广阳区广增装订厂
版　　　次	2016 年 2 月第 1 版
印　　　次	2016 年 2 月第 1 次印刷

开　　　本	710×1000　1/16
印　　　张	15.5
插　　　页	2
字　　　数	254 千字
定　　　价	58.00 元

凡购买中国社会科学出版社图书,如有质量问题请与本社营销中心联系调换
电话:010 - 84083683

目　录

前　　言

　　教师教育研究是近些年国内外教育研究的热点。教师教育研究的重点和难点是农村教师教育，解决农村教师发展问题的关键是农村教师政策问题。因此，为解决西部农村教师发展问题，拙著对西部农村教师的现状、问题，西部农村教师政策现状问题，以及影响西部农村教师政策形成的基础理论问题进行了调查分析和深入思考，并提出了解决问题的一系列政策建议。在西部农村教师教育现状方面，本研究发现近年来西部经济发达县代课教师日趋减少，其城乡教师均呈现学历高级化、职称中级化、年龄中等化倾向，其城乡教师结构四项指标均呈缩小趋向，但农村教师明显存在专业技术水平不高、学历虚高现象，并成了代课教师的最后栖居之地。但是，西部贫困地区中学特岗教师始终存在离职率和非师范专业比重高、教师学历层次不符合要求，特岗女教师比例持续走高、男教师比重下降和对特岗教师随意安置、不能有效使用等现象，影响了政策执行的信度和效度。因此，不论经济发达地区还是经济落后地区，西部地区城乡教师质量差异都很明显。为此，要实行科学合理的工作准入制度、职称能力认证和弹性编制制度，重新审视和形成新的切合西部农村实际的农村教师工资、学历标准，实行特岗教师招聘向教师专业毕业生倾斜政策和劳动机会待遇男女公平方式，来调整和改善西部农村教师队伍结构。而本研究在对宁夏农村特岗教师挫折感现状的分析中发现，挫折感是困扰西部农村特岗教师发展的主要问题之一。挫折感对特岗教师的正常教学、教师职业的快速成长、职业态度及教师队伍的稳定性等都带来了较大影响。因此，根据需要针对特岗教师挫折感特点及成因针对性消除。

　　在西部农村教师基本政策方面，教师基本政策是指教师基本的政治、经济、身份等方面的政策。研究发现我国西部农村地区师资政策缺乏稳定性、激励性，且存在唯关系主义和个人主义行为。同时，由于主客观多种因素影响，我国农村贫困地区师资政策存在形成模式领导化，教师使用制度行政化，教师培养工作表面化、个别化、形式化，教师福利待遇"空白化"且盛行平均主义现象。由于师资政策制定上的缺陷，导致西部农村地区教师队伍生活待遇偏低、流失严重，专业素质不高，培训工作跟不上去。这些因素正成为农村学生厌学、转学，学业不良的主要因素。因此，本研究提出要经常反思农村教师政策的合理性。目前情况下应实行西部农村初中按需设编、西部农村贫困地区教师工资国家全额核拨制度，逐渐取消"支教"制度，形成动态的具有长效激励机制的西部贫困地区师资政策。同时，要改变我国农村贫困地区的师资政策形成模式，发挥各级学校在教师任用中的主导权；改变农村贫困地区师资培训政策，提高培训质量；改变福利待遇政策，提高生活质量，要实行西部农村贫困地区教师县、乡长负责制，建立贫困地区教师基金，改革和完善基层教师培训政策、评价政策，加强培训内容的针对性、实用性、系统性，提高培训方法的生动活泼性，实行长期制度化政策。

在农村教师身份政策方面，本研究认为农村非正式身份教师的存在具有一定合理性。非正式教师的存在合乎教育发展需要与正式教师数量不足之理，合乎教师流动规律与教师发展目的的统一性之理，合乎其存在的组织行为目的与其个体发展价值的统一性要求。但非正式教师存在需要以辅助性、合格性、同工同酬性、地方主导与学校主体相结合原则为其存在的合理性前提。

为引导农村教师队伍有效发展，明确非正式教师转正的合理性限度，推动具有完全教师资格和能力的教师转正，限制不具有教师能力和资格者的转正，是农村地区教师队伍建设的需要。非正式教师转正的基本限度主要体现在学历、能力、时间和资格四个方面。其中，学历方面达到从教阶段当时规定的最低学历底线和知识标准，能力方面具备基本的教学设计、语言表达、课堂组织管理、教学测量与评价等方面能力，专业方面系统修习过师范专业课程，在时间方面经历过合理的教育年限和教学年限锻炼；在资格方面具有各种合理的资格条件。为确保非正式教师在合理限度内转正，国家层面要制定好非正式教师身份转化的合理性政策措施；地方教育行政部门做好国家教师身份转化政策的理解、消化工作，并努力使之具体化，学校层面要依据相关政策做好教师身份转化的考核、推荐工作。

当然，在引导非正式教师转正过程中，也要制定出合理可靠的正式教师政策，引导教师群体中不具有教师德行的正式教师向非正式教师转化，以纯化和提高教师队伍质量。

在农村教师流动政策方面，本研究认为发展教育需要教师流动，教师流动是现代教育发展的条件和保证，也是教育快速发展的趋势和要求。农村教师城市化流动是农村教育发展的趋势之一。但是，由于教师个体内在意愿以及政策制度、经济文化、人口和教师自身外在因素以及地方保护主义行为等因素影响，50多年来，西部农村地区本县籍中小学师资数量、比重保持持续增长态势，其本县籍教师数量、比值由历史最低发展到历史最高值，本地教师功能由历史最小强化到历史最大值。而其外县、外省籍教师比重由历史最高值下降到历史最低点，外地教师功能由历史最大弱化到历史最小值。农村教师城市化流动存在平等不足和效率低下问题，农村地区教师队伍处于不合理流动状态。农村教师不合理流动对农村贫困地区学生、教师及其教育发展是有害的。因此，必须形成以流动促稳定的观念，形成利于教师队伍稳定的内在的政策、规则、措施，切实维护当地教育的稳定和发展。同时，要建立公共关系范畴和政府宏观指导下的公平流动制度，弹性化教师编制制度，摒弃教师流动中的人为限制和地方保护主义行为，实现农村教师城市化平等效率性流动。从政治、经济等方面重新思考和修正西部农村教师流动方要式问题，形成西部农村地区合理性教师地缘结构及其最大地缘功效。

在教师教育质量标准政策的制定方面，本研究对教师年龄、性别上的合理性结构标准进行了探索，并提出了教师教育质量标准的限度与方法问题。认为根据师生特点和教育需要，小学阶段以女教师为主、初中男女教师各半、高中男教师为主是合理性中小学教师性别结构合理性标准。受入职年龄等因素影响，不同时期教师年龄结构标准不同。当下中小学教师年龄结构标准是25周岁以下（含25周岁）中小学教师占教师总数的8.57%，30周岁以下、50周岁以上中小学教师分别占教师总数的20%，而26—35周岁、36—45周岁、40—50周岁各占小学教师人数的28.57%为小学教师队伍合理性年龄结构标准。如果按"老"、"中"、"青"比重计算教师年龄结构标准：老年教师占20%、中年教师占42.87%、青年教师占 37.14% 左右为合理性教师年龄结构标准。而根据不同教育阶段的教师性别结构标准，以统筹现实与未来、城镇与乡村教师性别结构方式，针对性相应及时增加比例不足或减少比例过高一方教师性别比重，可以推动各学校教师性别结构的合理化发展。但合理性教师年龄结构既需要依据教师队伍年龄构成的自然法则、在自然演变中自然生成，也需要遵循和利用社会分层和教师流动的特点规律，通过制定符合教育历史和时代特点的教师入职、离职年龄政策，实行行之有效的经济手段、在引导中人为形成。

在农村教师专业化政策形成方面，本研究认为，追求专业化发展、师范专业型教师是不同时期、不同地域和不同教育阶段教师教育的普遍价值诉求。但受个体专业化认识能力、教师教育行动研究方式、高校招生培养方式、大学生就业问题等因素影响，近年来国内外教师队伍出现了专业化发展不足和明显的非师范化动向。而教师队伍非师范专业化发展不仅影响学校教育教学的近期质量、影响学生近期发展，也影响到教师队伍整体的社会地位和社会功能。同时，对教师队伍的稳定健康发展带来了潜在性负面影响。因此，任何时期在教师培养过程中，通过实践体察、理论学习形成正确的学科知识观、学科态度，以及自我学科知识功能、价值观，及时增进自我学科知识理解。同时要明确教育行动研究的任务和方式，善于开展教育行动研究。在教师选拔录用教师过程中，都应坚持优先从师范专业毕业生中选用原则，减少和消除非师范专业教师比例。

在教师政策理论研究方面，本研究认为，教师政策涉及到柔性与刚性的很多教师教育问题。但对于学生教育和教育教学发展来说，教师政策的基础是教师工资政策问题，重点是教师学历发展政策问题，难点是教师话语权力与范围的政策问题，教师政策的深层次问题是教师人性理念的管理方式问题。

2009 年 1 月 1 日起，全国义务教育阶段学校开始实施绩效工资。与此同时，国内学者也开始研究绩效工资问题。众多研究发现，义务教育教师绩效工资有正向激励功能、价值，有积极合理之处。但由于义务教育绩效工资来源渠道、分配方式欠合理，也有负向功能、价值和消极不合理之处。而各种研究总体上注重了绩效工资理论和局部问题研究、忽视了实证和整体性研究。而且，所有研究基本上没有对绩效工资问题根源进行深入分析，也未能提出绩效工资的最佳分配方式，这些都应该是今后研究需要思考的方向。

教师学历发展的根本目的是满足教师自身、学校教育教学活动和学生多方面需要，实现其本体和工具性价值。但受学历形成、发展制度和学历待遇政策、学历形成环境等因素影响，教师学历发展的内在本体价值常常难以实现，其功利和工具价值也未必能实现。如果在教师政策方面能切实提高学历内在质量、拉大不同学历间的层级差价，有效进行敬业奉献精神教育，创设出高学历教师自由任教精神环境，可能会促成教师学历功能价值的正向化发展。

话语权是决定师生关系方式，影响学校教育质量与效果的重要因素。传统的教师话语是主体性教育话语。传统的教师话语权是单向性的个体话语权力和个体话语影响力，体现的是教育中的占有、控制与压迫性关系，是对教育本真关系的扭曲，也是教育领域中正在消解的话语关系。当代教育主张教育话语领域内的平等、合作和对话性关系，主张主体间相互给予的话语权，主张通过话语关系的解放，实现教育关系的解放，以及教育领域中人的解放。因此，实现教师话语权的主体间走向是教师教育政策发展的应然结果和必然趋向。

人性是人生固有并后天习得的各种属性。人都是在人性中、为了人性而从事教育实践活动的。人性的理念态度是影响教师教育方式方法的根本因素。但中小学教师普遍没有对其自身人性及其理念进行反思，其人性及其理念始终处于放逐状态，从根本上导致了各种不良教育现象和问题的发生。因此，在教师政策方面应有意识引导教师通过理论学习和实践锻炼等方式，逐步完成其人性及人性观，才可能预防和杜绝不良教育后果发生，并努力取得积极的教育实践效果。

上篇

西部农村教师政策的理论基础

第一章　教师教育标准政策的制定

　　科学合理的教师教育标准是规范教师队伍建设，促进教师队伍健康发展的重要举措，因此，制定科学合理的教师教育标准也成为许多国家和地区提高教师队伍质量的重要方式。但是并非教师教育的一切方面都有标准可循，教师教育的标准主要体现在专业、职称、学历和年龄、性别等方面。其中，专业方面的师范化和对口化，职称方面的高、中、低结合，学历方面的最低要求，已经被广泛认可和接受。而教师年龄、性别上的合理性结构标准尚处于探索之中，但形成这样一个标准又非常必要。

　　合理性教师性别结构是合教师性别结构存在目的与合教师性别结构形成规律、合学生培养目标与合学生身心发展规律的教师性别构成状态。合理性教师性别结构是学生人格塑造及其身心健康发展需要，也是男女教师发挥各自优势和功能效果，提高学校教育、教学活动效率，形成和放大学校教育教学正向功能的需要。中小学教育目标不同，其教育发展规律也不同。因此，在不同教育阶段形成不同教师性别结构标准并根据该标准，以统筹现实与未来、城镇与乡村教师性别结构方式，针对性相应及时增加比例不足或减少比例过高一方教师性别比重，推动各学校教师性别结构的合理化发展。

　　合理性教师年龄结构是合教师年龄结构存在目的、存在规则与合教师年龄结构形成规律的教师年龄构成状态，也是某一教育组织和教育阶段中每个年龄阶段教师的平均教学时间在该教育组织和教育阶段教师队伍平均总教龄中所占适当比重。合目的、合规则与合规律的教师年龄结构可以更好地满足学校教育教学活动发展、学生各方面成长以及教师队伍自身建设与发展需要，具有学校教育教学正向功能形成与延伸、学生身心发展以及教师自身发展等多方面价值。但合理性教师年龄结构既需要依据教师队伍年龄构成的自然法则、在自然演变中自然生成，也需要遵循和利用社会分层和教师流动的特点规律，通过制定符合教育历史和时代特点的教师入职、离职年龄政策，实行行之有效的经济手段、在引导中人为形成。

第一节　教师年龄结构标准的制定

年龄结构是同一社会组织中不同年龄阶段人的数量及其比例关系，是分析同一社会组织中不同年龄阶段社会功能状态的基本框架。教师年龄结构是教师队伍组织结构的重要组成，是呈现教师队伍中不同年龄者的比例关系，说明其不同教育教学功能状态的重要根据，也是保证教育工作连续性的前提。教师年龄结构不仅反映了教师队伍供应和更新的速度，也反映了教师队伍的活力与发展前景。人的一生有一个从成长到成熟，再到衰老的过程。人的知识、能力和经验随年龄增长而增长。到一定年龄后，由于生理这一自然规律作用，人的能力、精力转为随年龄增长而下降，但人的知识、经验将随年龄变化而继续增长。因此，形成合理的教师队伍年龄结构是教师队伍能力、精力、知识、经验统合发展之需要，也是教育发展之需要。

一　合理性教师年龄结构标准

合理性教师年龄结构标准以某一教育组织和教育阶段中不同年龄段教师恰当的人数比例为依据计算。某教育组织机构中各年龄阶段教师比例适中，则其年龄结构合理；某一年龄阶段教师比重过高而另一年龄阶段教师比例过低，则其年龄结构不合理。从习惯性方式看，合理性教师年龄标准一般以"老"、"中"、"青"的适当比例计算。但教育行政部门日常统计和教育统计学上普遍采用的是25周岁以下、25—35周岁、36—45周岁、40周岁或50周岁以上阶段性教师人数的具体比例标准。

教师年龄结构的取值是其教龄结构而非其生长年限构成。因此，合理的教师年龄结构实质是不同年龄阶段教师的教学时间在其平均总教龄段中所占适当比值。但教龄长短与生理年龄大小往往是统一的。因此，为便于统计计算期间，一般分析的是教师的年龄结构。

在不同历史时期，由于教师入职年龄不同，他们在各年龄段任教时间长短不同，各年龄阶段教师数量、比重也不同。20 世纪五六十年代，我国各教育阶段学生受教育年限普遍很短，许多小学教师初师或中师毕业，从十五六岁开始从教。如果按男女教师平均 57 周岁退休，其平均教学时间以 42 年计算，那么，25 周岁以下、26—35 周岁、36—45 周岁、40—50 周岁小学教师平均从教时间各为十年，各年龄段教师人数比例分别占 23.8%、50 周岁以上教师从教时间七年，所占人数比例为 16.68% 为合理性标准。按照 20 世纪七八十年代小学教师平均 20 周岁开始从教，男女教师平均 57 周岁退休，每人平均教学时间 37 周年计算，那么，25 周岁以下教师教学时间五年、比例占 13.5%，35 周岁以下教师教学时间十五年、占 40.54%，40 周岁以上男女教师平均教学时间十七年、占 45.94% 为合理性小学教师队伍年龄结构标准。由于初中教师比小学教师晚三年、高中教师比初中教师晚四年从教，初中教师的从教时间比小学短三年、高中教师从教时间比初中短三年，初高中 25 周岁以下教师人数比重相应减小、其 30 周岁以上教师比例相应增大为合理性年龄结构标准。如果按照 2005 年后，中小学教师大学毕业后普遍从 23 周岁开始从教到男教师 60 周岁退休、女教师 55 周岁退休，男女教师平均退休年龄为 57 周岁，每个人平均任教时间为三十五年计算，那么 25 周岁以下（含 25 周岁）中小学教师平均教学时间三年、占教师总数的 8.57%，30 周岁以下、50 周岁以上中小学教师平均教学时间七年半，分别占教师总数的 20%，合计 40%（教学时间十五年），而 26—35 周岁、36—45 周岁或者 30—40 周岁、40—50 周岁教师教学时间分别为十年、各占小学教师人数的 28.57% 为小学教师队伍合理性年龄结构标准。

如果按习惯性"老"、"中"、"青"适当比例计算教师年龄结构标准，多数教育工作者认为教师队伍年龄结构应该是"老"、"中"、"青"分别占 30%、40% 和 30% 左右合理。合理的教师年龄结构应该以中年教师为主，加大中年教师比例，以发挥中间力量的带动和促进作用。同时通过加大中年教师比例，起到以"中"带"青"，以"中"促"老"，发挥教师队伍年龄结构整体功能，[1] 避免"两头"人员比例过高给教学工作带

---

[1]　曾晓东，曾娅琴：《中国教育改革 30 年：关键数据及国际比较卷》，北京师范大学出版社 2009 年版，第 140 页。

来的不足。但从教师队伍规模总体相对稳定和教师年龄结构总体依以进抵出的原则看，随着时间推移，这一比例阶段性表现出"三四三"、"三三四"、"四三三"几种不同结构状况，而不是一种一成不变的年龄结构状态。如果依照国内不同教育阶段普遍以 35 周岁以下界定青年教师、36—50 周岁界定中年教师、50 周岁以上界定老年教师，那么，青年教师从教时间为十三年、中年教师从教时间为十五年、老年男女教师平均从教时间仅为七年，教师队伍平均教学年限合计三十五年。"老"、"中"、"青"教师在教师队伍结构中比重分别为：老年教师占 20%、中年教师占42.87%、青年教师占 37.14% 左右为合理性教师年龄结构标准。随着本科教育普及、研究生教育快速发展和教师教育年限延长，中小学教师未来入职时间将继续向后推移。未来十年 25 周岁以下中小学教师比例还会大大减少，25 周岁以下教师的统计意义将大大减小，教师队伍结构中的低龄统计将可能以 30 周岁为界限划分，教师年龄结构标准将随之调整。

二　合理性教师年龄结构价值

合理性是合目的、合规则与合规律的统一状态，[1] 合理性教师年龄结构是合教师年龄结构存在目的、存在规则与合教师年龄结构形成规律的教师队伍年龄构成状态。教师年龄结构形成的规律是以教师职业生涯发展变化规律为基础，以教师流进流出为方式，是一个新老互补、以老带新、新老更替、循环发展过程。教师年龄结构形成又有一定目的和规则。教师年龄结构形成的基本规则是顺其自然，教师年龄结构形成的目的是推动教师队伍合理化建设、更好地满足学校教育教学活动需要，满足学生成长需要。如果教师队伍年龄构成不遵从一定的规则和规律、不进行计划性补充，随着时间推移和教育稳步推进，一些人的集中退休会带来教师队伍结构性短缺和知识结构功能失衡。[2] 因此，合理的教师队伍年龄结构具有很重要的功能价值。

首先，合理性教师年龄结构可以更好地满足学校教育教学活动形成与

---

① 郝文武：《教育哲学》，人民教育出版社 2006 年版，第 53—54 页。

② 曾晓东，曾娅琴：《中国教育改革 30 年：关键数据及国际比较卷》，北京师范大学出版社 2009 年版，第 143 页。

发展需要，具有学校课程开设与教育教学发展的多重价值。从学校课程开设和教学需要看，青年教师体力充沛、精力旺盛，适宜运动课程、活动课程的组织和开设，可以满足运动课、活动课教学需要。老年教师教育教学经验丰富，适宜于经验性课程的组织和开展，也可以更好地满足这类课程的教学需要。因此，不同年龄阶段教师的合理组合，可以更好地满足不同类型课程的教学与发展需要。从教学活动需要看，教育教学活动需要稳定性，也需要变化性。青年教师思维敏捷、思想活跃，容易变化，善于捕捉和利用新信息组织教学，满足教学内容充实、扩展和发展变化需要。同时，他们可以利用其精力和体力优势进行高负荷、高强度劳动，弥补农村和偏远地区教师紧缺引起的教学缺失。老教师思想保守，但依据其经验优势可以更好地把握教学重点、难点，也可以维持教学的长期性、稳定性发展。因此，合理性教师年龄结构既有更大的课程价值，也有更大的教学价值。

其次，合理的教师年龄结构可以更好地满足学生各方面成长需要，对学生发展具有多方面价值。同时，合理的教师年龄结构也可以更好地满足不同时期学生发展需要，形成不同时期学生的不同价值。一般情况下，教师补入都要依照学校教育教学的稳定性需要正常稳定进行。在教师数量稳定和入职、离职数量遥相呼应情况下，此一阶段不合理的年龄结构在彼一阶段依旧不合理。因此，合理的教师年龄结构可以更好地满足不同时期学生发展需要，而不合理的年龄结构既不能有效满足此一时期或此一阶段学生发展需要，也不能更好地满足彼一时期、彼一阶段学生发展需要。从文化传统看，中国文化是后喻型文化，是向老年人学习的文化类型。传统文化长期累积下来的"姜是老的辣"、老教师经验丰富、知识渊博形象，也更容易征服学生，使学生在短期内获得知识与经验。而传统老教师做事过程中的深思熟虑和老谋深算品质也可以使学生习得相应品质。年轻教师与学生年龄接近，他们更容易与学生沟通交流，而不会与学生形成代沟。年轻教师在其职业初期又有求生需要，也更容易引导学生、满足学生沟通与交流需要。年轻教师做事过程中的积极热情、单纯和果敢品质则可以更好地满足学生相应品质形成需要，具有其他年龄教师不可替代价值。

第三，合理性教师年龄结构可以更好地满足不同年龄阶段教师的发展需要，具有教师队伍自身建设和发展的本体价值。从不同年龄阶段教师发展的社会需要看，初入教师职业领域的青年教师处于职业发展的求生阶段，渴望得到教师群体的认可和接纳，希望尽快融入教师队伍行列。中老年教师因为职称高、教学阅历丰富、教学成绩多而更渴望树立权威、并希望得到青年教师的尊重。因此，以恰当的比例保持不同年龄阶段教师的长期稳定性存在，可以满足不同年龄段教师身心发展需要，促进教师队伍平稳、有序、健康发展。如果教师队伍集中于某一年龄阶段，容易出现相互不服、互相猜忌现象，进而影响教师各自和教师队伍整体发展。而从不同年龄阶段教师教育优势看，初出专业学校大门的青年教师掌握了最新的知识信息。青年教师通过自己在书本上获得的最新理论知识，可以更好地满足中老年教师在交往中获取新理论、新信息需要。工作过数年的中年教师以其理论与实践磨合起来的教学实践能力，可以更好地满足青年教师、老教师在交往中获取能力内容、方式之需要。而从教多年的老年教师以其丰富的教育教学经验可以满足中青年教师获取实践性知识之需要。因此，"老"、"中"、"青"教师是相互学习、相互补充、互相促进的机体。合理的教师队伍年龄结构具有教师队伍发展价值、也有教师个体发展价值。

三　合理性教师年龄结构的形成

任何社会结构既形成于自身条件基础，又受制于其外在力量基础上。合理性教师年龄结构既是在教师队伍年龄自在状况基础上、自然而然形成的，也是在教育政策、制度，社会经济、人口结构，以及教育发展水平等多方面力量影响下形成的。其中，人口年龄结构和教育历史是形成合理性教师年龄结构的基础性因素，经济是调节教师年龄结构的基本手段，政策制度和政治体制是合理性教师年龄结构形成的关键，教师年龄的自然构成是其年龄结构合理化的本体因素。因此，合理性教师年龄结构的形成需要以教师队伍自身力量为基础，以人口年龄结构为背景，以经济和政策制度为手段，以教师年龄结构标准为依据，及时补充所需年龄阶段教师，推动教师队伍年龄构成的平衡、有序和动态化发展。具体而言，首先，要采取行之有效的政策手段，推动合理性教师年龄结构的存在与形成。政策、制度决定着教师的入职、离职年龄，决定着教师的工作年限，政策制度也决定着各个时期、各个地区用人的数量和规模，是引起教师队伍年龄结构合理性的根本因素。一般而言，教师年龄容易集中于某个教育扩张期。教育扩张期青年教师比例增大，教育衰退期青年教师比例减小。因此，政策上保持稳定的教育规模和速度，是避免教育过快增长带来教师年龄结构低龄化方式，也是避免教育规模锐减、教育发展速度减缓带来的教师年龄结构老龄化的有效方式。同时，教育政策也影响到教师入职年龄、进而影响到其结构的合理性比例。20 世纪 50 年代，我国农村地区许多人通过五年小学学习，一至两年、甚至 3—6 个月的短期初师培训，总共经过六七年学习进程，在 10 多岁的时候就成了小学教师；20 世纪六七十年代，多数人则需要经历七年小学、初中课程学习，一至两年师范课程学习，通过增加两年学习时间的方式才成为教师。20 世纪 80 年代后，大多数人只有通过六年小学、三年初中、四年师范，共计十三年学习才可以成为教师。2000年后，许多小学教师要通过六年小学、三年初中、三年高中、四年大学课程学习，共计花费十六年时间才可以成为小学教师。因此，受教育年限延长、教师入职时间推迟、导致 25 周岁以下教师数量不断减少和教师工作年限相应减少，教师年龄结构比例需要据此不断进行相应调整，以便达到其时代标准。另一方面，政策制度决定教师队伍工作年限、离职年龄，继而影响到教师年龄结构的合理性。改革开放之前、特别是 20 世纪 90 年代前，各个行业都比较封闭保守，从业人员向外流动的情况比较小。而教师职业更加封闭、一旦从业极少有机会改行、政策也不允许改行，导致其年龄结构比较稳定、合理。改革开放、特别是 20 世纪 90 年代后，各职业人员的流动性加大。由于教师职业地位不高和更容易流动的年轻教师不断离职，教师年龄结构老化成为趋势。因此，政策上既要允许教师职业流动，又需要主张各年龄段教师的共同、平衡流动。同时，需要通过提高年轻教师工资待遇和社会地位，改善其生活条件等方式，抑制青年教师单向性流动，推动教师年龄结构的合理化发展。

其次，要通过积极有效的经济方式促进合理性教师年龄结构的形成。教师工资高的时候容易吸引青年人从事教师职业，也容易稳定三四十岁年轻骨干教师；教师工资、津贴待遇高的地区容易吸引年轻教师，也能稳定中青年骨干教师。教师工资待遇低的时候，年轻人不愿意从教，有一定个人资本的中青年骨干教师也会纷纷离开教师行业到其他行业谋生，工资待遇低的地区也不容易留住教学能力较强的中青年教师。老龄教师则由于体力和精力不足而很难被高层次学校接纳，从而导致教师年龄结构的失调发展。而且在多数国家，教师工资增长是随着工龄增长而不断增长，由此导致年轻教师最需要买房子、结婚的时候没钱花、不稳定，而老教师对经济需求不高的时候，工资反而高、也更加稳定，从而更进一步引发了教师年龄结构失衡。① 因此，积极关心青年教师的工作、生活，改善和提高其工资、生活待遇，也是推动教师年龄结构合理性发展的基本举措。有效利用经济手段加大年龄结构短缺方的年龄比重，抑制年龄比重过高一方比例的继续增长，是指导教师年龄结构合理化发展的基本方式。

第三，利用教育分层和教育流动规律引导合理性教师年龄结构的形成。由于工作压力、工作环境、社会地位和收入待遇不同，各地区各学校教师年龄结构也不同。一般而言，越是农村地区和基层学校教学环境越恶劣，教师工作压力越大、社会地位越低，他们普遍希望向社会声誉和社会地位更高层级学校流动。许多农村基层学校年轻教师工作几年后，就想方设法流动到了乡镇或城市学校。因此，越是农村基层学校越不容易留住年轻教师，而其老教师由于体力和精力不足不容易外流。由此导致越是农村基层学校，其教师"老的老、小的小"、中间年龄断层，教师队伍年龄结构两极化现象越严重。而城镇学校普遍排斥没有教学经验的青年教师，喜欢接收工作过几年、有一定工作经验和教学能力的教师，从而导致其"两极"教师少、中间年龄教师相对多的现象。因此，采取有效措施改善农村地区生活环境，减轻农村基层学校教师工作压力，大幅度提高其工资待遇，弘扬农村艰苦地区教师先进事迹，努力提高其社会地位。同时，避免城镇、城市地区学校一味引进年轻教师、但拒绝没有教学经验青年教师做法，是引导区域内各年龄教师合理流动，平衡区域内教师年龄结构，推动区域内教师年龄结构合理化发展的有效方式。

另外，当一个国家或地区人口处于增长时期，由于其新生人口数量和比重不断增加，各行各业以及教师群体年龄容易年轻化发展；一个国家或地区人口年龄处于老龄化时期，由于其新生人口数量、比重减少，各行各业以及教师年龄结构也容易向老龄化发展；人口处于正态化发展时期，容易导致教师年龄结构的合理性发展。而地区或学校发展历史与其教师年龄

---

① ［美］马里斯·特蕾莎·西尼斯卡尔科：《世界教师队伍统计概览》，丰继平、郝丽平译，华东师范大学出版社 2007 年版，第 9 页。

结构状况也息息相关。在地区或学校教育发展的早期阶段或初创期，师资处于大量引进阶段。由于其时教师数量总体匮乏、有一定工作经历和能力的中年教师弥足短缺。为维持和发展教育，各地区各学校往往无暇顾及教师经验、能力和年龄结构，教师年龄容易呈现低龄化运转状态。地区、学校教育进入成熟稳定期以后，教师进出更多地处于理性化状态，教师年龄结构相对合理；地区、学校教育进入衰退期，由于教师需求量大大减少，引进教师数量相应大量减少，教师平均年龄相对较高。因此，推动人口结构的正态化发展，减少地区、学校教育的初创和衰退现象，也是推动其教师年龄结构合理化发展的方式。

总之，教师队伍需要形成合理的年龄结构，以促成教师队伍年龄结构正向功能的最大化。如果教师队伍集中于某一年龄阶段，一方面，有可能产生相互不服气的内耗力，不利于教师的成长和学校工作展开；另一方面，受人员定编限制，青年教师补充不进来，影响教师队伍工作的后劲。[①] 但教师队伍合理性年龄结构的形成要有长期计划和安排。教师队伍发展是一个连续性过程，教师队伍补给也是一个连续性过程。教师队伍补给调整过程中需要避免急功近利、忽快忽慢：集中大量补给或者长期不补给行为发生。同时，注意县域内不同学校之间教师年龄结构的合理调配，避免一些学校教师年龄老龄化和另一些学校教师年龄低龄化现象同时发生。

第二节　教师性别结构标准政策的制定

教师性别结构是教师组织中的性别构成及其比例关系，是教师队伍组织结构的重要组成。教师性别结构是呈现和说明男女教师数量差异及其功能关系，影响教育教学活动开展及其质量效率的潜在因素，也是影响学生人格成长及其身心健康发展的重要内容。因此，教师性别结构的合理性及其功能效果、教师性别结构的合理性标准及其形成方式，以及如何引导教师性别结构功能正向化发展也就成为人们逐渐关注的话题。

但在近二十年教师性别结构研究中，研究者较多地关注了小学、幼儿

---

① 陈永明等：《教师教育研究》，华东师范大学出版社 2003 年版，第 194 页。

园教师性别结构的合理性问题，很少关注初中以及高中阶段教师性别构成问题；关注了个别城市、城镇和经济发达地区教师性别构成问题，较少关注到农村和贫困地区教师性别比例的合理性问题。实际上从新中国成立以前到现在、从小学到高中、从城市到农村、从经济发达地区到落后地区，教师性别结构不合理状况普遍存在，而形成合理性教师性别结构是不同时期、不同教育阶段、不同地区和男女儿童教育发展的普遍需要。

一　合理性教师性别结构及其价值

合理性教师性别结构是合教师性别结构存在目的与合教师性别结构形成规律、合学生培养目标与合学生发展规律的教师性别构成状态。从结构功能理论看，结构决定功能，有什么样社会群体结构就有什么样群体功能，有什么样教师性别群体就有相应的性别结构功能。教师队伍整体功能发挥需要合理的性别结构，教师队伍性别结构的合理性不针对教师队伍自身而是其功能结果。教师队伍性别自在的比例关系对其自身并无实质意义。教师性别结构的合理性表示的也不是男女教师数量无差别的对等状态，而是根据学生成长需要和发展规律形成的教师性别关系和功能效果上的合理性。因为合理性教师性别结构对教育教学活动的有效开展，对男女教师不同教学优势发挥，以及学生人格发展等方面来说，具有多方面的功能价值。首先，合理性教师性别结构是学生人格塑造及其身心健康发展的需要。一般而言，男教师勇敢、坚定、刚毅、果敢、稳重、胆商高，利于学生相应男性性格塑造；女教师热情、活泼、细心、体贴、情商高，利于学生相应女性性格养成。男女教师不同性格特征赋予男女儿童不同成长价值，潜移默化地陶冶着不同性别儿童健全人格的形成。如果一所学校、一个班级教师组织中只有男教师，将使女童失去来自同性中的榜样感、激励感和安全感，无形中影响女童入学率和巩固率。20 世纪以来，西部农村女童不愿意主动上学和被动辍学流失的重要原因之一就是该地区女教师数量和比值过小。女教师的缺失将使女学生与男学生一样习得较多的男性性格，而不利于其女性性格的形成与发展，[1] 也不利于对男学生的教导及其全面性格的养成。陶行知先生说过，女子富于感化性，能将坏男子变好，

---

① 周卫：《教育沉思录》，宁夏人民出版社 1999 年版，第 224 页。

并且可以融化男子的性情与人格。① 女教师的阴柔性格在融化男学生烈暴性格的过程中会起到春风化雨、润物细无声的作用。如果一所学校、一个班级教师群体中只有女教师，将使男学生习染上较多的女性性格，而不利于其男性性格的形成与发展，同时也不利于女学生教导和发展。因为一定年龄阶段的女学生更乐于接受男教师教导和要求，对女教师持排斥态度。因此，形成和保持基础教育各阶段所需要的不同的男女教师性别比例关系有利于各教育阶段不同性别儿童人格的全面养成和发展。

其次，合理的教师性别结构是男女教师发挥各自不同特点、优势和功能效果的需要。教育实践领域普遍认为，男教师动手操作能力强，喜欢创造性活动，也易于引导儿童创造性学习；女教师教学踏实、认真、负责，一丝不苟，易于训练儿童勤奋、刻苦、细心的学习品质。男教师逻辑思维和理性认识能力强，更适宜于开展理科教学和理论探究活动。而且男教师身体的力量感优于女教师，也适宜引导学生开展体育、劳动等运动课教学。女教师感情丰富、感性认识和语言表达能力较强，身体的柔韧性、协调性优于男性，更适宜于从事语言或言语类教育教学活动，也适宜于承担学校音乐、舞蹈等表演课教学。因此，一定程度上说，在中小学形成适宜于其教育阶段的合理的性别结构，才能更好发挥男女教师不同的功能价值，推进文科、理科，特别是音体美等各门学科教学的协调发展，也才能全面提升学校教育质量。合理性教师性别结构是提高学校教育、教学活动效率的需要，也是形成和放大学校教育教学正向功能的需要。俗话说，男女搭配、干活不累。合理的性别结构是形成教师队伍凝聚力，形成团结、合作、积极向上教师队伍集体的生物原因，也是引起教育正向功效，提高教育质量与效益的基础。教师队伍中的性别不合理状况既会影响男女教师不同教育智慧潜能的发挥，也影响男女儿童不同学习智慧与品格的形成。

二 中小学合理性教师性别结构标准

教师性别结构合理性是合教师性别结构存在目的与合教师性别结构形成规律、合学生培养目标与合学生发展规律的教师性别构成状态。但是，

---

① 陕西省陶行知研究会：《陶行知论乡村教育改造》，陕西师范大学出版社 1989 年版，第201 页。

初中、高中、小学教育培养目的不同，其教育发展规律也不同，因此，在不同教育阶段形成不同教师性别结构标准是教师队伍性别结构发展的合理性。小学阶段基于学生依赖性强的特点及其身心细心关怀需要，形成较大比例女教师是一种合理性；初中阶段基于学生独立与依赖兼备特点，以及知识训练与能力培养并行发展需要，保持男女教师均衡状态、实现"管"、"放"结合方式是一种合理性；高中阶段基于学生自立自主特点和批判性创造性思维能力发展的需要，教师性别结构适度向男性倾斜则是一种合理性。而统筹各教育阶段男女教师比例关系，保持基础教育阶段男女教师性别比重总体平衡则是教育生态建设的基本需要。

具体而言，小学阶段教师性别以女性为主，以女性占三分之二、男教师占三分之一左右为合理性教师性别结构建构标准。小学生年龄小，生活依赖性强，思维品质以形象具体性为特征。在小学阶段保持较大比例女教师，能顺应儿童身心发展特点和规律，又可以发挥女教师工作耐心细致、善于关心照顾孩子，擅长形象思维的性别优势，利于儿童的习惯养成，符合小学阶段培养目标。如果女教师占不到较高比例，则不能满足小学生关心照顾、习惯养成需要，而女教师比例过高则不利于小学阶段男女教师基本性别生态结构的形成与发展，也不利于小学生男性性格的养成。有研究者认为，小学阶段男女性比为 3∶7 时就能达到教育生态结构平衡。20 世纪 90 年代至 2000 年前，福建省在小学教师招生录取政策中也规定男性必须占 30% 以上。① 因此，综合小学教师队伍建设以往实践研究可以认定，在小学教师性别构成中保持男女 1∶2 的比例结构是适当的。

初中教育阶段是人生成长的关键期，初中学生生理上日渐成熟而心理上还很不成熟、容易冲动的特点隐藏了其人生发展中的种种危机。这一时期如果女教师过多、学生经常被迫遭遇多数女教师天性中极易出现的唠唠叨叨、过多细致性管教要求往往容易引起其逆反心理，而女教师天性软弱特点又难以有效遏制青春期部分少年男性的暴烈性格。如果男教师过多，男教师普遍相对过度严厉的品性也会导致青春期学生的逆反心理，男教师教育活动中的相对粗放行为和放任不管态度又会引起部分学生的放荡不羁

---

① 吴郁葱：《一个应令人警觉的问题——从乐清师范招生男女生比例看教育生态环境的平衡》，载《教学与管理》，2000 年第 11 期。

行为。因此，初中教育阶段教师性别构成以男女对半为宜。形成平等、和谐、均衡的教师性别结构，将男教师的严厉与女教师的柔和，男教师的刚强与女教师的阴柔，男教师的特定智商与女教师特有情商，男教师的粗放、宽容管理要求与女教师细心关心方式结合起来，是克服男女教师各自缺陷，促进青春期学生顺利过渡的合理方式，也是满足初中生身心发展需要，实现初中教育目标的合理方式。

高中阶段是学生独立人格初步确立期，也是其世界观、人生观形成期。高中生普遍形成了辩证逻辑思维能力，学生批判和创造性思维能力得到了高度发展，但其综合、分析和抽象概括思维能力尚需要进一步发展。[①] 如果在高中教师队伍中形成较大比例男性，可以广泛发挥男教师抽象思维和理论分析上的整体优势，最大可能地渗透男教师在学生人格、智力发展上的独特作用，尽可能地满足和实现此阶段学生成长的最大和最主要需要。但是女教师在教育和特定学科教学上也有其独特优势，如果过度削弱女教师比例，也不能有效发挥其比例上的合理功能，对学生情感发展、多方面能力形成和品格发展无疑会产生消极影响。因此，高中阶段教师性别构成以男教师为主，以男教师占三分之二，女教师占三分之一为合理性标准。此一比例关系顺应了学生身心发展特点，满足了高中生对男女教师教育教学上的不同需要，也可以更好地发挥该阶段所需要的男女教师的教育优势。

三　中小学合理性教师性别结构的形成

教师性别结构形成在复杂的历史和社会背景基础上，受制于政治、经济、文化诸因素的共同影响。因此，合理性教师性别结构的形成需要在历史过程和现实基础上综合考虑，统筹兼顾各方面社会因素功能。教师性别结构调整既要注意历史与现实结合，也要注意不同教育阶段、不同年龄段教师性别的统筹结合。具体而言，在教师招录过程中，根据不同教育阶段教师性别比例标准，以及以往区域内教师性别结构非均衡的状况特点，及时针对性地增加或减少不同性别人员比例。教育行政部门在师范生报名招生、教师招考录用等方面，可以通过核算男女不同名额，设置男女分数

---

① 朱智贤：《儿童心理学》，人民教育出版社 1995 年版，第 546—559 页。

线，给教师性别比例严重短缺方师范生减免学杂费，以及在教师退休方面采取延长性别比重短缺方或缩短性别比重过高方教师工作年限等方式，随时作好不同阶段教师性别结构监督和调控工作，确保比重不足性别教师数量、比例按计划得到补给。但在教师性别比值调剂过程中，也要避免性别比值低教师增长过快或性别比值高教师数量下降速度过快现象发生，避免出现新的比例失衡和教师队伍性别相反化发展。

在男女教师地域分布上，需要统筹城乡、村镇教师性别结构，以区域内教师性别均衡化方式实现各学校教师性别结构的合理化发展。从国内近几年各中小学教师性别结构分布调查研究情况看，城镇、发达地区女教师比重普遍偏高，乡村和经济落后地区女教师比例普遍偏低。因此，合理分布女教师任教范围是促进城乡之间、区域内不同层级学校之间教师性别结构合理化、均衡化分布的最直接、最快捷性方式。将城市、城镇以及发达地区年轻力壮、无家庭拖累和生活能力较强的女教师调配到乡村和尽量多的落后地区中小学，并给予其职称评定和津贴补助上的激励措施，使她们在最基层学校发挥其应有的性别影响力并形成各学校整体性性别结构功能；将乡村尤其自然村学校男教师依据其个人自愿和年龄特点，选择性调剂到城镇相应阶段学校，发挥男教师在城镇儿童人格成长中的应有功能。有步骤、逐渐消解在女教师绝对总量不多或并不超标情况下，城市、乡镇学校集中以高比例使用女教师，行政村以下农村基层学校缺少女教师进行教育教学的现象的同时发生，是形成城乡中小学合理性教师性别结构的基本方式。为此，政府部门还需要协调公安、司法等部门优化农村就业环境，消除教育行政部门、基层学校领导及女性自身对乡村就业环境的担心和疑虑。保证女教师的人身安全是推动女教师在农村基层学校安心教学的重要条件。由于农村学校教学人员稀少、办学经费和住宿条件不足，无力聘请专职安保人员。教育行政部门为避免女教师人身安全隐患发生，不愿意将其分配到农村学校任教。而女教师为了生活方便和自身安全需要，多数也不愿意到农村学校任教，从而导致乡村基层学校男教师比例过高和女教师比重偏低现象的同时发生。因此，农村地区学校适量增设保安人员编制及其人员，或者分类整合后勤人员，形成保安、门卫、司钟等一体化人员，消除其中老弱病残人员的消极影响力，提高保卫人员年轻化程度及其工作质量与效率，逐渐为农村和落后地区女教职工提供安全的教育教学和生活条件，是协调城乡和不同区域、不同学校男女教师性别比例的重要方面。另外，也可以借鉴历史经验，将已婚教师夫妻双方合理有效地安排在同一地区、同一学校工作，既便于其教学、生活，也是稳定和调节教师性别结构的合理性方式。

但是，从历史角度和全球范围看，教师性别结构的不合理性是绝对和必然的，教师性别构成的合理性是相对和暂时性现象。由于政治、经济、文化、家庭等诸多因素对个体职业选择的复杂影响，合理化教师性别结构追求往往是一种理想和教育期待，是推动教师队伍结构合理化、科学化及其功能最大化的动力。

第三节 教师教育质量标准的限度与方法

为了给良好的教师队伍状况提供依据，解决教师结构不合理，教师质量参差不齐等问题，近年来，国家教育行政部门及部分教育专家一直思考着教师教育质量标准的可能性及形成方式问题，并逐步要求制定教师质量标准，保证教育主体及其教育教学质量和规范。2010 年开始，教育部着手研究制定《中小学教师专业标准》、《教师教育课程标准》、《教师教育机构资质标准》、《教师教育质量评估标准》，要求在短期内建立起比较完备的教师教育质量标准体系。此项政策出台以后，很快又引起了一些人的异议。他们认为不论职前还是职后教师行为都是人的行为，人的行为具有主观性和不确定性。因此，任何新教师的行为均具有主观性和不确定性，无法对其形成客观标准。那么教师教育究竟有没有质量标准，究竟能不能对教师教育质量进行客观准确的判断呢？

一 教师教育质量标准的本质与类型

（一）教师教育质量标准的本质

关于质量，有人认为它是"实体所具有的固有特性满足相关方需求的程度"①。这种界定较多地是从事物价值层面进行的分析，具有价值哲

---

① 余小波：《高等教育质量概念：内涵与外延，高教发展与评估》，载《新华文摘》，2006年第 3 期。

学的味道。郝文武教授认为，质量是事物质的规定性，是事物本质规定性的纯真程度。质量有不同层次。低质量的事物和高质量的事物都是有质量的事物，但又是具有不同纯真程度和水平的质的规定性的事物。事物质的规定性程度越高质量就越高，质的规定程度越低质量就越低。[①] 这是对质量本质哲学的界定，更符合概念界定的要求。因此，教师教育质量是对教师教育纯真程度质的规定性。不同质量的教师由不同纯真程度的教师教育质量决定。纯真程度越高的教师教育形成的教师质量越高，纯真程度越低的教师教育形成的教师质量越低。

标准是指事物质的临界点在量上的规定，是测量的尺度。[②] 中国国家标准规定：标准是由主管机构批准的对重复性事物和概念所做的统一规定。它以科学、技术和实践经验的综合为基础，经过有关方面协商一致，以特定的形式发布，作为共同遵守的准则和依据。从哲学上讲，标准是客观事物所具有何种意义的一种参照物。作为一种比较的标本，作为一种区分其他事物的中介，它本身的构成必须是一分为二的相互对立的两个部分。例如，0 摄氏度是采自冰水混合物的温度，它是区分正摄氏度与负摄氏度的标准。因此，我们认为标准是主管部门对重复性事物所在临界点上量的规定性。作为标准的客观事物之所以能够成为标准，其基本根据也在于其自身构成的一分为二性。对于教师教育标准而言，它也是由合格与不合格两个相互对立方面构成的。

质量标准是重复性事物纯真程度在质的临界点量上的规定性。教师教育质量标准的本质是合格教师质的临界点在量上的规则。因此，教师教育质量只有最低或合格标准，没有最高标准。教师教育质量标准是衡量教师水平优劣的基本尺度。教师质量标准的本质是教师规则、制度的科学性、合理性问题。

教师教育质量的立足点是教师教育的课程和教学质量标准问题。教师教育质量标准追求的终极价值取向是合格教师的标准问题，是教师质量和效率问题，是如何花最少的时间和资金，取得最好的教师教育课程、教学

---

① 郝文武：《评估和提高教育质量的永恒追求和时代特征》，人大复印资料《教育学》，2015 年第 7 期。

② 乐毅：《关于制定我国国家质量教育标准的几点思考——基于美国波多里奇国家质量奖教育标准的比较研究》，载《教育理论与实践》，2007 年第 7 期。

质量效果问题。

（二）教师教育质量标准的类型

总结朱旭东教授等人的观点可以看出，教师教育质量标准主要指教师专业质量标准、教师教育课程质量标准和教师教育结构质量标准。教师教育课程质量标准规定了教师总体要达到的知识、能力和伦理水平，是教师教育质量的前提。教师教育专业质量标准规定了教师自身的专业化程度，是教师教育质量标准的根本。教师教育的结构质量标准则是教师教育总体质量的全面反映。其实，教师教育质量标准还应该包括教师教育的教学质量标准，甚至可以说教师教育的教学质量标准是教师教育质量的核心。从时间流程和基本内容看，教师教育质量标准既包含职前职后的教师知识质量、专业技能质量、教师能力质量、教师情感态度质量、教师价值观质量，也包含职前作为被指导者的师范专业学生与职后作为被指导者的中小学生学业质量的高低。

二 教师质量标准的可能性与困难性

（一）教师质量标准的可能性

教师质量标准的可能性体现在教师教育专业质量标准、教师教育课程质量标准、教师教育教学质量标准、教师教育结构质量标准等多个方面。其中教师教育专业质量标准的可能性宏观上指师范专业化标准达成共识是有可能性的，中观上指某个师范专业化水平达成共识是有可能性的，微观上指职前与职后教师专业知识、专业技能、专业能力、专业精神等方面的质量标准形成是有可能性的。因为人们普遍希望新入职前的教师普遍来自师范专业，普遍接受过系统的教师专业知识、专业技能、专业能力训练，普遍形成了基本的专业精神。

教师教育课程质量标准的可能性，即课程计划、课程大纲、教材和课程活动质量标准的形成是有可能性的。因为课程专家在制订课程计划、课程大纲的时候，都是按照好的方式去做的，而不是应付的方式去做的。

教师教育教学质量标准的可能性，即一堂好课标准是可能的，一堂好的教师教育课堂标准形成是可能的，一堂好课达成基本共识是可能的。一堂合格课堂教学达成基本共识是可能的，一堂合格课堂教学标准是可能的。因为人们对一个成功的课堂普遍是肯定的，对一个拙劣课堂普遍是否定的。没有一个人会对教学内容错误，教学氛围不好，教学效果差的课堂喝彩的。

教师教育结构质量标准的可能性，即合格的教师学历结构标准达成共识是可能的，合格的教师专业结构标准达成共识是可能的，合格的教师性别结构标准达成共识是可能的，合格的教师年龄结构标准达成共识也是可能的。因为合理的教师年龄、性别结构有助于教师之间形成良好的团结协作关系，也有助于提高教育教学质量，这是共同和普遍的认识。

（二）教师质量标准的困难性

1. 教师教育质量标准的主体应当是教师、是教育政策制定者。实际上教师教育质量标准的主体往往被教育政策制定者独享，教师、学生成了教师教育质量标准制定的客体。没有教师合作形成的教师教育质量标准本来有问题。在师生与教育政策制定者合作完成的质量标准同样有问题。因为教育标准的主体与对象都是人——人的非客观性，难以量化性，特别是人的思想情感的无法量化性，必然造成客观准确的教育标准的难以形成。而且将教师、学生统一化、客观标准化是极其危险的事情。

2. 合适的教师教育中介选择的困难性。教育中介指的是教育内容、教育手段。合适的教育中介就是合适的教育内容、教育手段。但由于教师教育组织者对教师教育者的具体情况，特别是教师教育者的需要把握得不够客观准确，他们对各种教育内容、教育手段的属性、特点把握得也不够全面准确，以至于造成他们不了解什么样的教育内容、手段适合于教师教育者。

3. 教师教育终极结果的评价——教师教学质量难以完全量化。一篇好作文也难以形成共识，给一篇作文打分，也很难统一成一个统一的分数。或者好作文各式各样，难以形成共同的内容和形式。好教师各式各样，有不一样的特征，也没有统一的标准。好教师的主要依据一堂好课很难达到共识，只能有一个模糊的标准，无法精确量化。

三 教师质量标准的限度

限度指一定的范围内规定的最高和最低的数量或程度。教师教育质量标准限度是指在一定的教师教育质量问题范围内规定的最高和最低的教师教育数量或程度。任何国家都有教师质量限度问题。美国教师质量标准的限度是教师资格、学士学位和其他条件。具备教师资格证书，获得学士学位和其他条件者达到了教师质量的最低标准，可以从教。否则，不能从教。① 而多数地区教师教育质量限度是从以下几点进行的。

（一）教师教育的课程质量标准限度

教师教育课程质量标准对知识、技能的最低要求是"了解"，一般要求是"理解"，最高要求是"掌握"。因此，教师教育课程质量标准对知识、技能的最低限度是"了解"，一般要求是"理解"，最高限度是"掌握"。至于对知识、技能"了解"和"掌握"到什么程度，是各地地方、各个学校、各个教师在实际操作过程中，灵活掌握的问题，不是教师教育课程质量标准所能规定的，也是教师教育课程质量标准范围以外的事情。

（二）教师教育教学质量标准的限度

教师教育的教学目标明确、全面、合理，教学内容适当、正确，教学方法科学合理，教学思路清晰，教学效果良好是教师教育的教学质量标准的基本限度。教师教育的教学目的不明确、不全面、不合理，教学内容不合理、不正确，教学方法不合理，教学思路不清晰，教学效果不好，那么教师教育的教学质量不达标。而教师教育教学质量标准的四个方面缺一不可。

（三）教师结构质量标准限度

教师性别结构、职称结构、学历结构、年龄结构的限度，各地区师生比例标准是有限度的。尽管教师性别构成、职称结构、学历构成和年龄结构不可能尽善尽美，总是有瑕疵的，人们在教师性别、年龄、职称、学历结构上好的认识只能接近，不可能完全趋同。但任何学校应该有最低的教师性别比例，最低的教师职称比例、最低的年龄比例，以保证其最基本的质量标准。

（四）教师教育的专业质量标准限度

掌握基本的教育学、心理学方面的专业知识，有教育实习实践的专业能力，热爱教育事业、热爱学生的专业情感态度，献身教育事业的专业精

---

① 王光彦：《大学教师绩效评价研究——基于教师自主发展的探索》，教育科学出版社2012年版，第52页。

神是教师教育专业质量标准的核心。而经历系统的师范专业训练，获得基本学历是教师教育专业质量的最低保障，也是其质量标准限度。非师范专业的人、没有基本学历的人绝对要排除在教师教育行列。

四 合理性教师教育质量标准的形成方式

（一）形成合理的教师教育质量指标体系

形成合理的教师教育课程质量指标体系，包括合理的教师教育课程质量结构，合理的教师教育专业质量，合理的教师教育结构质量。也要形成合理的教师教育教学质量指标体系，包括合理的教师知识、能力、情感、态度、价值观方面的指标体系。这需要教育专家的缜密思考，更需要教育行政部门政策上的强力支持。

（二）保持各个指标合理的比例关系

保持教师知识、能力、情感、态度、价值观方面的评价指标比例是形成合理性教师质量标准的关键。但合理性教师质量指标比例不是自发形成的，而是政府部门通过有效制度引导后自觉形成的，更是教师队伍自由追求的结果。追求真善美是人的本质，也是人的需要。追求真善美更是政府的责任，需要政府制定合理的规则去引导。

（三）借鉴国外做法

在一些发达国家如美国，都有一些全国性的专业团体或组织，在美国国家教师教育标准的制定中发挥了积极作用。目前，美国已有1/3的州成立了相对独立的教师专业化标准委员会，负责研究和制定教师的专业标准。英国在20世纪80年代后开始重视教师专业标准的问题，成立了教师教育资格认定委员会（CATE），制定了与教师资格标准相挂钩的专业标准。因此，在教师教育标准的制定中，我们建议借鉴国外的做法，投入充足的经费，成立具有相对独立的专门机构或组织，为每一个领域制定详细的标准和实施办法；有相应的工具书作为指导，有分别负责发展、测试、实施的组织，构建运作规范的工作体系，建立长效机制，以保证标准的科学性与可行性。①

---

① 王传金：《教师教育标准：维度与主体》，载《河北师范大学学报》（教育科学版），2010年第9期。

第二章　教师专业化政策形成的理论基础

　　教师专业化发展首先是指教师职业的师范专业化发展，其次是各个具体学科专业的发展。师范专业毕业教师可以在短期内形成基本的教育教学质量与效率，满足学生与教师自身成长需要，形成非师范专业毕业教师短期内无法形成的教育教学、学生成长与教师队伍发展价值。因此，追求师范专业型教师是不同时期、不同地域和不同教育阶段教师教育的普遍价值诉求。但受高校招生培养方式、大学生就业问题以及相关政策、制度等因素影响，近年来国内外教师队伍出现了明显的非师范化动向。而教师队伍非师范专业化发展不仅影响学校教育教学的近期质量、影响学生近期发展，也影响到教师队伍整体的社会地位和社会功能。同时，对教师队伍的稳定健康发展带来了潜在性负面影响。因此，任何时期在选拔录用教师过程中，都应坚持优先从师范专业毕业生中选用原则，减少和消除非师范专业教师比例。

　　影响教师队伍专业化发展的基本因素是不同专业教师对其授受知识的理解上。教师自我学科知识功能价值误解是教师对其所从事学科知识本质属性及其功能价值的认识、评价与该学科知识自身功能价值属性不相吻合的理解。教师自我学科知识误解开始于专业前教育、形成于专业教育，终结在职业生涯结束，是一个持续性过程。教师自我学科知识误解不但影响学科知识多方面意义功能的存在与贯通，也影响师生知识意义多方面发展的可能性。因此，通过实践体察、理论学习形成正确的学科知识观、学科态度，以及自我学科知识功能、价值观，及时增进自我学科知识理解是消解其知识误解，促进其专业化发展的合理方式。

　　推动教师专业化发展的最好方式是开展教育行动研究。但自开展教师教育行动研究以来，我国进行教师教育行动研究的主体始终是高校教师，中小学教师自主开展的教育行动研究非常少见。而参与教育行动研究的中小学教师在具体的行动研究过程中，他们普遍将参加课题、发表论文作为行动研究的终极目标，忽略行动研究本质；在研究方式上，他们主要以验证理论为主，缺乏发现问题、解决实际问题的意识和精神；在日常活动安排上，他们则将大部分时间和精力用于教学活动，科研和行动研究上的投入严重不足。因此，为有效提升中小学教育行动研究的质量和效率，需要形成主体间性行动研究的理念和方式，实现高校专家与中小学教师的协同发展；要把发现和解决教育教学中的实际问题作为教育行动研究的根本任务，改变教育科研成绩评价方式，实现科研过程性评价与结果性评价的有机结合。同时，要形成学校合理的教研体系，减轻教师教学负担，促进教师教学、科研活动的协调发展。

第一节 教师自我学科知识功能价值误解理论

在主体间性、实践交往理论推演下，主体性教育研究早已进入了教育理解理论视阈，为增进认识、有效解决教育效果问题提供了新视角。但教育理解理论演进的更高境界是教育误解视阈，是对教育理解内容——教师自我学科知识本身的深入研究。因为从哲学解释学视角看，一切理解都是误解，而一切误解根本上都是自我误解。因此，只有深入检讨教师自我学科知识误解的过程与原因，才能真正促进教育理解和师生主体间性有效发展。

一 教师自我学科知识误解的表征

误解（Misunderstanding）不等于"不解"（Non‐understanding），也不是"误觉"（Misperceptions）或"曲解"（Misinterpretations），它是理解的一种结果。沃德尼克从本质判断出发认为，误解就是交流失败。[1] 语义学理论从理解结果断定，"误解是理解的不正确或不正确的理解"。[2] 熊

---

① Darinka Verdonik：*Between Understanding and Misunderstanding*，*Journal of Pragmatics*，2009 年第 9 期。

② 中国社会科学院语言研究所词典编辑室：《现代汉语词典》，商务印书馆 1988 年版，第 1223 页。

川武依据事实标准认为，理解结果与理解对象的质量吻合为正确理解即确解（根据当时通行的标准判断），即现实通常说的理解，否则叫误解。[①]本文综合上述分析认为，概念中的误解是事实说明而非价值判断。因此，从本质理念出发，误解是认知结果与认知对象事实不相吻合的理解。从理解主体关系看，误解存在自我误解和相互误解两种类型。自我误解是自我认识、自我功能价值判断与自我事实不相吻合的理解，教师自我学科知识误解是教师对其授受学科知识本质属性及其功能价值认识、评价与该学科知识本体属性及其自身功能价值意义不相吻合的理解。因此，教师自我学科知识误解首先是对其授受学科知识本质属性的理解。从根本上说，这又是对知识起源、知识存在状态及其标准问题的理解，认为知识是由内及外、还是由外及内，是静态还是动态，绝对还是相对的问题。传统教师普遍认为知识是外在、确定、永恒和绝对真理，有客观标准。柏拉图也认为，每个人在世都会形成一定知识，随着阅历积累到一定程度，将会越来越顽固地坚持自己想法，总认为自己是对的。[②]因此，对于传统社会中长期从事教育教学工作的多数教师来说，习惯于从传统知识和自我学科知识的权威性出发，认为知识的客观真实性不允怀疑，学科知识是人类永恒知识的基本形式，是绝对正确、确定的科学真理。"我"所讲、所说的是社会"公认"的确定性知识，是绝对正确的客观真理，具有绝对性意义。因此，学生需要认真理解、消化和吸收"我"授受的一切知识，不能否定"我的"知识命题与结论。[③]而对当代遭受了复杂、剧变信息侵袭和后现代主义思潮冲击，又经历开放性、对话教学范式影响的教师来说，知识是不确定、偶然、变化和动态生成的，不存在绝对正确的客观性学科知识，因此，要不断创造和建构自己的学科知识。两种知识本质属性片面化、极端化理解违背了知识的本体属性和本质规律，是其自我学科知识误解的主要方面和根源。

从知识本质特性出发，一些教师在确定性知识观下，以为"我"学

---

① 熊川武：《教育理解论》，载《教育研究》，2005 年第 8 期。

② 宋宁娜：《自我：当代教育的困惑》，载《南通大学学报》（教育科学版），2007 年第 2 期。

③ 熊和平：《教师是谁——现代教育理念下教师身份的重构》，载《上海教育科研》，2005 年第 3 期。

科知识的正向功能是必然和绝对的。"我的"学科知识是普适意义上"教育者"的知识价值，是政府、社会倡导的客观正确和值得弘扬的知识意义、价值，学生需要无条件接受"我"的知识价值标准。因为"我"是学校核心学科教师，国家为本学科安排的课时量多，并且有自习课程相辅助。"我的"学科知识是学生升学考试的主要知识，其社会影响力、社会价值相应大，"我的"学科知识价值随之增大；如果学生不接受或反叛"我的"学科知识，就是对真理以及学校总体制度规范挑战。持这种意义论者因此认为，"我"需要也能够决定学生发展，学生学习发展的好坏主要是"我"能力和"我"努力的结果。而另一些受到不确定性知识信息和国家课程政策以及社会关系负面因素影响的学科教师，以为国家给予其学科的课时量少，也没有自习课程相辅助，又不是升学考试课程，其社会地位低，自我学科知识价值意义相应小。"我"对学生的教育功能不确定，"我"的知识对学生可能无用："花了那么多时间备课、上课，把自己搞得疲惫不堪，学生学业成绩上去了，将来没有社会关系，还是没有用处"；"我在学校辛辛苦苦地给学生讲知识，但根本不能确定自己所教学科知识的实际用处。"因此，"我"应当放弃"我"学科知识价值与功能，实行不干涉教育。这种完全以课时量和学科知识某方面功用界定其全部知识功能价值方式实际上是反文化行为。每门学科知识有认识、情感、修养等多方面意义价值，不能以学科知识某方面的价值掩盖该学科其他方面知识意义价值。过分强调学科知识社会实践功能也影响其个体享受及其他功能发挥，走向了自我授受知识绝对化与无用论道路，不利于推动学科知识在实践和教育领域中的多样化发展。

二 教师自我学科知识功能价值误解的过程

认识自己、反省自我是人本性，但人的自我认识永远有局限性，人最难认识、反省自己。因为人可以感觉自己，却不能直接观察自己。人只能借助别人"镜像"反观自己，从他人评价中获得各式各样自我画像。各个人对他人评价不可能完全公允，每个人对他人评价永远以自我经验、方式进行，永远具有偏颇。如果完全依赖某些人的认识来认识自我，依照他人标准建构自己，或者妄自菲薄，或者自惭形秽，都会出现自我理解上的困难，走向自我误解。引起教师自我学科知识误解的原因很多。从误解过

程看，教师自我学科知识误解的生成、完成在不同方面有不同原因与不同
的逻辑顺序和过程。

教师自我授受学科知识功能价值误解开始于教师教育专业之前，持续
到职业生涯结束。在报考教师专业、选择学科门类过程中，他们普遍受到
家长以及任课教师导向性影响：可就业性、实用性、有自我发展前景性是
选择教育专业不同学科知识的核心因素。其中有些家长、教师认为中文、
外语等人文学科知识好，将来择业范围大。"进"可以到政府部门做白
领，"退"可以做教师或进企业；有的家长、教师则引导孩子选择音乐、
美术等艺术类学科，认为这类学科有休闲功能且能会产生更大经济价值；
有的家长、教师帮助学生选择物理、计算机等理工教育类学科，理由是技
术类学科知识比文化知识更有用。当然，也有少数前师范生以某门专业学
科知识内在意义为导向，选择了未来教师教育专业。但所有这些观念导向
都影响了前师范生的未来专业知识价值与学科态度，促成前师范生形成了
某一方面或实用或技术或自在意义性学科知识是最有价值、最有用处知识
的理解。

进入专业学校、接受教师专业特定学科知识后，开始既有该学科知识
价值观念的实际功能检讨过程。有的人进一步升华了教师专业前核心学科
知识自在意义，甚至以专业学科知识价值取代了专业教育知识价值，认为
专业学科知识价值就是专业教育知识价值，专业学科知识功能就是专业教
育知识功能，掌握了学科知识就会成为好教师；有的人则继续按照教师专
业前实用主义知识观念，在师范学院学习实用性学科知识，甚至大量进行
外语、计算机、普通话证书课程学习，推动了功利主义课程的技术化发
展；有的人从学科知识中探寻不到知识本身价值，也看不到学科知识在将
来就业、工作中的"实用"价值，认为一切知识意义一样，或者自己所
学学科知识根本没有任何意义，走向学科知识功能的消解道路。

走进教师行列，根据不同学科知识社会功能与地位，逐渐完成了自我
授受知识绝对化与无用论的功能价值理解。教师自我学科知识误解主要取
决于学科知识功用与社会地位。一般而言，语文、数学、外语等学科课时
量多，并且安排了自习课程，又是升学考试主课程，该类学科知识的升迁
功能与社会地位相应高。该类学科课任教师随之获得了较高社会地位、并
提升了自我授受专业知识的价值意义，甚至倾向于自我授受知识的绝对正

向功能。而历史、政治、社会等学科的课时量少，也没有自习课程辅助，又是升学考试的辅助性课程，其社会意义与价值小，其社会地位相应低，这些学科的个体功能相应小，其任课教师自我学科知识价值随之变小，有人因此开始低估甚至消解自我授受学科知识的个体与社会价值。应该说，以上理解都是对自我授受学科知识功能价值的误解，将自我学科知识完全等同于教师教育知识和学科教学知识，以一门学科知识的一种价值、一种功能去分析和对比其他学科知识的另一种价值与功能，这势必影响自我学科知识功能价值的选择与发挥。

三　教师自我学科知识功能价值误解的后果

总体而言，教师自我学科知识误解违背了本学科知识多方面的意义价值，也有悖于学科知识的教育功能特征，是急需消解的一种教育理解。一方面，教师自我学科知识误解影响本学科知识多方面价值意义的自由发展。精神性是知识内在灵魂和本质属性，追求和实现"我的"自由性、超越性是知识发展的根本方式。一味追求学科知识某一方面确定性意义的达成，会阻断本学科知识多方面意义的自由联系与发展，从而影响意义在理论之间、在理论与实践之间的自由贯通。在自我专业知识学习之前，对学科知识功利主义、实用主义解读，体现了学科知识的外在意义与价值。外在意义是短期性的，较少能内化为品质，也极容易被消解。在专业理论学习过程中，一味追求学科理论知识内在的功能价值，会影响学科理论知识与各项教育教学知识的自由达通。而在具体教学实践活动中，普遍追求具体学科知识社会功能及其教师个人社会地位影响，对从事高社会地位的学科教师而言，学科知识的外在意义远远大于其内在意义。这些教师为了实现个人社会影响和功能价值，会肆意将自我学科知识某种意义强加在学生身上，任意剥夺学生对学科知识其他价值意义的自由选择权，从而影响学科知识意义的多样化发展的可能性，最终导致学科知识意义的自我消解。

教师自我学科知识功能误解的结果是本学科知识无用论或决定论，两种理解都不合情也不合理。学科知识无用论者以为"我"学科知识对学生发展不起作用，学生对学科知识的选择完全是其个人事情。因此，平常对学生表现从不主动过问，任其自然发展，结果导致对该学科知识兴趣差的学生放任自流，有学科兴趣的学生也不能达到其理想境界。而自我决定论者以为"我的"学科知识决定着学生个人命运，学生学科知识多少完全是"我"本人事情。因此，为尽个人职责、为学生负责期间，要利用一切时机给学生辅导、补课、教化、训练。课堂上集中灌输，课堂下采用大量习题反复操练学生。如果学生能顺应"我"的知识功能期望，说明"我"需要更加追求"我"预设的学科知识功能价值，其必将抑制学生知识其他功能价值发展；如果学生发展与"我"的意愿相反时，指责惩处在所难免，从而引起师生矛盾，恶化师生关系，干涉学生自主发展的可能性，也影响教师本人发展。

四 教师自我学科知识误解的消除

教师自我学科知识误解源于其知识观、知识形成观和知识功能价值观几方面因素，因此，教师自我学科知识误解的消除也需要据此逐一破解。首先，形成正确的学科知识本质观和知识态度是消除学科知识误解的出发点。不良学科知识本质观是教师自我学科知识误解的根本原因，因此，要消除教师自我学科知识功能价值误解，需要根据知识的时代特征转变教师知识态度，形成其适合于时代需要的学科知识本质观。在现代社会，知识共存于主体之间和主客观之域，知识既属于教师也属于学生，知识不是对象性范畴而是关系性范畴，知识是主体与主体、主体与客体之间信息关系的反映。在辩证唯物主义看来，任何信息关系都有稳定性、确定性，也存在着变化性和不确定性。知识是主体与主体、主体与客体之间确定与不确定、稳定与变化信息的统一体。教师自我学科知识是其偶然、变化和不确定性信息与其确定、稳定信息的统一体。因此，教师要在与文本、与不同学科教师对话过程中关心、反思、理解和改进自己的知识立场。放弃绝对主义知识立场，也不能步入历史虚无主义、知识相对主义的认识论视阈。

而通过实践体察和知识理论学习形成正确的学科知识功能价值观是消除学科知识误解的根本方面。因为对不同学科知识价值理论的系统化学习，可以使教师认识到各学科知识价值的具体性、多样性和不确定性。因此，世界上不存在绝对、最好的知识意义，此时此刻、此情此景最好、最有价值的学科知识换一种视角未必有价值；此时此刻感受不到的知识价值，换一种环境可能很有价值。在知识演进过程中，各种学科知识会形成多方面价值意义。教育的意义不是意义赋予，而是组织引导学生分享知识的不同意义方式，并帮助学生从各种知识意义中获取完整的意义认识。同时，通过对教育功能理论知识的系统学习和对学科知识功能案例剖析，必然会认识到任何学科知识都可能产生正向、负向或零功能特性，而同样的学科教育活动对一些人产生积极、正面性影响，对另外一些人产生消极、负面性影响，对有些人不产生作用和影响。因此，并非一切学科知识都适合于一切学生，并非一切学科行为都是好（坏）的，并非实行的学科教育越多越好。过度教育适得其反，过度教育会产生负向教育功能。但如果低估学科知识功能影响，实行不作为教育，也不是学科知识选择的理性方式。理性的学科知识价值功能是不断变化的、多种知识功能价值的统合体。

第二节 教师自我知识身份误解理论

身份确认是职业活动的逻辑起点，不同职业身份者有不同职业行为方式，同一职业者不同职业身份认同方式也会形成其不同工作方式。教师是为知识请命的教育工作者，在科学主义思潮和现代主义确定性知识观念下，教师将自己职业身份理解为客观知识拥有者、传播者和学生教育者，导致教育教学活动中单向式复制、粘贴、传递和教导行为发生。在复杂剧变的信息化社会，继续以传统知识身份从事教育活动，必将影响知识生产、发展和创新。因此，消除误解，形成新的知识观、新的知识形成观和新的教师自我知识身份是教育发展的基本使命。

一 教师自我知识身份误解的表征

英文中误解（Misunderstanding）不等于"不解"（Non‑understanding），也不是"误觉"（Misperceptions）或"曲解"（Misinterpretations），它是理解过程的内在方式。沃德尼克从价值判断出发认为，误解就是交流失败。[①] 语义学理论依据真理标准认为，"误解是理解的不正确或不正确

---

① Darinka Verdonik: *Between Understanding and Misunderstanding*, *Journal of Pragmatics*, 2009 年第 9 期。

的理解"。① 熊川武从事实判断出发认为，"理解结果与理解对象的质量吻合为正确理解即确解（根据当时通行的标准判断），即现实通常说的理解，否则叫误解。"② 本文认为，概念界定依据的是事实而非价值判断。从价值无涉立场看，误解是主客观信息的错位和不一致性。自我误解是自我认识、自我价值判断与自我事实的错位和不一致。教师自我知识身份误解则是教师对其专业知识内容、价值、方式的认识、评价与专业课程知识自身内容、价值、方式信息的不统一性，其要义主要表现在两个方面：第一，"我"是确定性课程知识占有者。古希腊智者柏拉图认为，每个人在世都会形成一定知识。随着阅历积累，会变得越来越顽固地坚持自己想法，总认为自己是对的。③ 对于以传授知识为基本任务的教师而言，习惯于从传统课程知识的客观性出发，认为概念、公式、观点是封闭、固定、正确、一劳永逸的现实，④ 知识是确证了的真的信念，知识的客观真实性永恒不变。⑤ 课程知识则是人类永恒知识的主要形式，是绝对正确、确定的科学真理。"我"所讲、所说的都是从前人那里继承下来的权威性知识，是社会"公认"的确定性客观真理。学生需要认真理解、消化和吸收"我"授受课程的一切知识，不能否定既定课程内容、结论。但从现代知识观看，知识的本质是动态生成的，知识既不是纯客观也不是纯主观的，知识属于教师也属于学生，知识存在于主体之际也存在于主客体之间。知识不是对象性范畴而是关系性范畴，知识是主体与主体、主体与客体之间确定与不确定信息关系的综合反映，因此，教师无法彻底占有知识。

第二，"我"是特定课程知识传递者。知识的本质特征是可传递性、可接受性，⑥ 所以，"我"的任务是将"我"从前人和他人那里继承和接

---

① 中国社会科学院语言研究所词典编辑室：《现代汉语词典》，商务印书馆1988年版，第1223页。

② 熊川武：《教育理解论》，载《教育研究》，2005年第8期。

③ 宋宁娜：《自我：当代教育的困惑》，载《南通大学学报》（教育科学版），2007年第2期。

④ ［加］大卫·杰弗里·史密斯，郭洋生：《全球化与后现代主义教育学》，教育科学出版社2001年版，第147页。

⑤ 胡军：《知识论》，北京大学出版社2006年版，第57页。

⑥ 昌家立：《关于知识的本体论研究——本质、结构、形态》，四川出版集团巴蜀书社2004年版，第23页。

受下来的语文、数学等特定知识，再转递到学生手里。因为"我"授受的课程知识绝对正确，政府职能部门又赋予"我"——"教育者"身份，按照"教育者""传道、授业、解惑"的历史使命和现实职业要求，"我"需要在教学过程中采用工厂劳动中加工改造模式，以及传递和灌输式教学方法。"传递"、"灌输"是"教育者"身份意义最具体、最直接表征。如果"我"采用了"传递"、"灌输"、"训导"性教育方式，"我"的课程知识就会被学生顺利继承，"我（教育者）"——知识权威身份也会被学生承认，"我"自然会被学生尊重。否则，"我（教者）"的身份会受到怀疑，"我"的知识、社会价值无法充分显现。在现代知识观下，一切知识是动态生成的，学生知识多少不是教师传递而是自主建构的结果，过度强调"传递"、"灌输"、"训导"作用，影响学生主体性发挥及其知识生成的效率。

二　教师自我知识身份误解的过程与方式

认识自己、反省自我是人的本性，但人对自我身份认识永远有限，人最难以把握自己身份的确切内涵和方式。因为人可以感觉自己，却不能直接观察自己。人只能借助别人"镜像"、要求反观自己，从他人经验中获得自我身份。各个人对他人认定不可能完全公允，每个人对他人身份要求永远以自我经验、方式进行，永远具有偏颇。有的人对他人要求过高，有的人对他人评价较低。如果完全依赖他人认识来认识自我，依照他人标准建构自己，或者妄自菲薄，或者自惭形秽。出现自我理解上的困难，走向自我误解。从生成过程看，教师自我知识身份误解从萌生到形成一般需要经历三个阶段和过程。

首先是教师知识身份感觉期，是传授型教师职业身份经验获得与观念确认期。观念是对客观事物的微弱知觉，是许多知觉的混合物。观念具有暗示意义，说明了一种悬而未决的可能性和存有疑问的释义模式。它给探究提供了一个立足点、立场和方法。[①] 教师知识传递者身份观念开始于小学教育之初，一直持续到接受教师教育专业。期间首先遭受了家长前提规

---

① ［美］杜威：《我们怎样思维——经验与教育》，人民教育出版社 1991 年版，第 109—110 页。

训：老师是知识权威，在学校里要尊重老师、认真听课。在学校报到注册后，又经过教师对听课、作业等诸多课堂教学制度生成化规训。通过家长外力驱使与不同教育阶段教师内在要求的反复交错影响，单向度"知识拥有者"、绝对"知识主人"、"知识权威者"和"教育者"神圣不可侵犯的教师身份观念逐渐发展起来，以为教师是知识和真理化身，老师说的就是千真万确的真理，人们只能肯定和接纳老师的话语，不能对其怀疑和否定。

其次是教师自我专业知识身份理解期，是传递性专业知识身份的系统认识、接纳时期。这一过程从进入高等院校教师教育专业开始到教师专业学习结束。期间在多门专业课程及其教师、同学的感染、教化、引导下，形成了某门专业课程知识最有价值、"我"应当"占有"并在未来传播某专业课程知识的意愿。学习完教育学、心理学和学科教材教法知识以后，全面接受了传统教育学"教书育人"理念以及教师职责要求，相信"教师要'给'学生一杯水，自己要有一桶水"是颠扑不破的真理。因此，为将来更好地"传递"专业知识，开始更加有目的、有意识、系统地累积、掌握专业知识，有目的、有意识形成自我传递性专业课程知识身份，将传递性职业知识身份与专业课程知识身份相结合，成为特定专业课程知识占有者、管理者和预设传递者。

最后是自我传递性专业课程知识身份体察巩固期。杜威认为，身份意义的明确性、一贯性主要从实际行动中获得。[①] 所以，教师自我专业知识身份观念外显从获得教师职业资格证书、被分派到某个具体学校任教开始，到自我教师职业生涯结束，是不间断释放过程。期间首先是职业知识传递身份展示过程，逐渐成为既有系统知识全面传递者。一方面按照传统教育者标准要求认真备课，在课堂上全面系统传播既定事实知识，认真履行我——教育者身份职责。积极顺应学校评价教师的应试依据，努力践行所在学校工作要求。因为学校对"我"评价、认同的主要依据是"我"讲课的精彩程度，是"我"教授知识的丰富性、全面性和深刻性，而课堂上学生学得好坏完全是"我"讲授、"传递"的结果。"我"应当将知识讲得越清楚、越明白越好，甚至努力将知识咀嚼后给学生吃，以防学生

---

① ［美］杜威：《我们怎样思维——经验与教育》，人民教育出版社 1991 年版，第 18 页。

消化不了或消化不良出现后遗症。由此来看，这一过程既是教师自我专业知识身份镜像与具体学校实践者知识身份的融合过程，也是教育者自我知识身份误解的完成过程。

三 教师自我知识身份误解的后果

教师自我知识身份误解的负向功能主要是针对学生、教师而言的。从学生层面讲，教师自我知识身份误解影响学生知识的自主建构与增长。教师从专业知识拥有者、专业知识主人和知识管理员身份出发，强调传递知识的极端重要性和接受知识的客观必然性，就容易忽视学生知识发展的内在逻辑。知识生长过程是自在基础上的吸收、同化过程。与个体以往经验相关的知识既会被内化也易外显，与个体以往经验无关的知识无法在机体内生根、生长。授受知识教学模式强调以教师自身知识逻辑起点和方式发展学生知识逻辑，忽视了不同个体知识内在逻辑：每个个体知识逻辑起点不同，逻辑形成方式、路径不同。如果以教师知识逻辑方式发展学生知识逻辑，会遗失学生知识逻辑起点，背离学生知识逻辑路径，妨碍学生知识自由发展，也影响师生知识自由衔接，造成不同个体知识逻辑冲突导致个体不能以其自在知识逻辑体系建构、发展知识的情况，从而延缓了其知识生长的速度和效率，最终制约了其进一步多方面发展的可能性。而且，教师误解自我知识身份也会限制学生知识意义多样性发展。多样性是事物存在发展的根本依据。事物只有在多样化矛盾冲突中，才能获得发展动力。知识有了多样化形态才能形成精彩纷呈、完整的精神世界。单一化是世界终极、也是知识和生活世界的终点。教育活动中如果过于关注和弘扬自我授受课程知识意义，企图将"我的"课程知识意义凌驾于一切知识意义之上，必然限制学生其他知识意义发展，进而限制知识意义多样化发展，最终导致意义的自我消亡。

另外，随着人类社会信息化速度提升和知识新陈代谢速度加快，人们需要不断建构、解构，再建构和再解构自身知识体系，以适应社会更新发展需要。教师如果仅仅将自己看作是既有知识守护者和传递者，将不会以开放心态主动吸收消化新的知识信息，这势必影响教师自身知识更新与发展，最终无法适应新的教学需要，也不能更好地引领学生发展。同时，教师误解了自我知识身份，将"我的"知识看作唯一知识源，看不到学生知识其他来源渠道和学生知识身份的合理合法性，将不会主动从学生身上汲取知识信息，从而限制自身知识视野，影响自身知识多方面扩展的可能性。

四 教师自我知识身份误解的消解

教师自我知识身份误解形成于教育、教学及其他社会实践活动，其自我知识身份误解的消除也应该在教育等多种社会实践中完成。通过教育教学行动中的学习和反思性实践，在不断总结经验、反思个体经验传统，反思和学习同事、学生知识经验，以及课程知识理论过程中，[①] 逐渐形成正确的知识观、正确的知识形成观和知识功能价值观，进而达到增加理解、消除误解的目的。

（一）要确立正确的学科知识观、知识态度，彻底消解自我单方面专业知识拥有者、占有者身份，成为知识分享者，将传统观念中"我"的知识消解成"我们"的知识

不良知识观是教师自我身份误解的根本原因，因此，要想消除误解，首先要转变其知识态度，形成其科学、理性的学科知识观。要认识到知识的本质是动态生成的。传统知识是客观、静态和确定的，现代知识既不是纯客观的，也不是纯主观的，知识属于教师也属于学生，知识存在于主体之际也存在于主客体之间。知识不是对象性范畴而是关系性范畴，知识是主体与主体、主体与客体之间信息关系的反映。在辩证唯物主义看来，任何关系都有生成、完善过程，一切关系都在不断发展变化中，充满了偶然和不确定性。因此，教师要在与学生、文本和历史人物对话过程中关心、认识和改进自己的知识观、知识形成观，放弃对绝对知识、真理的幻想，也要放弃对所谓"绝对知识"、"绝对真理"占有的幻想。在创新发展"我们"之间知识关系过程中，不断生成"我们的"知识场域。

（二）要确立正确的知识形成观，彻底消解单一知识传递者身份，成为知识共同传播体、学习共同体中的组织引领者

知识形成观是造成不同教育功能观和不同教育教学范式的主要原因。在传统知识观下，知识形成是传递→接受过程，是从教师身体流向学生身

---

① 张光陆：《教师实践智慧生成的自我理解之路》，载《教育学术月刊》，2009 年第 7 期。

体的过程,因此,教师功能作用无限大,学生无法主动获取知识,只能被动等待教师传递和恩舍。在现代知识观下,一切知识是自我建构、生成的。学生知识多少不由教师决定,弟子不一定不如师、教师也不一定强于学生。教师既要向学生传授知识,也要向学生学习。因此,应在共同面对和解决文本问题过程中,建立和形成知识学习—传播共同体。在师生知识学习—传播共同体中,教师是组织、引导、鼓舞和激励者,在学生自在知识逻辑体系建构中起着牵引和助力作用,学生是自主学习者、合作者和发现者,在教师知识体系的生长中起着协作、补充功能。

(三)要形成正确的知识功能意义观

一方面要通过功能和教育功能理论的系统化学习,认识功能、教育功能的正向、负向和零功能特征,认识有些积极知识活动对人、社会产生积极正面性影响,有些积极知识活动对人、社会产生消极负面性影响,有些知识活动对人以及社会不产生作用和影响。因此,并非实行的教育行为越多越好,过度教育适得其反,会产生负向功能。理性教育是学生主动合作、积极接纳方式,是一种有限性功能方式。另一方面,要通过对社会实践领域内不同知识在不同知识阶层、在不同职业者多种精彩表征分析,以及对意义理论、教育意义理论的系统化学习,认识知识意义的具体性、多样性和不确定性。世界上不存在绝对、最好的知识。在我看最好、最有价值的知识,在他者未必是最合适的知识;对我来说是不可领会的知识,在他者可能是最有价值的知识。人的一生需要在享受多种知识意义过程中、创设自己的知识方式。教育的意义不是确定性知识意义的赋予,而是帮助学生分享各门学科知识意义,并找到自己未来专业知识意义。

第三节 教师队伍师范专业化发展理论

师范专业是为专门从事教师职业人员进行岗前训练的教育单位或教育组织,是明晰应该教什么、如何教什么的教育组织,是理解如何成为教师、如何成为优秀教师的教育教学单位。同时,师范专业也是中文、数学、外语等不同教师教育专业的前提和基础。只有在师范专业系统地进行了教育专业训练,才可以更好地胜任不同教育专业的教育教学工作。所以,师范专业化学习是成为教师职业的基本需要,也是成为专业化教师的前提条件。教师队伍师范专业化发展是教师队伍发展的价值诉求。

一 师范专业毕业教师：教师队伍发展的价值诉求

从教师专业结构的教育教学功能价值层面看，专门学习过教育学、心理学知识，有教育实习、实践经历的人与没有实习、实践经历的非师范专业毕业教师的教育教学能力在教育初期具有明显差距。尽管我国各级师范专业教育学、心理学门类一直比较单一，师范专业毕业生的教育学、心理学理论知识狭窄而不深刻。但师范专业毕业生毕竟系统学习过教育学、心理学知识，其拥有的教育、心理学知识普遍比没有学习过该课程的非师范专业毕业生要多得多。更重要的是正规师范院校师范专业毕业的学生普遍了解教学的基本程序、基本规律。师范专业学生在正式从教之前，普遍有数月见习、实习经历。这对理论联系实际、深刻理解和把握教育教学知识，灵活应用各种教育教学方式方法，形成基本的专业能力、专业素质起到关键性作用。非师范专业毕业生正式从教之前，其教育教学知识基本是空白，又没有教学实习实践经历，普遍不懂教学的基本规程，教育教学活动"上不了道"。为此，许多中小学校长认为，非师范专业毕业生以后任教效果如何不敢肯定，但在最初两三年的教学质量明显不如师范专业毕业学生。非师范专业毕业教师最起码需要几年磨合适应才能上道。所以，师范专业毕业教师具有原初的教育教学价值。师范专业毕业生在从教之前，普遍具备了教什么、如何教的教育专业知识，明白了如何成为教师、如何成为优秀教师的基本方式。尽管教的方式、方法知识是实践智慧。实践智慧可以借助他人经验提前获取，也可以在具体教学实践活动中自然生成。但通过直接体验、自然生成知识需要漫长过程，其必然影响初入职教师的教育教学效果和学校整体教学质量。因此，不断增加教师队伍中师范专业毕业生数量比重，减少由非师范专业毕业生形成的漫长的教育教学适应过程，是迅速提高教育教学质量和教育教学效率的基本需要。发展师范专业毕业教师是迅速提高学校教育教学质量与效率的基础方式。

从学生层面看，师范专业毕业教师可以利用其先前获取的教育心理学知识，更好地把握学生性格差异、个性特点和年龄特征，并帮助学生更好地消除个体成长困惑，满足学生身心有效、快速发展之需要。同时，由于师范专业毕业教师在从教之前即已具备教育教学专业知识优势，可以更好更快满足学生获取不同学科知识之需要。每个学生都想依赖优秀教师快速有效获取各学科知识，获得具体学科上的快速发展。师范专业毕业教师普遍容易利用其自身教育理论优势尽快成为优秀教师，从而更容易促成学生学科知识上的快速发展。因此，在学生发展过程中，师范专业毕业教师具有非师范专业毕业教师短期内无法形成的功能价值。

从教师层面看，师范专业毕业教师既具有教师队伍集体也有教师个体自我发展价值。一般而言，职业的专门化程度与职业本身的社会地位紧密相关。职业的专门化程度越高，其社会地位相应高；职业的专门化程度低，其社会地位相应低。而在某种意义上，职业社会地位高低反映了职业社会价值大小。社会地位高的职业其社会价值和自我价值相应大，社会地位低的职业其社会价值和自我价值相应小。而提高教师职业社会地位、社会价值既是每个教师努力的目标，也是整个教师队伍集体奋斗的方向。教师队伍师范专业化则是教师组织专业化的基本方面，是形成语文、数学、英语教育专业教师的基础，也是教师队伍集体及其个体获取自我社会地位和社会价值的根本方式。因此，教师队伍要提高自身社会价值，需要通过不断证实师范专业的不可替代性，不断提高其师范专业化程度和水平，进而提高其社会地位。

从教师专业化程度与不同时期、不同地区基础教育发展水平的相关性看，一般而言，基础教育发展程度和水平高的地区，对教师质量和教师专业化要求高，教师质量和师范专业化程度相应高；基础教育发展水平不高的地区，对教师质量和专业化要求不高，教师队伍师范专业化程度相应低。从本文与周卫勇对山东省普通高中教师专业结构调查结果比较中可以看出，东部地区教师师范专业化程度高于西部，城市教师师范专业化程度高于农村。① 而教育发展水平滞后时期，对教师质量和专业化要求不高，教师队伍师范专业化程度相应低；教育发展水平高的时期，对教师质量和专业化要求高，教师师范专业化程度相应高。基础教育越高的阶段，对教师专业化程度要求越高，教师师范专业化程度越高；基础教育越低的阶段，对教师师范专业化程度要求越低，其师范专业化程度相应要低。因

---

① 周卫勇：《山东省普通高中教师来源结构调查与相关政策分析》，载《教师教育研究》，2010 年第 3 期。

此，追求专业化教师是不同时期、不同地域和基础教育发展不同阶段教师教育的普遍价值诉求。

二 去师范专业：教师队伍发展动向与危险

梳理国内师范专业发展历程可以看出，受高校招生培养方式、大学生就业问题以及相关政策、制度等因素影响，20 世纪 80 年代前，我国教师队伍建设处于明显的师范专业化过程。20 世纪 50 年代至 80 年代前，我国中小学教师任用政策上一直要求师范院校、教育专业毕业的才可以成为正式教师，国家、地方的相关教师政策、制度也一直要求师范院校毕业的师范生必须回到教师岗位工作，国家、地方以及学校教师政策、制度很少要求、甚至拒绝非师范院校毕业的非师范专业学生从事教育教学活动，导致师范院校毕业生长期滞留中小学和中小学教师师范专业化比例提高，也成为这一时期正式教师基本清一色师范专业毕业生的原因。但是，从 20 世纪 80 年代中期开始，为丰富、调整和扩大教师队伍知识结构，我国教师队伍出现了明显的非师范化动向。1986 年 3 月国家教委下发《关于基础教育师资和师范教育规划意见》，要求综合性大学和有条件的其他高等学校要把为中等教育培养师资作为重要任务之一，并提出非师范院校也应该根据需要承担培养某些专业课程师资任务。同年教育部还下发《关于加强和发展师范教育的意见》。该意见针对实施九年制义务教育要求和西部农村地区初中教师缺口大的矛盾，提出扩大现有师范院校招生名额，采取指令计划委托其他高校举办两年制师专，选择优秀电大、夜大毕业生进行短期培训和教育实践以补充师资等要求。自此以后，国内许多非师范院校开始招收师范生。非师范院校举办师范专业、培养师范生，无疑可以改善教师队伍知识结构，满足学生多方面知识需要。但由于许多非师范院校既缺乏专业教育学、心理学教师，又没有教育见习、实习的场地和教育实践指导能力，导致 20 世纪 80 年代以后事实上的非师范专业教师比重的大幅度提高。1996 年 9 月原国家教委召开了第五次全国师范教育工作会议，并在会后颁布了《关于师范教育改革和发展的若干意见》。会议提出要坚持有中国特色的、以独立设置的各级各类师范院校为主体，非师范院校共同参与的师范教育体系，继续采用和完善单独招生、提前录取、招收保送生、举办师范预备班等办法，进一步促成教师来源渠道的多样化和非师范专业化发展。① 2000 年后，国家在师资政策上进一步提出，任何高校、任何专业毕业的学生只要取得教师资格，只要通过人事、行政和学校组织的选拔考试，都可以成为正式教师。尽管教师资格考试内容主要是教育学、心理学知识，但其普遍是常识性、教条性内容。多数学生通过短期内背诵记忆即可以顺利过关，为非师范专业毕业生取得教师资格、走向教师工作岗位创造了条件。2006 年，国家实行农村中小学特岗教师政策。各地特岗教师招考前两年，部分地区教师招考内容完全是灵活多样的教育学、心理学知识，为师范专业毕业学生进入教师队伍创造了条件。但两年后宁夏等一些地区特岗教师招考试题中，教育学、心理学知识仅占 20% 分值，一定程度削弱了学习过教育学、心理学知识的师范专业毕业生应聘教师岗位的优势，导致非师范专业教师比例上涨。由此可以看出，教师队伍的非师范专业化发展总体是政策制度制定和要求的结果。

本文在西部一些地区调查也发现，近五年我国农村地区初中新录用师范专业教师比重存在下降趋势，而其非师范专业教师比重呈现增长趋向。农村地区普通高中新录用教师中，师范专业教师比重总体明显呈下降趋势，而非师范专业教师比重有显著提升迹象。宁夏部分地区初中非师范专业新录用教师比重已经由五年前的 10% 左右发展到如今的近四分之一，而其师范专业高中教师比重已经由 2006 年的 100% 下降到 2010 年的 60% 左右。说明农村地区非师范专业高中教师比重有增长趋向，农村教师队伍呈非师范专业化趋势。

从国外情况看，美欧等一些发达国家教师队伍发展也有非师范专业化迹象。第二次世界大战之后，日本曾一度利用普通院校"非定向型"培养教师，日本最大的教师组织近年又建议，制定开放的教师任用制度，吸收教育领域以外人员从教。而 20 世纪 90 年代后期，美国政府也开始了教师队伍非师范专业化尝试。

但无论从国内还是国外看，教师队伍非师范化倾向会引发许多明显问题。20 世纪 50 年代至 90 年代前，我国许多地区非师范专业毕业教师基本是学历不高的民办、代课教师，其具体专业学科知识贫乏，教育教学专业知识更缺乏，其教育教学功能根本无法与师范专业毕业教师抗衡。教师

① 陈永明等：《教师教育研究》，华东师范大学出版社 2002 年版，第 132—136 页。

队伍非专业化发展过程，实际是其整体教育教学实力及其学生正向功能下降过程。20 世纪 70 年代后期至 80 年代，全国基础教育出现快速发展局面。但其时师范专业毕业教师数量远远跟不上教育发展步伐，导致大量低学历、非师范专业从业人员进入教师行列。由于非师范专业毕业生大量引入教师行列及其在教师队伍中比例的最大化，我国农村地区教师队伍正面功能影响力已经降低到了历史最低点，教师队伍整体素质备受非议。20 世纪 90 年代特别是 2000 年后，农村非师范类教师普遍毕业于各类专业或职业院校，其专业学科知识素质、学科能力有了明显提高，但其教育教学专业知识不足、教育教学组织管理能力缺陷问题仍然十分明显。2008 年北方民族大学酒店管理专业毕业的张某，大学毕业后考上某中学特岗教师，现在给初中生教数学。谈及学生管理时认为还是要"打"，不打不行；谈及教学工作时说：吃力得很，许多中学知识丢掉了。"拾"知识本来就难，更难的是不知道怎么用最简单的方式把复杂的问题讲清楚。由此感叹，非师范专业和师范专业毕业的绝对是两码子事情。因此，教师队伍师范专业化过程是其教育教学和学生正向功能总体增强过程，教师队伍非师范专业师资力量增加过程其实是其教育教学和管理功能呈现下降过程。而教师队伍非师范专业化发展不仅影响学校教育教学质量提高、影响学生全面发展，也影响到教师队伍整体的社会地位和社会功能。而且不少非师范专业毕业教师抱着先就业后择业态度从事教师职业，缺乏教师专业需要的基本的专业情感、专业信念和专业精神，对教师队伍的稳定健康发展带来了潜在性负面影响。

三　教师队伍专业建设的合理方式

有人说，教师工作是技艺型专业，"专业技能和专业知识、专业情意是支撑教师走向专业成功的三根支柱"，[①] 因此，发展专业化教师队伍，减少和消除非师范专业教师比重是教师教育的必然要求，也是国际教师教育永恒的价值追求。1986 年法国政府就提出其以后的小学教师专业化教育要分两步进行，前两年先取得普通大学专业知识文凭，然后通过选拔考

---

① 李玉峰：《论教师教学专业技能的核心成分及其养成》，载《中国教育学刊》，2007 年第 1 期。

试，合格者进入师范学院接受两年师范专业教育，然后才可以成为正式教师。尽管 2000 年前后，美国出现了教师专业化与非专业化争议，[①] 但美国多数州政府规定，非师范专业毕业生即使具有博士学位，也必须到师范学院完成教育学、心理学、教学法等与师范专业相关的课程才能取得教师资格，才可以从教。[②] 澳大利亚政府规定，小学教师由高等教育学院师范专业毕业生承担，中学教师一般先在大学或高等教育学院取得学位，然后经过专业培训，取得师范专业研究生学历方可以从教。[③] 因此，尽管教师教育有非师范专业化动向，但师范专业依然是主流。

而在开始不断关注和要求提高教师质量时代，由于传统师范院校师范专业学生接受知识信息的狭窄和封闭性，由此形成的师资质量越来越不适宜于知识信息时代教学和学生发展需要，也日益引起社会争议和政策变化。因此，新时期将非师范院校、综合性大学纳入教师教育范畴，对改善教师知识结构，优化教师素质有重要意义。但邀请非师范院校、综合性大学培养师资，并非提倡其利用非师范专业培养教师，而是在非师范院校、综合性大学同样承办起师范专业，利用其师范院校不具备的学科结构，以此推动教师专业学科结构的多样化发展。教师队伍师范专业结构的多样化发展是信息化时代基础教育教师队伍发展的要求。但专业化不是盲目追求类型的多样化发展，也在追求专业质量的提升。任何院校在承办师范专业前，普遍需要接受专业设置论证，考评专业设置必需的师资和场地设施条件。只有具备高水平教育学、心理学师资，有长期稳定的教育实习实践场地，才有资格设置和发展师范专业。

而在教师选拔录用过程中，需要优先从师范专业毕业人员中选用、减少和降低非师范专业教师比例。教师专业化发展一方面是指形成与中小学课程设置相对应的具体的学科专业知识、具体的学科情感和能力；另一方面要获得从事教育教学的师范专业知识与能力。学科专业知识是从事教育

---

① 钟秉林，宋萑：《专业化与去专业化：美国教师教育改革悖论——中美教师教育比较研究之一》，载《高等教育研究》，2011 年第 4 期。

② 马立：《全国中小学教师队伍现状、预测与对策研究》，人民教育出版社 2006 年版，第 188—192 页。

③ 王桂：《当代外国教育——教育改革的浪潮与趋势》，人民教育出版社 1995 年版，第 560 页。

教学活动的前提和基础，师范专业知识是提高教育质量效率、开展有效教学的基本需要。因此，选用教师时首先要考察其所学具体专业知识储备情况，审核所学专业知识门类、类型及其学习效果，使其具备教授未来学科需要的广泛、扎实的专业知识基础。同时使其具备扎实而深厚的教育教学方式、方法性知识。一般而言，师范专业毕业生与非师范专业毕业生都具有具体的学科专业知识，所不同的是师范专业毕业生更具有教育教学专业知识与能力。因此，在高校扩招、师范专业学生持续猛增和就业压力不断增大情况下，消除非师范专业教师比重，走教师队伍师范专业化发展道路，也是我国教师队伍由数量发展向质量发展的必然要求。在师范专业毕业生数量严重不足时期，吸收和补充非师范专业毕业生，扩大教师队伍，利用非师范专业毕业生发展基础教育是普及义务教育的要求。在师范专业毕业生可以满足中小学教育需要情况下，充分利用师范毕业生的专业知识、专业能力和专业意识提高教师队伍专业素质，提高教师队伍质量，是发展基础教育质量的基本需要。在师范专业毕业生可以满足中小学教育需要情况下，继续利用非师范专业毕业生从事教育，必然影响基础教育质量和效率。为此，减少和消除非师范专业毕业教师比重，逐步实行以双专业化为核心的严格的职业准入制度是促进教师结构发展变化的核心任务。

第四节　中小学教师教育行动研究的政策理论

教师能力是形成教育质量的关键，提高中小学教师自身专业能力是提高基础教育质量的根本方式。但是，由于中小学教师教育行动研究主体性的长期缺失，中小学教师的专业能力长期不能得到有效提升，继而影响到中小学教育质量提高。因此，积极有效组织引导中小学教师开展教育行动研究，让基层一线教师成为教育研究主体与实施者，是研究和改善当前基础教育质量的主要使命。教育行动研究作为教育研究不可或缺的一个重要组成，随着基础教育一线教师大量参与，必将对教育实践产生重要影响力。

一　中小学教师教育行动研究的历史进程

美国学者麦克纳认为：行动研究是一种运用科学方法解决实践问题的

自我反思探究性活动。行动研究者是批判性反思探究过程和反思探究结果的主人。[①] 1953 年，斯蒂芬·科里（Stephen Corey）在他的《改进学校实践的行动研究》一书中，首次系统运用教育学专业语言对行动研究进行了定义，同时也使教育行动研究在教育教学实践中得到了应用。因此，教育行动研究是一种外来移植性教育研究模式，是连接教育理论与实践的桥梁和纽带。

在我国，最早提出"行动研究"概念、开展"行动研究"的是台湾学者王文科。1984 年，杭州大学陈立先生将行动研究概念首次引入大陆后，[②] 经蒋楠、王坚红等学者对国外行动研究著作的翻译与推广运用，行动研究开始在中国逐步发展起来。然而，整个 20 世纪 80 年代至 90 年代初，国内中小学教师的教育行动研究一直处于萌芽阶段。这一阶段的行动研究基本都是高校教育理论工作者对国外行动研究成果的引进与介绍，属于中国自己本土化的成果几乎没有。经过 80 年代不同学者对国外优秀研究成果的翻译引进，20 世纪 90 年代后期，国内基础教育研究领域掀起了一场浩浩荡荡的教育行动研究热。许多大学教师也开始主动与中小学教师进行合作研究，为中小学教师提供理论指导。不少中小学教师从自身实际出发，也开始思考教育问题，学做教育行动研究。这一时期代表性的研究成果有顾怜沉在上海青浦县开展的初中"数学教学教改"实验；华东师范大学与上海打虎山第一小学共同合作开展的"教育志愿者组合"专项课题；还有首都师范大学"全面提高北京市初中教育质量"的研究课题等等。然而，在 20 世纪以前，中国教师教育行动研究在中国的发展以高校教师为主体，中小学教师自主开展的教育行动研究非常少见。

二 中小学教师教育行动研究中的问题

中小学教师是从事基础教育工作的专业人员。作为基础教育质量的主要承担者，随着基础教育课程改革和教育事业深入发展，中小学教师专业知识、专业能力和专业素养等方面的发展面临新要求与新挑战。新时期中小学教师专业发展不仅需要学习和继承他人经验，更需要通过行动研究，

---

① 高文：《现代教学的模式化研究》，山东教育出版社 2000 年版，第 25 页。

② 陈立：《行动研究》，载《外国心理学》，1984 年第 3 期。

形成自己专业特点和风格。有效进行行动研究可以破除教师群体对"研究"的迷信，增强教师自尊、自信和自立能力，进而帮助教师从"必然王国"逐步走向"自由王国"。① 因此，行动研究以其走进实际教学情景，实际运用力强，适合中小学教师提升自我专业能力等优势，将逐步赢得广大一线教育工作者的广泛认同，成为中小学教师专业发展的一条重要途径。但是，由于学校管理政策以及专家与中小学教师协作研究方式等方面的问题，目前中小学教师教育行动研究中仍存在许多问题，其主要表现如下。

（一）以验证理论为主，缺乏发现问题、解决实际问题的意识和精神

半个世纪以来，我国中小学教师数量、特别是我国农村地区中小学教师数量一直严重不足。为获取教师队伍基本数量，维持基础教育工作正常运转，长期以来，各级政府部门对中小学教师从业和准入标准都做了最低要求，导致中小学教师整体素质较低。由于许多教师把握专业知识的能力不足，他们对教育研究方式的理解普遍存在问题。教育行动研究进入中小学以后，不少中小学教师对行动研究的理解更存在本质上的偏差。教育行动研究以发现和解决学生发展和教育教学实践中的具体问题为本质追求，教育行动研究者应当以关注并发现学生成长和教师自己在教育教学实践中遇到的实际问题，分析情景问题，并在教育行动中解决问题为主要研究方式。但在宁夏一些地区的调查研究显示，做过教育行动研究的中小学教师中，90%以上的教师只是对已有优秀研究成果进行再验证，将高校专家的科研理论运用到自己的课堂中提高教学成绩。他们行动研究的目的不是解决自己在教育教学实践中遇到的实际问题，而是验证高校专家或者自认为可能很有价值、可能能提高学生成绩的理论问题。他们中有人甚至认为，行动研究的唯一目的就是提高学生学业成绩，而且学生成绩高低与其问题意识强烈程度成反比关系。只要学生成绩提高了，就没有问题了。由此也导致许多中小学教师普遍缺乏问题意识，不愿意在教育行动研究中发现教育教学中存在的问题，更没有思考如何在行动中彻底解决问题。他们普遍只是将教育行动研究停留在表面，没有将行动研究融入自我教育教学情境中去。

_____

① 陈向明：《教师如何做质的研究》，教育科学出版社 2001 年版，第 3 页。

（二）以高校专家为研究主体，中小学缺乏自我行动研究主体

"行动研究"以其实践性和反思性为主要特征，应当成为广大中小学教师进行教育研究的核心方式，尤其应该成为中小学教师通过与大学科研人员合作，提升个人专业能力的主要形式。① 近年来，随着新一轮基础课程改革的深入实施，校际间合作、特别是大学与中小学的合作成了促进教育行动研究发展的主要途径。但是，用反思性与实践回报性维度看待这种合作时不难看出，这种所谓的专家与中小学教师的合作，从合作双方的平等性与追求的价值性方面已出现较大失衡，呈现出单向高校专家化方式。绝大多数"教师行动研究"演变成了高校专家、学者主宰的行动，普通中小学教师成了行动研究的被动参加者。② 由于在现有教育教学体制和模式下，中小学教师教学任务繁重，他们普遍认为自己没有时间及时汲取最新研究成果，对教育前沿知识知之甚少。而大学教师及专家在科研任务和要求推动下，经常可以接触到大量新思想、新知识、新信息，并能及时将其转化为行动方式。高校教师在其专业领域中的发展成就往往会赢得中小学教师的崇拜感。然而，过度的崇拜感常常又会转变成中小学教师教育行动研究过程的依赖感。在开展教育行动研究时，许多中小学教师缺乏行动研究的主体意识与主人翁态度，只是完全依赖高校专家——充当"行动者"角色，单向性执行"行动专家"的研究假设，放弃自己作为研究者的研究权利，进而失去了研究者的身份，成为专家行动研究命令的执行者，从而进一步淡化教育行动研究的主体性。而 80% 以上的高校专家在与中小学教师进行合作行动研究时，认为中小学是其理论的实验基地，自己在行动研究中的角色是指挥者、领导者而非协商者。由此导致其在行动研究过程中，不能与中小学教师进行平等沟通交流，从而进一步抑制了中小学教师行动研究主体性的发挥。

（三）将参加课题、发表论文作为行动研究的终极目标，忽略行动研究本质

"教师即研究者"是西方在 20 世纪五六十年代提出的一个命题。但

---

① 牛瑞雪：《行动研究为什么搁浅了——大学与中小学合作研究的困境与出路》，载《课程·教材·教法》，2006 年第 2 期。

② 周如俊：《教师"行动研究"如何"行动"》，载《中小学教师培训》，2009 年第 10 期。

西方占主流地位的中小学教师研究并非课题式研究，而是日常生活实践性研究。① 而在当代中国，受浮躁社会风气和功利主义行为意识影响，参加教育行动研究的90%以上的中小学教师认为自己进行教育行动研究主要是为了晋升职称，所以他们注重的只是行动研究的个人收益而非社会效果。因此，他们普遍认为只要参与到他人的课题研究之中，完成和发表出学术论文，就达到了教育研究目的。但事实上，实现教育研究的一种目标方式是课题研究，写出极具行动策略或具有前沿理论意义的文章，对教育实践产生直接或间接的影响力；另一种目标方式则是探讨具体且行之有效的教育行动方式。纯粹为写论文而写成的所谓的学术论文对实践不具有正向功能，反而对其可能有消极影响力。教育行动研究的本质就是发现和解决教育教学过程中遇到的实际问题。我国当前基础教育课程改革的一项重要内容也是进行教育教学行动的过程性研究。但在中小学教师当前参加的教育行动研究过程中，他们普遍轻视行动研究的过程性，忽视教学三维目标中的过程与方法，无视教育行动研究的发展性等本质要求。大多数中小学教师只是为了行动研究的最终结果而行动，没有将行动结果与行动过程统一起来。

（四）将大部分时间和精力用于教学活动，科研和行动研究上的投入严重不足

诚然，在新课标要求下，在教师专业化发展进程中，不少教师都梦想成为集教学能力和科研能力于一身的优秀教师。教育行动研究也能为教师成为教学研究能手提供有利条件。校际合作要求提出以后，中小学教师在教育行动研究前期准备工作中更充满了热情，他们更希望通过行动研究获得职业地位上的快速发展。但在后期实践中由于缺少时间与精力，继而热情大减。在我国大班额教学大量存在的情况下，中小学教师在日常教育工作中普遍承担着大量的备课、布置、批改作业等教学任务，没有时间去做研究，则会进一步弱化其行动研究欲望。

而受我国长期沿袭的升学考试评价制度制约，中小学教师的主要任务仍然是传授系统的科学文化知识，上好每一堂课、教好每一个学生，提高学生的学业成绩和升学率。中小学教师的教育教学研究活动仍然只是其完

---

① 郑金洲：《教师如何做研究》，华东师范大学出版2005年版，第4、10页。

成全部教学任务以后的额外工作。这种评价机制导致宁夏、甘肃、陕西地区的大多数教师只能全身心忙于学校教学工作，只希望提升学生学业成绩和考试水平，从而造成其教育行动研究投入不足状况。由于中小学考核评价教师的主要指标是学生的学业成绩和升学率，科研成绩仅仅是教师职称评定与福利发放的一个依据。这种评价方式相应带来"科研与教学是相互对立、互相干扰的两种活动"，"科研活动的存在和科研时间的增加只会分散教师从事教学的时间和精力，无助于教学活动的开展"，"教学对个人贡献巨大，科研工作好坏对个体影响不大"的错误认识，① 从而导致大多数中小学教师只能继续扮演单一教学工作者的角色，教育教学行动研究投入严重不足状况。

霍吉金森在《行动研究——一份批评意见》一文中指出，"研究中没有业余者的地盘"。② 但受各种现实条件影响和约束，多数老师在完成日常教学任务以后，缺少潜心研究的时间与精力。一些教师即使参加了教育研究，他们在教育行动研究过程中，对教育研究往往心有余而力不足，最终成为行动研究的业余参加者，继而影响了行动研究的质量和效率。

三　中小学教师教育行动研究政策的落实

为有效提升中小学教育行动研究的质量和效率，需要重新思考教师教育行动研究任务，改进教育行动研究合作方式，改革教育研究评价方式，推动教师教育行动研究与学校教育教学工作的协调发展。

（一）把发现和解决教育教学中的实际问题作为教育行动研究的根本任务

中小学教师作为青少年身心健康发展的主要推动力量，不仅承担"传道"、"授业"、"解惑"任务，而且担负着学生思想品德和心理发展工作。因此，为有效开展教育教学工作，提升传道、授业、解惑以及学生品德、心理发展之质量，教师要善于运用发展的眼光及时发现教育教学以及每位学生成长中的各种问题。发现问题是科学研究的出发点，没有问题

---

① 乔资萍：《教育行动研究的困境及其解读》，载《湖南师范大学教育科学学报》，2008 年第 4 期。

② 刘良华：《行动研究的史与思》，博士论文，华东师范大学，2001 年，第 5、10 页。

就不能真正进行科研研究。发现问题就是寻找认识与客观事实不相吻合的地方。教育行动中的发现问题就是发现教育教学与学生成长中的应然方式与其事实不相吻合的地方。既要通过细致敏锐的目光发现每位学生成长中的思想、行为、意识和道德问题，又要依据反思批判性思维方式及时发现教育教学中的方式方法和策略等问题。针对学生成长以及日常教育教学实践中呈现的实际问题进行策略方式改造研究。解决问题的方式千万条，最关键的是通过多种方式的试验与比较研究，找出最符合学生身心全面发展的教育教学建议与意见，通过教育教学行动研究促进学生全面发展。一般情况下，学生全面发展是指德、智、体、美、劳几方面的发展。但学生发展出现的主要问题看，全面发展的重点是智力与非智力因素两方面的平衡发展。因此，在进行教育行动研究时应有意克服学生智力与非智力因素发展中的问题，努力促成其智力与非智力体系的协调发展。而在发展学生非智力系统过程中，尤其要注重学生情感、态度、价值观的培养。

（二）形成主体间性行动研究的理念和方式，实现高校专家与中小学教师的协同发展

一种理念指导着一种行动，一种正确的教育理念对教育行动研究有至关重要的指引作用。合作研究作为教育行动研究的一种理念和方式，正逐步成为当代教育研究的一种主流思潮。合作研究不仅是中小学教师和大学教师之间的合作，也应当是同一学校内部不同教师之间的合作研究以及中小学教师校际间的合作研究。但无论哪种形式的合作研究，都应形成主体间教育行动合作理念和方式，推动行动研究的健康发展。对于中小学与高校合作开展的行动研究而言，则更应强调主体间的平行参与与话语共存，以实现高校教师与中小学教师的协调发展。教育行动研究的根本目的是探索解决教育教学活动情境中的基本问题，因此，在选题时应尽可能考虑到各级各类教师的教育教学研究实际，特别是中小学教师与高校教师研究实际，以实现其行动研究过程的协同发展。具体而言，在进行课题选择时，既要重视自上而下的理论验证方式，更应注重自下而上的实践探究模式。力求从中小学教育教学实践中发现值得研究的问题，通过自下而上的选题，满足中小学教师实际需求以及相关专家研究需要，实现高校教育专家的基础理论知识、教育前沿知识与中小学教师实践经验、实践需求相结合，达到中小学教师行动研究需要与高校专家行动目标合作共赢。在课题

研究过程中，实行协商对话机制，学会沟通、交流、倾听和接纳异己之见，避免将个人观点和方案强加于他人。① 发挥行动研究参与各方的集体智慧，避免话语霸权与话语消失现象的共生。

（三）改变教育科研成绩评价方式，实现科研过程性评价与结果性评价的有机结合

教育行动研究不是为揭示普遍的教育规律进行的教育理论探索，而是为解决教育教学实际问题进行的实践性反思。教育行动研究的根本目的是从行动研究中吸取经验与教训，以便有效改进工作方式。因此，教育行动研究的主要成果不是教育前沿知识的发展，而是对教师自我日常教育经验的总结。尽管受中小学教师自身科研素质与专业能力限制，他们通过教育行动研究得出结论往往仅仅是隐性知识与实践经验，但他们通过行动研究反思获得的系统的实践经验可能远远大于一篇学术论文或一份研究报告包含的成果。因此，教育行动研究关注的重点不应该是所谓学术论文的发表，而是行动效果。但是，受以职称评定为教育科研控制、激励方式等因素影响，不少中小学教师开展教育行动研究时受外力的诱惑远远大于自身内在的驱动力，对结果的重视远远大于对过程的体验，从而造成教育行动研究效果不尽如人意状况。因此，为有效提高中小学教育行动研究质量，应改善教师科研成果评价方式，摒弃教育行动研究成果呈现和评定形式仅仅为学术论文与研究报告方式，积极鼓励和倡导针对本校、本班学生差异性或共同点开展的适合本校、本班实际的教育过程性研究，实现行动过程性评价与总结性评价的结合、行动研究显性成果与隐性成果相结合。推动行动成就多种表述和认定方式的组合，以多元化的评价方式鼓励教师积极开展教育行动研究，提升教师开展行动研究时的内驱力。

（四）形成学校合理的教研结构体系，减轻教师教学负担，促进教师教学、科研活动的协调发展

教研体系在静态层面是由教学、科研机构以及与之相配套的各种教育教学和科研规章制度构成的相互制约、互相促进的一个有机活动系统，在动态层面是教师按照一定的教学与教育研究理念，通过创设良好的教学与教育研究环境，安排相对均衡的课程体系，形成的教学经验传递与教育经

① ［英］戴维·伯姆：《论对话》，教育科学出版社 2004 年版，第 3 页。

验发展改造相互促长的经验系统。教学研究体系制约教师教学与教育研究行为的协调发展，影响教师教育教学经验的继承与发展，最终影响学校教育教学质量与效率的提高。因此，必须形成不同形态的合理的教研体系。但是受当前升学考试评价制度影响，中小学教学研究体系的根本目标仍然是提高学生成绩，教师的教学研究活动早已陷入了单纯追求学业成绩的困境。教师成了真正的教书匠，只是承担了经验传承任务，而没有实施经验发展和改造任务。这既影响了学校教育研究与教学活动的平衡发展，也影响了教育教学质量与效率的真正提高。

英国经验主义教育学家洛克认为，当一个人整日像毛驴一样忙碌奔波的时候，他就无暇思考如何更好地生活。当一个教师整天为学生应试升学考试而备课、上课的时候，他也就无暇考虑如何更好地从事教育教学活动。因此，学校应构建自由、开放、合理教学与教学研究体系，解放教师，给予中小学教师充分、自由的教学科研时间与空间；下放课堂教学权利，鼓励其积极进行教学研究，让教师自由、自主开展教学活动。无论从教学本质还是有效教学层面分析，教师都需要自由安排其教学方式，学校也需要鼓励教师采用适合自己和学生的教学方法进行个性化课堂教学，而不应安排繁重的教学任务，更不应规定教师如何去备课、上课、批改作业。只有建立起合理、开放、自由的教学、科研体系，给予教师自由教学、研究的时间权、空间权，才有助于形成教学中研究，研究中教学，教学与研究相互促长的教研体系。

第三章　农村教师政策制定需要考虑的
几个深层次的理论问题

　　教师政策涉及到柔性与刚性的很多教师教育问题。但对于学生教育和教育教学发展来说，教师政策问题重点是教师专业知识和学历发展政策问题，热点是义务教育教师绩效工资问题，难点是教师话语权力与范围的政策问题，教师政策的深层次问题是教师人性理念的管理方式问题。教师学历发展的根本目的是满足教师自身、学校教育教学活动和学生多方面需要，实现其本体和工具性价值。但受学历形成、发展制度和学历待遇政策、学历形成环境等因素影响，教师学历发展的内在本体价值常常难以实现，其功利和工具价值也未必能实现。学历发展对教师自身、教育活动以及学生发展存在正向化可能，也存在零功能甚至负向功能影响。如果能切实提高学历内在质量、拉大不同学历间的层级差价，有效进行敬业奉献精神教育，创设出高学历教师自由任教精神环境，可能会促成学历功能价值的正向化发展。

　　教师学历政策的核心是课程知识政策，是其传递知识方式方法的政策问题。在科学主义和现代主义理念下，教师是以复制、传播确定性知识为职责的专业工作者。教师单向度知识拥有者、传播者和教育者错误身份意识开始于求学时期教师印象，经过传授型教师知识身份的感官确认、传递性专业知识身份的系统理解接纳，自我传递性专业课程知识身份的实践体察，其自我知识身份误解逐步得以完成。教师自我知识身份误解不仅影响其自身知识建构与发展，也影响学生知识建构、生长及其知识意义的多样化发展。因此，消除误解、增进理解，形成新的知识观、新的知识形成观和新的教师自我知识身份是信息时代教师教育政策形成的基本使命。

　　话语权是决定师生关系方式，影响学校教育质量与效果的重要因素。

话语权是话语权力、话语利益和话语影响力的三位一体。传统的教师话语是主体性教育话语。传统的教师话语权是单向性的个体话语权力和个体话语影响力，体现的是教育中的占有、控制与压迫性关系，是对教育本真关系的扭曲，也是教育领域中正在消解的话语关系。当代教育主张教育话语领域内的平等、合作和对话性关系，主张主体间相互给予的话语权，主张通过话语关系的解放，实现教育关系的解放，以及教育领域中人的解放。因此，实现教师话语权的主体间走向是教师教育政策发展的应然结果和必然趋向。

人性是人生而固有并后天习得的各种属性。人都是在人性中、为了人性而从事教育实践活动的。人性的理念态度是影响教师教育方式方法的根本因素。但中小学教师普遍没有对其自身人性及其理念进行反思，其人性及其理念始终处于放逐状态，从根本上导致了各种不良教育现象和问题的发生。因此，应有意识引导教师通过理论学习和实践锻炼等方式，逐步完成其人性及人性观，才可能预防和杜绝不良教育后果发生，并努力取得积极的教育实践效果。

2009 年 1 月 1 日起，全国义务教育阶段学校开始实施绩效工资。与此同时，国内学者也开始研究绩效工资问题。众多研究发现，义务教育教师绩效工资有正向激励功能、价值，有积极合理之处。但由于义务教育绩效工资来源渠道、分配方式欠合理，也有负向功能、价值和消极不合理之处。而各种研究总体上注重了绩效工资理论和局部问题研究、忽视了实证和整体性研究。而且，所有研究基本上没有对绩效工资问题根源进行深入分析，也未能提出绩效工资的最佳分配方式，这些都应该是今后研究需要思考的方向。

第一节　教师学历发展政策形成的正向功能理论

英文中"学历"是"the educational（or academic）background"，即教育背景，是人们在教育机构中接受教育的经历或者曾在哪些学校肄业或毕业。[①]

---

① 李晓波，张莉：《我国应当适当提高基础教育师资学历标准》，载《内蒙古师范大学学报》（教育科学版），2010 年第 6 期。

我国学者认为学历系学习经历，表示一个人受教育程度。按照现代教育体系划分，可以将其分为小学、初中、高中（中专）、大专、大学本科、研究生（又分研究生班、硕士和博士）等层次。[①] 学历本质系知识积累情况，所以，一般而言，学历越高知识积累的将越多。而教师知识积累越多越有利于教师自身、学生以及学校教育教学工作发展。因此，追求学历达标和实现高学历是多数时期、多数教师的价值需要。

一 教师学历发展的价值需要

学历价值是主体学习经历、学业程度能满足其自身以及他人需要的属性及其程度，教师学历及其发展价值是教师学习经历、学业程度能满足教师自身、学生以及教育教学需要的程度。由于教师学历发展需要满足教师自身、学生以及学校教育教学活动各方面需要，因此，教师学历发展需要有多方面价值。从学历发展的主体关系看，教师学历发展需要形成其自在的自我精神本体价值与其外在的自我功利价值、学生发展价值；从学历发展满足的教师数量关系看，教师学历发展需要形成其个体价值、又需要形成社会价值；从学历发展的目的与手段关系看，教师学历发展既有以学历为手段、实现个人其他目的的功利价值，又有以学历为目的的自我价值。因此，教师队伍学历发展不仅需要满足其个体知识、能力本体发展需要，形成其道德情感、认识能力、智慧水平发展上的内在价值，也需要满足学校教育教学和学生发展需要、实现教育教学质量提升与学生发展的外在工具价值、社会价值。

从教师自身层面看，学历变化需要满足其谋生的低层次需要，尊重、理解的中层次需要和自我实现方面的高层次需要，实现学历发展的外在物质、功利价值与内在本体、精神两方面价值。从教师学历发展的本体层面看，教师学历发展变化追求的是教师自身认识水平、智慧能力和道德情操的不断提高，也是其更高精神需要的获得与满足，从而实现其自我超越的价值诉求。外在价值属于工具价值或功利价值。从功利价值层面看，个体学历程度越高，其社会评价和社会地位要高；个体学历程度越低，其社会

---

① 顾明远：《学历主义与教育》，见中国人民大学复印报刊资料《教育学》，1999 年第 7 期。

评价和社会地位相应低。学历发展需要满足人寻求尊重理解需要。从就业谋生和物质工具价值层面考量，一般而言，学历越高其工作就业环境越好、经济待遇也越高；学历越低其工作就业环境越差、经济待遇也越低。学历发展可以满足人生存和生活发展需要。因此，教师学历变化过程既是改善其工作环境、满足其物质需要、实现学历经济价值、功利价值过程，也是满足其社会评价和精神需要、实现其自身社会价值过程。

从教育教学层面看，教师学历发展变化根本上追求的是教育教学发展的工具价值。教师是从事教育教学工作的知识分子，教师学历发展的根本目的，是为了准确、深刻理解知识性质、特点，准确传递教育教学知识，切实提高教育教学质量和教学效率。因此，教师学历发展根本上追求的是工具价值。教师学历工具空间上由流动学历引起，时间上由在职教师学历提升引发。因此，需要根据教育教学数量质量发展需要流入和提升不同学历教师。在稳定和维持教育教学数量和效率的时候，需要最低学历教师流入；在提升教育教学质量时，需要高学历教师流入。从在职教师学历变化趋势看，教师学历总体处于不断提升过程。教师学历发展变化追求其知识、能力结构和思想观念变化的内在价值，追逐知识精细化发展和认识问题、分析问题、解决问题能力提高的本体价值，而教师知识能力结构变化是其教育教学质量、教育教学效率提高的工具手段。

从学生层面分析，教师学历变化根本上追求的是目的价值，是为了学生发展的社会价值、工具价值。教师学历发展变化需要满足学生发展需要。学生发展具有多样性，身体、心理、知识、技能，以及思想道德方面都需要发展，其中，知识、技能发展是其发展的主要和核心内容，思想道德和心理发展是学生发展的关键内容，也与教师学历发展过程与程度息息相关。学生知识来源渠道多种多样，书本是其知识主要来源渠道之一，教师个体内隐性、私人知识是学生鲜活知识的关键来源。教师学历的高深、丰富化程度直接满足学生对鲜活知识的精细化、科学化、多样化需要。教师不断追求学历发展的过程、方式及其品质是影响学生思想行为变化的重要因素，也是促进学生努力求真的精神动力。

二　教师学历发展的实质功效

从动机和价值理论看，教师学历发展的根本目的是寻求其正向功能价值，但在实践领域中，学历发展结果往往不确定，对教师自身、教育活动以及学生发展可能产生正面功效，也可能是零功能甚至负向功能。学历发展最原始、最根本的功能是学历者自身的功能影响。学历发展变化直接影响教师个人收入、待遇、能力、知识、技术、兴趣、价值观、审美观和个人修养变化，影响不同教师在其群体结构位置变化，进而持久地影响到其一生发展变化。1961年从北京师范大学历史系毕业到宁夏某县、现在宁夏某高校退休教师钱志和教授说，他来到海原的基本工资是61元，当时比县长工资都高。县长学历不高，月工资只有40多元。尽管现在各职业间工资差距大，但在各个行业中，仍然是学历越高，收入待遇越高。说明学历发展的物质功能比较普遍，也说明从整个行业、职业层面看，教师学历发展一直影响其自身在整个职业领域收入、地位变化。从教育系统内部看，一般而言，学历层次越高任教学校层次越高，学历层次低的只能在低层次学校任教。因此，90年代前，我国教师学历政策规定，中师毕业的只能在小学任教，专科毕业的在初中任教，本科毕业的在高中任教。2000年后国家有关政策开始规定，小学教师要达到大专以上学历，初高中教师要达到本科以上学历，高校教师需要达到研究生以上学历。说明随着时代变化，社会对教师学历要求在不断提高，而总体是教育层次越高的学校对教师学历层次要求越高。而依照社会分层理论，任教学校层次越高，教师社会声望、社会地位和收入待遇相应高；任教学校层次越低，其社会声望、社会地位和收入待遇相应低。一些中学教师也有补课费、辅导费，高校教师普遍有更高的津贴收入，小学教师缺乏这笔收入。因此，近几十年来，一些教师为了能在高层次学校工作，以提高个人社会声望、社会地位和收入待遇，一直不断努力提高个人学历，学历发展给教师发展产生了正向功能。但是，随着高等教育大众化发展，近年来越来越多的本科、研究生学历者开始在农村中小学任教。学历对中小学教师、对中学与大学教师间的分层功能越来越弱化了。许多家长、学生开始悲叹：上了四年大学还是当了个小学教师；上了几年研究生，仍然做了中学教师。因此，提高学历并非一定能提高个人社会声望、社会地位和收入待遇，学历提高并非一定能彻底改变命运。学历提升的零功能、甚至负向功能开始更加突显：为提高学历而提高学历，甚至为提高学历不择手段，只有学历结果而无学历过程。造成学历提高了，水平却没有提高；学历提高了，道德却在下滑的事实。从同一层面教师说，学历发展存在物质功能、也存在零物质功能。依据我国中小学教师工资政策，本科学历教师比专科学历教师知识分子津贴、基础工资和其他绩效奖励工资相应多。获得高一级学历比低一级学历能多拿几十元津贴，获得本科学历比专科学历多拿二三十元津贴。而且高学历获得的越早越好，高学历获得越早的评职称速度快。许多小学专科学历教师比中专学历教师提前晋职七年，而职称早评一年、其每月工资要多增加二三百元。但对于工作时间长、已取得高级职称的教师而言，学历提升并不能带来物质、经济上的实际功效。

从教师个体社会声誉看，一般而言，获得大专学历比中专学历社会声望高，拿到本科文凭比专科文凭社会评价高。说明随着个体学历结构发展变化，学历发展的尊重、理解和精神需要功能能得到基本满足。但一些高学历教师因求学时期不努力，或以不正规方式获取学历，徒有虚名而不能发挥其应有教学科研功能而被非议的情况也不少。说明学历发展上的尊重并不必然。从教师个体政治身份层面看，学历越高提拔重用的机会和可能性越大，学历越高身份转化的可能性越大，许多小学校长的文化程度相对较高，学历提高对政治身份变化起到了明显的正向功能。但由于一些教育行政部门、学校领导思想守旧，不愿意接受新的教育观念和方式，一些高学历者因私自进行教育教学改革而被排斥，或者因不愿意"走上级路线"，不被"重用"、备受身心煎熬的也不少见、说明学历发展的教师自我正向功能绝非必然。

从持续半个多世纪教师学历发展方式看，多数学历提高是个人努力和社会客观、公平选拔结果，体现了学历提高的价值理性。但有些学历提高不符合学历发展规律和要求。20世纪六七十年代推荐上学过程中，一些家庭出身好，但只有小学文化程度、甚至不具备小学毕业学历的教师被推荐上了大学，完成了学历提高。20世纪80年代函授、自学考试发展过程中，一些教师通过考场作弊、抄袭、买卖文凭方式，促进了学历迅速提高。但这些教师的知识、能力、水平并未因此而获得真正提高，学历提高形成了教师个体知识、能力发展的零功能。而从教师道德人格发展层面看，这些以弄虚作假、买卖文凭获得学历方式，败坏了其道德形象，影响了其人格发展，对其个体发展产生了负向功能。

从学历发展的教学功能层面看，教师学历发展一般会引起其教学能力和水平发展，教师学历层次提高一般会促进其知识层次和分析问题、解决问题能力提高。但在实践领域中，教师学历改善对教学可能产生正向功能，也可能是负向功能，学历结构改善并非意味着教学功能的增强与改进。2003 年前我国中小学教师学历普遍以函授、自考方式完成变革。函授、自考学历与脱产学历质量本来有差距，有些此专业毕业生函授自考的却是彼专业文凭。据教育部 2005 年对 8369 名小学教师学历数据统计，获得最高学历的专业分别是教育学 33.6%，中文 41.7%，两项之和占 75.3%。相反，数学、科学、外语等专业比例极低，分别为 3.98%、1.11% 和 3.05%。[①] 说明单纯学历提高对特定专业知识形成、发展和专业教学影响有限。本科学历的不一定比专科学历教师教得好，专科学历甚至中师毕业的也可能胜任高中教学。1957 年从海原初师（初中）毕业的王发成老师，在小学任教三年后，1960 年调入杏仁中学做了会计工作。60 年代末在学校教师非常紧缺时期，做了初中教师。经过几年刻苦磨炼、努力奋进，学识水平和教学能力不断提高，不仅胜任了初中语文教学，70 年代末又成了高中语文教师，1982 年的高考语文成绩还成了全县第一。[②] 说明低学历者也可以成就高质量教学。专科毕业生容易顺应应试教育需要，本科及以上学历的往往要试验新的方式方法，最终影响应试结果。从实践哲学高度看，教学是实践智慧，不论什么学历出身的教师，都要过好实践关，学会从实践中总结教学智慧与经验。另一方面，教学是个良心活，关键看教师是否认真、尽心去做。现在引进教师的文化程度普遍高了，知识也多了，但随着家庭子女数量减少和生活质量提高，更多孩子接受了宠养式教育，造成吃苦、认真、敬业精神比过去差了许多。有三十年教学经历的海原三中李校长说，原来一直觉得自己教学很认真。80 年代一次浏览本校资深老校长教案时，感叹老先生备教案的精细、认真程度，自愧不如。回头看现在年轻教师的教学认真程度赶不上 80 年代。

从教师学历发展的学生功能层面看，教师学历结构改善一般都会引起其教育思想观念变化和知识、能力结构改善，进而对学生智力发展产生持

---

① 马立：《全国中小学教师队伍现状、预测与对策研究》，人民教育出版社 2006 年版，第 12 页。

② 王发成：《我的自学》，海原县兴仁中学校志编审委员会，《海原县兴仁中学校志》，2008 年，第 176 页。

久影响。20 世纪 50 年代至 70 年代，我国农村小学教师主要毕业于初师，相当于初中文化程度。1949—1952 年宁夏地区师范学校毕业生共计 368 人，其中中师毕业的 24 人，占毕业生总数的 6.52%；初师毕业的 344 人，占毕业生总数的 93.47%。① 另外还有不少民办教师毕业于小学，有些甚至只有小学三年级文化程度，对学生只能发挥智慧启蒙作用。由于教师自身知识层次普遍不高、知识结构存在严重缺陷，对学生鲜活知识获得、智慧开发起到的正面作用相应有限，有些甚至是负面影响。有些小学教师汉字笔画顺序、汉语拼音前后鼻音都搞不懂，不能正常开展教学工作，或者只能给学生传授错误知识。20 世纪八九十年代，我国农村地区小学教师主要毕业于中师，其学历结构、知识结构和教学能力有了显著提高，对学生发展的整体功能和影响力也有了明显提高。但其中一些一年制速成班毕业的民办教师，入学前知识层次本来低，进校后很多课程根本听不懂，硬是在任课教师和学校领导一路关照下勉强获得了高一级文凭，学历提升对自身知识、能力素质提高贡献不大，对学生正面影响力也有限。2000 年后，随着中等师范学校撤并升格和三级师范向二级师范转变，我国中小学教师学历结构普遍有了更大改善，小学教师逐渐形成以专科学历为主的学历结构，中学教师形成以本科学历为主的学历结构。教师在教学活动中错误性知识减少了许多，其知识的学生正向功能相应有了显著增长。但市场经济条件下，许多教师干一把活就考虑报酬，敬业奉献精神少多了。一些教师将本该课堂上讲授的内容留在课外有偿辅导上，直接影响到其在教育教学中的全身心投入以及学生知识、能力的充分获取，也影响到师生关系的正常发展。

三 教师学历功能正向化方式

从实践领域看，学历功能具有多样性。但追求和实现正向化功能，预防、消除零功能或负向功效是教师学历发展的永恒目标。因此，需要从学历功能形成多重动因出发，实现其理想境界。首先，在学历发展方面，需要将学历层次数量提升与学历层次质量提高结合起来，避免单纯追求学历等级层次的工具主义、功利主义行为发生。学历层次提高既是在职教师学

---

① 宁夏教育年鉴编写组：《宁夏教育年鉴》，宁夏人民出版社 1988 年版，第 47 页。

历层次质量发展过程，也是职前教师（师范专业学生）学历层次、学历质量提高过程。在高等教育普及过程中，严格师范院校学科教学过程性和终结性评价制度，严把应届师范学生出门关是提升明日教师学历质量、形成其本体价值的关键。在高等教育普及化背景下，取消自考、函授教育，实行在岗教师完全离岗进修教育制度，是形成在职教师学历质量及其内在价值的关键方式。同时，根据教育阶段性需要，针对性进行学历教育。初等教育是通识教育阶段，通识教育是以基础知识和通用知识为基本内容的教育，对学历的专业性不做更高要求。随着教育教学内容延伸，中等教育对教师知识、能力的专业性要求越来越高。单纯提高学历已经越来越不能适应高层次学校、高层次专业学生专业化发展要求。中等教育阶段需要采取措施，只允许专业对口基础上的学历教育，或者只承认专业对口基础上的二次学历。在课程安排、职称评定、工资增长方面不支持、不承认一味提高学历方式。

其次，在学历价值方面，需要制定和出台新的学历津贴政策，适当提高高学历津贴比重，拉大不同学历之间的津贴差距，以经济功利价值激励教师提高学历水平、稳定高学历教师。使高学历教师形成尊重、理解和成就感，并能在当地教育教学活动中真正发挥专业引领作用。从当前人们对学历工资预期值和学历工资可产生的激励效应看，研究生学历高出本科学历 200 元绩效工资、本科高出专科学历 100 元绩效工资是适当的。市场经济条件下，过低的学历津贴不能满足教师物质经济需要，也不能满足其尊重理解和自我发展需要，不能起到实质意义。

第三，在职前、职后教师学历发展工作中，都需要加强敬业奉献精神教育，使学历提升与敬业奉献品质获得同步发展。教师职业与其他职业最大的区别在于教师工作没有校里校外和时空界限，学生在任何时间、任何地点需要教师指导、帮助时，教师都不能找理由拒绝。因此，尽管市场经济对人的敬业精神产生了较多负面影响，但任何学历教师仍然需要养成敬业奉献的职业品质。敬业奉献品质是教师个人职业特点、职业声望、职业能力的重要体现，也是教师学历发展的重要方面。为此，在不同层次教师学历发展过程中，都需要将教师职业伦理道德作为其专业发展的基本课程内容进行系统学习。在高学历教师晋级、晋职过程中，更需要以敬业奉献品质为考核的主要指标。将师德认识与师德锻炼结合起来，推动教师学历与敬业品质共同提高。

第二节　实践交往过程中的教师话语权理论问题

由于教育民主化进程的加速，近年来，关于教师话语权的方面的问题已经逐渐引起了教育界、学术界的关注。其中，部分人认为受专家权威和管理人员话语的控制，教师话语长期处于被占有或被剥夺状态，教师个体话语不得体现，影响到教师教育主体性的发挥，从而影响到教育教学活动的有效开展。因此，需要充分重视教师个体鲜活话语的存在，需要找回不被重视的教师话语权。另一部分人认为，现在的学校生活中教师个体的话语声音过大，以致掩盖了学生的话语声音，造成学校活动中学生的失语和学生主体性缺失现象。因此，学校工作中需要有意限制教师的声音，重现被教师"权威"淹没了的学生话语。两种声音从不同侧面反映了在学校教育活动中形成的不合理的师生话语关系，说明教师话语权的发展、教育关系的改善，须以理解话语权的本真意义为前提，以否定传统话语关系为基础，实现话语权的主体间走向。

一　对教师话语权的本体认识

话语理论（也可称为话语分析）是一门从语言学、符号学、社会学、文学理论、人类学、心理学以及传播学等人文科学和社会科学中发展起来的新兴交叉学科，也有人把其归属为后现代思潮的一部分。20世纪90年代，英国学者费尔克拉夫在他的著作《话语与社会变迁》中对以往学者的研究做了总结归纳，并提出了话语方面较为明确和权威的论述。随着传播学传入中国，伴随着社会民主化进程的加快，媒介的影响日益增强以及公民人权和社会责任意识的觉醒，话语分析和话语权日益被越来越多的人所关注。[①]

话语即言语，是个体借助身体、口头语言来表达信息和沟通交流的过程，它具有一种使人们"以言行事"的力量，具有语用学的"施行性"特性。后现代思潮的代表人物、法国著名语言哲学家福柯的话语理论的基

---

① 郝滢：《西方公共话语权及其在我国的发展》，载《河南社会科学》，2005年第13期。

本观点是：话语不是单纯的语言和文本，而是一种具有历史、社会和制度独特性的陈述、术语、范畴和信仰之结构。话语系统涉及一系列边界，它规定什么可以说，什么不可以说。它是塑造世界的一种特殊方式。①

福柯认为"人是受话语支配的"，说出的话语是已经存在的语言，它会以这种或那种方式决定以后说出的东西。因此，既有的话语是一种物质性力量，它是权力争夺、占有、挪用和恩赐的对象，它也对人们发挥控制、操纵、压迫或解放的功能。话语以其特有的实践形式，赋予了权力新的内容和形式。这种权力不同于国家专政机构的权力，它蕴藏于知识、能力和理性之中，它意味着一些人的话语比较重要，而另一些人的被迫缄默，则至少意味着他们的话语是不值得关注的。②

福柯所谓的话语主体实质上是唯一的言语一方，福柯所谓的话语权实质上是主体性话语权，这种话语权含有一种无形的权威性，使你依赖、服从它。在本体上，话语权体现的是一种立体性的三维关系。它首先是话语的权力，即谁可以说话，谁有发表个人意见的权力；谁的言语受到了限制，谁无发言权。其次便是话语的权利，即谁可以在话语过程中得到好处。最后是话语的权威和影响力：说出去的话是否被对方关注。

话语权是人与生俱来的行为权利，是人作为生命个体具备的自然权利，也是人作为社会成员所拥有的一项最基本的公共权利。人在言语过程中才能发现和实现自我，人在自主性言语过程中才能成为真正意义上的人。因此，真正的话语主体应该是多边的，真正的话语权应该是主体间的、不以言语权利的获得为目的、没有权力之争的权利。

教师话语权是教师在学校教育、教学中言语的机会和权利，言语的利益和言语产生的影响力。是以学校的在场人员为言语对象，以教师个体和公共经验为内容，通过言语展示的形式，对学校教育教学工作及其他活动进行自主言论的权利。表现在学校的政策制度安排上，教师具有提出个人意见、建议，发表和表达个人观点的权利；表现在教师个体具体的教学活动中，教师具有依据教学目标和课程标准，自由驾驭教学语言的权利；表现在日常教育活动中，教师具有独立批评、表扬学生的权利。教师话语权

① 邢思珍：《社会学视角下的教师话语权》，载《当代教育科学》，2004 年第 7 期。
② 李幸：《从福柯的权利话语理论看第二十二条军规》，载《文教资料》，2006 年第 3 期。

的大小则表现为教师与学校成员在教育交往中形成的言语力或话语影响力。话语权是保障教师言论自由，实现个人利益的基本前提，是维护学校正常教育教学秩序，实现学校教育教学质量的基本保证。作为教育教学活动的实际操作者，教师话语权的最大特点是他的教育性、权威性和影响力。

教师的话语场是学校，因此，教师的话语权也是在学校活动中生成的。教师话语权的形成依据的一是教师自身的社会地位、社会身份。这是形成教师话语质量和话语效果的社会背景。只有取得教师资格、教师身份的人，才有教育、教学的话语权；只有被特定场域认可的教师，才可以在该场域发挥话语影响力。而教师话语影响力的大小与他的职业地位息息相关。在不同的社会发展时期，教师的社会地位具有巨大的差异性。当教师被关在牛棚里、以臭老九身份出现时，教师的话语声音是苍白无力的。在尊重知识、尊重人才的时期，教师的话语声音就能得到彰显。二是教师自身的主动争取，这是形成教师话语的内在因素，是形成教师话语的根本原因。没有教师的主动争取，学生和学校所给予的话语权也会流于形式，而无鲜活的个性内容。三是学生和教育界的认可，这是形成教师话语效果的根本原因。教师的话语权是在学校活动中自主产生的，但最终是学生"给予"的。教师话语只有在学生掌握之后才会产生力量。在不被学生认可的情况下，话语是缺乏本真价值的。

二 对主体性教师话语权的认识与批判

主体性是近代理性启蒙的产物，是在主体—客体关系中获得的自我规定性，是以诸主体间社会交往的分离为特征的，表现为主体的自主性、自为性和自我意识性。在主体性关系中，主体总是以自己的交往对象为手段，希望在对象性交往中实现个人的目的。由于是在对象性活动中建构人的主体性，主体将自身之外的一切都视为客体，对它们进行占有、支配和改造，为自己利用，发展了主体的一种占有性人格。这种占有性人格的不适当运用，导致了人与人关系上的自我中心论。[①]

以自我为中心的占有性主体性，促进了西方科学技术革命和工业社会

———————————

[①] 冯建军：《主体教育理论：从主体性到主体间性》，人大复印资料《教育学》，2006 年第 4 期。

的发展，促进了资本主义商品经济的发展，在发展西方现代文明的过程中发掘了人的潜能，在解放生产力的过程中实现了人的个体解放。但它的不适度发展造成了人与环境、人与人之间关系的紧张，导致了人性的异化，个体私利的无限膨胀。人丧失了他自己的社会本质，成为追逐利益的工具。①

主体性教师话语是基于传统教师主体—学生客体教育观念基础上的话语关系。主体性教师话语权是以单方面改变言语对象的认知、行为方式为目的、教师与学校在场人员在单向度教育交往中形成的言语利益，是基于教师交往双方不对等的社会条件、社会地位基础上的话语机会和话语影响力。包括话语权的独霸与被占两种言语存在状况。表现为教师在教育管理人员和教育专家面前的唯唯诺诺、唯命是从，自我声音的消失；在学生面前的独白、独语，呵斥、命令，一味要求和自我声音的膨胀。当教师被视为教育、组织、管理的对象和政府官员、专家学者传递话语的工具，对其实施单向的命令、要求，而忽视其自身言语存在的合理、合法和必要性时，其个体言语的权力就会被剥夺，其个人言语的声音就会消失。当教师以单向的言语主体身份自居，漠视其言语对象的言语声音而独享言语权益时，其言语对象的言语声音就会被消解。因此，在主体性教师话语关系中，教师被视为传统经典话语和现代权威话语的传递者，尽职尽责地扮演着二传手的角色，说着言不由衷的话，在压迫和消灭学生话语的过程中压迫和消灭着自我话语，在彰显自我话语的过程中却掩埋了自我话语。

主体性话语权是一种非此即彼的言语权，是一种声音对另一种声音的掩盖，一种话语对另一种话语的剥夺和占有，也是话语权本质的异化和对话语权本真内涵的扭曲。主体性话语权建立在言谈一方先天无知的理念基础上，旨在使话语一方屈从于话语另一方的认识行为，体现了传统教育理念主导下单向的占有性教师话语关系，是传统灌输性教育思想在学校生活中的具体反映。从本质上否定了多极话语主体的存在，否定了主体间教师对话交流和相互学习的存在。表明了话语一方要利用另一方行事、话语一方要利用话语的另一方实现自己的利益，话语一方要以另一方作为自我实现的手段。反映了教育活动中主体性的压迫与被压迫性关系。导致教育教

---

① 冯建军：《当代主体教育论》，江苏教育出版社 2001 年版，第 244—245 页。

学活动中的走过场、走形式，浪费资源却维系着低质量运转的结局。因此，否定主体性教师话语权，实现教师话语权的主体间走向，是教育发展的必然要求。

三　实现教师话语权的主体间走向

主体间理论是现象学的重要话语。在现象学中，我和你既是对象性关系，也是主体间关系。主体间性是在主体际交往中获得的自我规定性。胡塞尔的主体间理论得到解释学和后现代主义思想家们的普遍认可。哈贝马斯等人主张主体间的多元性和差异性，主张主体间的交往、对话、理解来缩小相互间的距离，雅斯贝尔斯则认为，教育是人对人的主体间灵肉交流的活动，是人与人精神的契合和我与你的对话，训练和控制是心灵的阻隔，如果把教育当作训练，人就成为单纯的客体。[1]

在实践唯物主义看来，主体间活动是诸主体间通过改造相互联系的中介客体而结成社会关系的物质活动，体现了主体性、客观性和交往性相统一的特征，也体现了主体间以客体为中介实现的相互关系的统一。主体性理论强调的是主体—客体的关系，主体间理论超越了传统哲学主体与客体的二元对立关系，强调主体间的共生、共存性，以及主体间心灵的共同性和共享性，强调主体—客体—主体间的关系。指出交往实践活动是人与人、主体与主体的交往活动，任何交往又离不开客体。在主体间交往理论看来，客体是一种中介，是对象化的中介或中介化的对象。作为对象化的中介，它自身承受着多极主体的对象化规定，被作为改造、作用的对象。作为中介化的对象，是多极主体相互联系的纽带。[2]

主体间话语就是用心交流，用心为对方说话，用心说自己的话，希望对方理解、认同自己的话，但并不强迫对方接受自己的话语；希望对方回应自己的话语，但并不强求对方附和自己的话语。主体间教师话语权基于学校内部多元话语主体理念和建构主义教育理论基础上，是教师与其言语对象平等对话交流、自我建构知识、经验、信息的权益。它既是对专家、

---

① 郝文武：《师生主体间性建构的哲学基础和实践策略》，载《北京师范大学学报》（社会科学版），2005 年第 4 期。

② 任平：《走向交往实践的唯物主义》，人民出版社 2003 年版，第 55—60 页。

领导话语内容的理解尊重，又是摆脱与超越，是教师与教育行政人员、学校管理人员、专家学者交往中的不受限制、不被控制、自主表达个人思想观点，自由发表个人意见的权利；它既是教师与其"教育对象"探讨教育问题时，将学生看作是平等的对话主体，充分关注、认真倾听、尊重理解，给予其言语对象充分的语言表述的时间和机会，也是其言语对象自愿主动承受教师施加的言语影响。因此，主体间教师话语权就是教师与其交往对象话语的共生、共存和共享的权利，是教师与其交往对象共同心声的相互附和呼应，又是双方对异己话语的理解、中肯的意见、建议和实事求是的批评。主体间教师话语存在的前提是主体间相互承认对方话语存在的合理性，相互理解和接纳对方的话语，认为对方话语的存在是必要的和有意义的。主体间教师话语具有交互性，这就要求对话双方的共同在场，互相吸引，共同参与。对话不应是一方成为权威者，另一方失去了自我意识和独立判断能力，对话过程缺乏批判性，成为另一方的附和。

主体间教师话语是教育话语的给予与获得的辩证统一。主体间教师话语权是对传统权势占有性教师话语权的消解，又是对等级制度、专家权威压抑下教师个人主体话语的拾回。体现了主体间教师与其交往对象的平等合作、对话交流的关系。是现代教育理念下教师主体话语权的返璞回归和具体要求，也是交往实践背景下教育关系的本真反映，是教师话语权的应然趋向。

四 主体间教师话语权的实现

教师话语权的主体性到主体间性是一个历史性过程。在古代社会，由于等级森严的社会制度、教育制度的作祟，教育领域中的话语关系更多地体现为主体性教师话语关系。随着社会的文明进步与社会关系的日渐平等化，到了近现代教育内部则越来越多地强调主体间的教师话语权。主体间教师话语的发展过程，体现了教育话语的专制到民主的过程，是教师话语的必然走向。

话语权的主体间走向也是当前国际政治关系发展的趋向。由于共同利益和需求的加大，当前国际政治发展的总体趋向是对抗走向对话，竞争走向合作。社会发展的良好背景为实现教育话语权的主体间走向创设了良好的氛围。

在话语内部，主体间教师话语权的实现则是知识形态自然演绎的必然结果。随着社会的文明进步，学校不再是知识的唯一传播源，教师不再是知识的唯一拥有者。知识由教师独占走向存在形态的公众化。学生可以通过更多的渠道获取知识。学生不再不如教师，教师不再是各方面知识的权威，也不是他所胜任的学科方面的必然权威。教育话语权由教师的独占、独享走向主体间的教师话语成为一种趋势。

主体间话语权的实现是以言语的有效性为基础的。没有言语的有效性，就不可能有教育行为的发生。言语的有效性是以言语的真诚性、真实性、情感性、正确性和可理解性为基础的。它意味着对话双方的彼此承认，既墨守共同规则，也承认对方与自己有相同的地位、权利。因此，实现主体间的教师话语权利，一要提高和加强主体双方对对话内容的认识与理解，提高主体间的言语与对话能力，提高主体双方对权力、权威内涵的领悟程度，实现话语权利的单向、外在性向双向自在性的转变。二要积极培养学校在场人员的主体意识，激发主体双方对话交流的积极性、主动性。因为话语权不仅是相互给予的，更是个体自主争取的。没有话语任何一方的主动参与，都将无法实现平等的对话关系和对话权利。三要创设自由宽松的对话机制和对话气氛，要在教育领域内建立健全话语制度，规范各类人员的话语行为，打破话语活动中的霸权主义行为，促进学校话语活动中的专断走向民主共享。

第三节　中小学教师的人性理论问题

自有了人类就有了人性问题，自有人类文明以来就有人文、自然、社会学者不断追问、反思人与人性问题。苏格拉底很早就提出认识你自己的智慧思想。可以说，不同学科发展史是不同人性的展示、反思史。其中，传统教育学者更多关注了一般意义的人性，在众多重大教育问题研究中比较多地从人性方面进行了前提反思，对教育理论发展起到了基础作用。但是，传统人文、教育理论研究过多地从文献和历史视野，从人的整体意义反思人性的一般问题与一般人的人性问题，很少关注解决中小学教师具体的人性及其人性理念问题。而中小学教师在具体教育实践活动中，都有意无意地体现、彰显着各式各样的人性特征，成为影响教育实践质量与效率的最直接、最关键的本体性原因。因此，有必要从教育实践者层面重新认识人性及其教育实践影响。

一 人性及其教育功能影响

人性就是人生而固有并后天习得的各种本体与本质属性，既包括人区别于其他动物的特性，又包含人与其他动物的共同属性。① 从结构上看，人性是人生而固有、一成不变、普遍、必然、不能自由选择的质性与一定限度内后天习得、不断变化、特殊的、偶然和可选择的量性的统一体。② 它包含了伦理学层面善、恶道德人性，经济学层面自私人性，以及哲学层面自由、自觉、自为的本体与本质人性，社会学层面的社会性和个别性，心理学层面的能动性与超越性，文化学层面的自然性与文化性，生物学层面的动物性与本能性等等。不同人性理论是不同学科知识领域中学者，以建构主义方式预设、生成的某一方面的人性假设，这些理论远远不能涵盖已被证实及未被发现的其他方面的人性事实。学科和理论世界中的人性永远是局限和片面的，每一种理论都过度强调了复杂、绝对真理的不同方面而非全部。③ 复杂性理论认为，人是复杂性动物，人性是复杂、多样的。④ 从实践教育学立场看，每个人人性都是其多种品性的系统、完整、相互融合的统合体。人既有自觉、自由、自主和自为性，也有主体间性、被决定性和受限制性；人既有善恶道德属性，也有以阶段性、层次性为特征的生理属性；人既有自然性、动物性、非理性和惰性，也有社会性、个性、理性和精神性。人性包含人与自然界万事万物的共同属性，也包括人区别于天地万物的特殊性质。人性是其所具备的各种本质与非本质属性的统合体。而各种学科理论对人性解析基本是分割进行的。不能自由统合起来，完整解释说明和还原生活世界中人性的方方面面。现实生活中散落在"民间"以及尚无发掘出来的人性特征还很多，人类未被认识理解的最后

---

① 王海明：《人性论》，商务印书馆 2005 年版，第 6 页。
② 同上书，第 12 页。
③ ［美］莱斯列·斯蒂芬森，大卫·哈贝曼：《世界十大人性哲学》，施忠连译，复旦大学出版社 2007 年版，第 265 页。
④ 孙孔懿：《教育失误论》，江苏教育出版社 2003 年版，第 273 页。

可能就是人本身。① 这说明在学科中、跨越学科知识界限把握人性的必要性，也说明在生活中、并通过生活世界完整把握人性的长期性、艰巨性和必要性。

人性是教育活动的逻辑起点和最终归宿。一方面，不论什么层次、类型的教育者都是在其既有人性方式中从事教育活动的，而其最终目的，是为了受教育者人性升华。人性善者习惯以善意方式对待学生，人性恶者习惯以破坏性方式对待学生。因此，每一位中小学教师的教育行为都是其既有人性的结果。另一方面，每一位教师在具体教育活动中，都有意无意以不同人性理念看待学生、实施教育行为，而不同人性理念往往导致不同教育方式和结果。在正确人性理念驱动下，教育者会以客观、公正、合理性方式对待学生，从而引起好的教育结果；在片面和错误人性理念驱动下，教育者往往以溺爱、放纵或严惩等方式对待学生，从而产生消极和负面性教育结果，甚至导致教育失败。但由于人性反思及相关教育内容的缺失，在中小学教师层面大量存在着随意放逐、片面的人性及其理念。

二　中小学教师人性理念的放逐及其问题呈现

中小学教师是基础教育活动的组织者、参加者和实施者，是基础教育质量的具体谋划者和形成者。他们的人性及其人性理念直接影响其教育教学态度及其对学生的态度，影响其对教育教学内容、教学方式方法的选择与应用，最终影响教育教学的实际效果。

一般而言，中小学教师人性观念简单而肤浅，大多处于随意放逐状态。很少有人对其自身人性及其理念进行具体反思，上升到系统认识论层面。笔者于 2010 年 3 月，就人性是什么、人性的教育学意义与要求等问题，随机访谈了 11 位中小学教师。被访对象中 4 人（占 36.37%）不知道什么是人性，4 人（占 36.37%）以自然主义方式、含糊地认为"人性是人的自然属性"、"人性是人的天性"，另外 3 人（占 27.27%）从道德价值取向上认为"人性是人的德性"、"人性是人的善性：人之初、性本善嘛"。至于人性的教育学意义，3 人（占 27.27%）认为教育是为了发

---

① ［法］埃德加·莫兰：《迷失的范式：人性研究》，陈一壮译，北京大学出版社 1999 年版，第 101 页。

展人好的方面、人的善性，其余意义功能均说不出来。对于人性好在何处，怎样发展人性，没有人能回答出来。说明中小学教师普遍缺乏清晰、完整的人性认识，习惯以模糊和极端化人性方式从事教育活动。这些人性观念归纳起来无外乎传统意义的性善、性恶、人性分层几个方面。

在学生日常教育管理活动中，有些教师习惯于表扬法，从来不会批评学生，是因为其潜意识存在着"人都是好人，学生本性都是好的"这样的理念。有些教师习惯于批评惩罚法，是因为其内心深处隐含着人性为恶的理念，主张"给学生一个好心，不要给好脸"，"不打不成才"。有些教师认为学习差的学生本性向恶，学习好的学生本性为善；一些学生本真为善，另一些学生绝对向恶。人性是分层次的，存在高低、贵贱、好坏之区分。因此，教育中对本性善者需要表扬呵护，对本性恶者需要强力扼制其行为。

由于中小学教师人生及其人性知识、经验的局限性，他们的社交范围大多局限于学校和教育领域，其所能对话、认识到的人有限，他们不可能深入对话到社会生活中形形色色的各类人，造成其对人及人性的完整性、复杂性认识不足。而且，在实施教育教学活动之前，由于师范院校教师教育专业课程内容设计上的局限性，迄今为止的绝大多数教育学教材不涵盖"人性与教育"方面的内容，造成教师教育专业学生在专业学习的初期，就没有条件系统学习甚至接触"人性与教育"方面的理论知识。在日常教育活动中，又疲于应付各类教学检查和其他大量繁杂的教学实践活动，无暇顾及、也顾及不到引起教育质量、效率的深层次人性问题，没有意识、能力结合自己职业、专业对学生人性进行深刻反思和系统研究，无力对某些甚至个别学生的人生与人性进行长期跟踪研究。基于人性知识和反思上的缺失，实践者人性结论往往以性善、性恶、性分层次等极端形式或观念化方式放逐出来。

性善理念持有者要求以人性善的观念开展教育活动，溺爱和娇惯孩子，积极顺应和引导人性，"天命之为性、率性之为道，修道之为教。"① 放任甚至放纵孩子言语行为，造成孩子随心所欲和为所欲为的不良习性。俗话说，习惯决定命运。赫尔巴特认为，"最小的错误因习惯而会发展变

---

① 子思：《中庸·礼记》，陕西文艺出版社 2009 年版，第 65 页。

大","最小的欲望，如不受克制，会转变为狂热。这样，未来的生活就会变得不稳定，就会出现诱惑、迷惑——出乎意料的厄运。"① 因为人的习惯养成始终受到某种人性理念驱使下教育行为模式影响。放纵人性是人性善观念的结果，但放纵人性又是人性恶的原因。而性恶理念持有者认为人在本体上是坏的，人的本能欲望是恶的。② 人天生下来就有贪欲、懒惰、任性和逃避倾向，是动物本能在人身上的延续。所以，为了返璞归真，教育需要"存天理、灭人欲"，"化性起伪"。霍布斯认为，人类生存都以贪欲和自私自利为目的，只有通过严格管理和训导才能使人恶的天性得到矫正和克服。③ 其不知单向度压制、管理和训导会引发学生对教师的怨恨心理，助长其恶性，有违背于教育的辩证逻辑。人性层次理念持有者认为人的德性、智性有层次高低、贵贱之区分，对不同等级的人应予以不同教育内容和方式。德性高的多鼓励，智性高的可以接受更好的教育；德性低的要多打击，智性低的只能接受差的教育内容和方式。其不知德性、智性的自在内容是多样的，每个人的德性、智性由多方面因素构成。有的人个人德性好、公共德性差；有的人数学智性好，音乐智性差。而且，人的德性、智性也不可能完全统一共进，存在高智性、低德性，或者高德性、低智性状况。简单化人性分层理念会造成教育行为方式的肤浅和简单化，以及不良教育后果的发生和教育失败。

三 中小学教师人性理念的完善方式

由于中小学教师人性理念大多是零散、碎片状态，是未被反思、意识的存在，很少有人有意识专门学习和研究人性的确切意义，也不关注人性与教育实践间的内在关系，就随意按照自己对人生标准的简单化理解实施教育行为，导致教育实践的随意化方式，以及教育实践效果不高等问题的发生。因此，有意识引导中小学教师形成健全、合理和适切的人性及其理念已成为迫在眉睫的教育需要。

健全的人性理念表征为全面性、理性和适切性，即健全合理的人性理

---

① ［德］赫尔巴特：《教育学讲授纲要》，李其龙译，浙江教育出版社 2002 年版，第 316 页。

② 郝文武：《教育哲学》，人民教育出版社 2006 年版，第 90 页。

③ 王坤庆：《关于人性与教育关系的探讨》，载《教育研究与实验》，2007 年第 3 期。

念需要以整体、系统性思维和复杂性理论为基础，合乎人生与人心的基本事理。人性是综合、复杂、多样和整体的，人的思维、情感、意志和行为等不仅有一般动物的普遍特性，还有许多后者不具有的主观性、非确定性、个别性和非量化性等高级复杂特性。人生世界本质上是意义、价值世界，不可能仅仅被客观地解析说明，需要通过理解等更加复杂的方法才能真正把握。① 而要想正确理解人生与人心，形成健全合理的人性观念，就要参加到广泛、多样的社会实践活动中去。在各种各样教育实践活动中接触认识不同年龄、肤色、民族、性别与不同类型的教育者、学习者，在各式各样社会实践活动中，在长期和多方面交往实践中，主动经验、感悟人性的丰富性、多样性。也要通过对某些典型教育案例、经典教育人物在不同时期、不同活动中表现出人性善恶的不同方面，及其人性的决定与被决定性方面的深刻反省、抽象和概括，认识人性的现实性与历史性，复杂性与变化性的统一性，认识人性实然与应然的双重性。人是自己经历的结果，人性也是其经验的结果。马克思主义认为人性的本质是人的实践性，人的实践经验内在地规定了人性的实然与应然的两重性。教育之于人，即是尊重和理解人性，尊重人的整体和差别性，通过教育人自身自由自觉的实践活动，不断激扬和超越该给定性与自在性，扬弃和消解其实然消极人性，形成其积极"应然"性。②

其次，在教育学专业课程编制中，需要有意识专门设计"教育与人性"方面的知识内容，有意识专门组织现时或未来教师系统学习人性理论知识。使教师在应然人性理论学习中，初步形成适切、理性的人性观念，逐步学会运用合理的人性观念开展教育实践活动。在以往教育学专业课程设计中，由于课程知识编写者惯性思维方式及其对中小学教师人性理念估计认识上的不足，普遍缺乏"教育与人性"关系方面的信息，造成中小学教师在教育理论学习的源头，就缺乏对人性与教育关系方面的系统性认识，从而导致他们在教育实践中的自然主义行为方式。因此，需要在以后的教育学学科建设中，系统介绍人性与教育关系，包括什么是人性，

---

① 欧阳康：《复杂性与人文社会科学创新》，载《哲学研究》，2003 年第 7 期。

② 鲁洁：《实然与应然两重性：教育学的一种人性假设》，载《华东师范大学学报》（教育科学版），1998 年第 4 期。

人性的教育学意义；人性的构成及其综合性、差异性、多样性与复杂性特征；教育的人性化与人性化教育的可能性等等。在具体的教育教学实践活动中，通过全面讲授、组织学生对话、讨论等方式，使教育实践者通过人性理论的系统学习，消解其人性上的前意识状态，及其表面化、模糊化、零散化和片面化认识，促使其有意识认真思考、形成复杂、综合的人性因素及其行为方式，自觉运用合理的人性方式从事教育活动，从而促成受教育者的有效发展。

第四节　义务教育教师绩效工资政策形成的理论基础

20 世纪 80 年代后，我国完成了由计划经济向社会主义市场经济的转变。在经济制度转变过程中，事业单位的工资制度先后经历了四次变革：1956 年建立了等级工资制、1985 年演变为结构工资制、1993 年则开始实行职务和级别并行的工资制度、2006 年发展成岗位绩效工资制度。[①]

相应地在 20 世纪 80 年代前，我国义务教育教师实行的是单一工资制。即教师工资只与职称相挂钩，高工资需要高工龄，教师工资对教师缺乏激励作用。为此，从 20 世纪 80 年代中期开始，我国教育行政和科研部门开始了教师绩效工资评价方式的研究，研究内容主要是教师教学工作与绩效工资的关系。2009 年，教育部出台《关于义务教育学校实施绩效工资的指导意见》（以下简称《指导意见》），并于当年在全国范围内的义务教育学校普遍开始实施。之后，义务教育阶段教师绩效工资作为我国事业单位工资制度改革的一部分，引起了国内学者的广泛关注。

自开展义务教育教师绩效工资研究以来，已有很多学者从绩效工资价值、绩效工资成效、绩效工资问题，以及绩效工资对策建议方面进行了研究，并提出了不同的见解。

一　义务教育阶段实施绩效工资价值的研究

作为我国事业单位工资制度改革的一部分，义务教育阶段学校实施绩

---

① 朱兴宏，汪传雷：《义务教育学校绩效工资制度（激励机制）研究》，载《皖西学院学报》，2010 年第 4 期。

效工资的根本目的是构建一种工资分配与公益性服务紧密联系的新的激励约束机制，改变我国长期以来实施的单一工资制度，革除传统"吃大锅饭"的痼疾，充分体现"多劳多得，优劳优酬"的分配原则，充分调动教师的工作积极性和主动性，更好地发挥工资的杠杆作用。因此，它的实施具有多方面的教育价值。

从政策制定者和教育权利运作价值层面看，许多学者肯定了绩效工资的价值。其中，胡耀宗、童宏保从政策制定者和教育分权的角度认为，绩效工资政策蕴含了工资政策制定者对工作绩效的期望或价值追求，体现了义务教育政策系统的价值偏好，表达了教育政策追求的目的与价值。另一方面认为，绩效工资政策实际又是义务教育分权理念的延续和拓展。政策明确规定"义务教育学校实施绩效工资，按照管理以县为主、经费省级统筹、中央适当支持的原则"。这首先是把集中的国家义务教育权力和责任在政府层级之间进行分解、分享与制衡。政策在坚持"以县为主"的管理体制的基础上，加强了中央政府和省级政府的责任。其次，绩效工资政策分权的理念还体现在教育权力在政府和学校之间的分解、分享与制衡方面。义务教育学校绩效工资分为基础性绩效和奖励性绩效两个方面。其中，基础性绩效工资由地方政府统一规定核发，奖励性绩效工资由学校按照规范的程序和办法自主分配。奖励性绩效过程中需要吸纳学校和教师群体参与绩效工资分配，主要体现工作量和实际贡献等因素，有利于调动学校领导和一线教师工作积极性，克服教育实践中的专制、腐败和效率低下等问题。同时，它也顺应公共教育治理的国际趋势。[①]

从绩效工资的价值主体层面看，不同学者从不同层面提出了个人价值判断。柳国辉在《我国义务教育学校绩效工资政策的价值分析》一文中认为义务教育学校绩效工资政策制定中，必然伴随着中央、地方、学校领导和教师等多个主体的不同价值问题。中央政府绩效政策的价值目标是要提高教师的经济地位，将教师与公务员看齐。这种价值选择旨在保护一线教师和农村教师等弱势群体利益，强调竞争和激励的效率性。因此，这种价值选择符合广大教师的利益和期望，他们打心底里欢迎绩效工

---

① 胡耀宗，童宏保：《义务教育教师绩效工资政策执行中的问题及解决策略》，载《教师教育研究》，2010 年第 4 期。

资政策。① 周必玲从教师自身角度提出绩效人文关怀的价值。认为人文关怀可以淡化绩效工资制度的负面效应和提升教师的职业幸福指数。② 因此，义务教育学校教师绩效工资政策的价值内涵是坚持以人为本，德育为先，遵循均衡发展的基本理念，追求公平与效率的有机统一。③ 从价值对象方面分析，绩效工资对教师而言，更能体现自身的劳动价值和工作技能，同时，吸引优秀教师长期从教。童传贵从学校层面提出，实施绩效工资有助于调动和激励教师潜能，提高工作效率，节约学校管理成本，增强学校自我发展能力；④ 对学生而言，通过提高教师的工作积极性和工作效率，更有助于学生学习、身心的全面发展。因此，义务教育实施绩效工资，不管是对于个人，还是对于学校而言，其优点都是显而易见的，已成为社会各界的普遍共识。

总体而言，所有研究都是对绩效工资正向价值进行的探讨，所有研究都肯定了绩效工资的正向价值，但对绩效工资的负向价值，极少进行研究，不利于辩证思考和引导教师绩效工资改革。

二　关于义务教育教师绩效工资研究取得的成果

从义务教育教师绩效工资实施效果来看，各种研究结果普遍认为，实施义务教育绩效工资制度后，从一定程度上改变了我国高度集中统一的义务教育教师工资政策。长期以来，我国义务教育教师工资采取"一刀切"政策，该政策重资历、轻绩效，重结果、轻过程，严重影响了工资激励性作用的发挥。绩效工资将个人收入同工作绩效直接挂钩，将使得工资更具市场竞争性，进而促使组织和成员不断改进工作方法，提高其工作积极性和劳动生产率，形成组织成员创造更多的效益和组织绩效。同时，使得工资支付更具客观性和公平性，有利于吸引和挽留高素质人才从事教育事

---

① 柳国辉：《我国义务教育学校绩效工资政策的价值分析》，载《教育与考试》，2011年第5期。

② 周必玲：《绩效工资实施背景下人文关怀的价值探析》，载《科学咨询》（教育科研），2012年第3期。

③ 付卫东，崔民初：《义务教育学校教师绩效工资政策分析》，载《现代教育管理》，2011年第2期。

④ 童传贵：《基于"三圈"理论视角的事业单位绩效工资分析》，载《经营管理者》，2011年第6期。

业。其中，卢浩宇从绩效管理角度提出，在单一工资制度下，阻碍教师积极性的一种心理障碍就是所谓"看穿了"的思想。这种思想认为，短时间内教师待遇和职称都不会发生很大改变，这种思想往往导致人们放弃追求，进而影响教学质量。实行绩效工资以后，将教师的工作业绩和工资结合起来，则大大提高了教师工作的积极性。覃学健、杨挺从教师队伍建设的角度指出，绩效工资对于加强教师队伍建设，充分调动广大教师的积极性、主动性和创造性，具有极其重要的导向作用。

从教师工资增减情况看，多数研究认为义务教育绩效工资一定程度上提高了教师工资，解决了义务教育教师收入偏低、与当地同级别公务员平均工资水平差距拉大的问题。范先佐、付卫东通过对调研省份 1906 位教师绩效工资改革前后工资收入的比较中指出，绩效工资实施后，义务教育学校大部分教师的收入增加了。[1] 何凤秋、刘美玲在《义务教育学校绩效工资实施情况跟踪研究》一文中提出，绩效工资实施后，大部分教师的工资收入有所提高。经济发达地区如广东东莞、北京朝阳等地工资涨幅在 1000 元，经济不发达地区如贵州印江、湖北等地，教师工资涨幅在 100 元至 500 元左右。当然也有研究发现，部分地区由于财力不足或绩效考核方式上的问题，教师工资没有变化甚至有所下降。教师工资涨幅在 200 元至 500 元左右在调查中是常态现象。[2]

总之，各种教师绩效工资实施效果分析都看到了教师绩效工资的长处，看到了其公平合理的一面，但对于绩效工资实施过程中的不公平性、不合理性分析不足，不利于进行相关的改进工作。

三 义务教育教师实施绩效工资研究中存在的问题

从教育公平发展的层面看，不少研究发现，绩效工资实践避免了城乡教育部门之间人才吸引的马太效应，促进了城乡义务教育均衡发展。义务教育绩效工资实施可以激励优秀人才到偏远学校工作，这将有利于城乡之间师资力量的均衡发展，有利于城乡教育的均衡发展。其中，张锐从教师

---

① 范先佐，付卫东：《义务教育教师绩效工资改革：背景、成效、问题与对策——基于对中部 4 省 32 县（市）的调查》，载《华中师范大学学报》（人文社会科学版），2011 年第 6 期。

② 何凤秋，刘美玲：《义务教育学校绩效工资实施情况跟踪研究——基于中小学校长、教师及基础教育行政人员的调研》，载《劳动保障世界》（理论版），2011 年第 2 期。

政策角度认为，绩效工资在落实国家发展教育相关政策上起到了辅助甚至推进作用，对教师队伍不合理流动无疑也有规范效应。① 刘德华、刘丽娟等人从程序不公平性概括指出，教师绩效工资既要避免教师绩效者既是"裁判员"又是"运动员"所造成的不公平，又要避免"先射箭后画靶"的程序不公平。② 范国锋、刘家富等人从考核方案的公平角度研究认为义务教育教师绩效工资缺乏科学公平合理的考核方案，建立科学公平合理的考核方案是实行绩效工资的先决条件。③ 周霖、霍国强从教师绩效工资的经费保障和工资分配的公平方面做了绩效探讨。④ 总之，绩效工资的公平问题已经引起了众多学者的关注。但是，众多研究没有说明如何形成科学合理的绩效实施主体与绩效程序。

　　就绩效工资监督监察机制问题，众多研究发现存在很多缺陷。董虓认为我国从 2009 年 1 月 1 日起实施义务教育学校教师绩效工资政策。调查发现，该项政策在实施过程中存在执行者未能制订出及时而有效的执行计划和未能建立起相应的监督、检查机制等问题。⑤ 可以看出政策方面的笼统不具体，是影响教师绩效工资施行的关键所在。刘魁等人也认为转变义务教育教师薪酬观念和建立有效的层级问责薪酬分配监督体系是绩效制度实施成功的关键。⑥ 我国还没有建立义务教育教师绩效工资实施监督体系，没有监督体系的保障义务教育教师绩效工资的实施将困难重重。但所有研究都是针对局部地区而言的，缺乏整体的说服力。

　　就绩效工资激励的有效性而言，有的从激励手段上进行研究，有些学者从激励尺度的把握上进行了分析。赵德成从心理学角度分析了实施绩效

　　①　张锐：《浅谈教师绩效工资的实施与绩效评价标准的构建》，载《知识经济》，2009 年第12 期。

　　②　刘德华，刘丽娟：《公正的理念之剑应高悬于绩效考核工作之上》，载《集美大学学报》（教育科学版），2010 年第 4 期。

　　③　范国锋，刘家富：《关于义务教育学校实施绩效工资的思考》，载《知识经济》，2010 年第 10 期。

　　④　周霖，霍国强：《教师绩效工资缘何难以推行》，载《当代教育科学》，2011 年第 10 期。

　　⑤　董虓：《义务教育学校教师绩效工资政策实施问题探析——以沈阳市某区为例》，载《基础教育研究》，2011 年第 8 期。

　　⑥　刘魁：《政策分析角度——义务教育绩效工资的博弈分析》，载《当代教育论坛》，2009 年第 10 期。

工资管理者要认识到物质奖赏的局限性，不能过分强调绩效工资，动辄就用类似"谁好好干，就奖励谁；谁不好好干，就扣谁的奖励性工资"来教育教师，把绩效工资作为控制教师行为的手段，反而可能会削弱教师的内在动机。原来教师凭借爱和责任从事教育工作，而在绩效工资下可能变成为金钱而工作，这影响到教师的道德水平，进而影响绩效工资的作用。① 毕竟教育活动是种以灵魂来塑造灵魂的工作，这就要求教育工作者不能仅仅为金钱而工作。

而曹刚、米锦平、代建军等人从实际工作量的角度指出，教师绩效工资难以体现实际工作差异，从而产生平均主义和新的"大锅饭"现象。② 个别学校迫于各方面压力，在绩效分配时采用形式变化而结果不变的方式，使得绩效工资没有产生应有的激励作用。米锦平、代建军指出，从一线教师立场出发，可以看出当前绩效评价取向方面的一些共识性问题："部分行政人员可以不劳而获"、"吃'大锅饭'的情况不少，对表现突出的教师奖励不够"、"（绩效工资改革）依然以职称、学历、教龄为主，难以体现实际工作差异"。③ 在具体实施过程中，学校领导鉴于各种抵抗压力，往往采取平均主义措施，按照原有工资制度各拿自己应得的部分，这种现象使得绩效工资没有发挥出激励教师的作用，违背了实行绩效工资的初衷。但所有研究没有对绩效压力源进行深入分析，只看到了绩效压力的平均主义结果，没有看到压力的差异性，以及可以实施绩效人性基础。

义务教育教师绩效工资经费保障是实行绩效工资的难点所在。《指导意见》中明确规定义务教育学校实施绩效工资所需经费，按照以县级管理为主，经费省级统筹，中央适当支持原则，确保义务教育学校实施绩效工资所学经费落实到位。但许多绩效工资经费保障方案研究者认为，中央、省、市、县合理的比例难以到位。付卫东、崔民初指出，强调"经费省级统筹"，但巨额的教师绩效工资经费使有些省市财政面临前所未有

---

① 赵德成：《绩效工资如何设计才能有效激励教师——基于心理学理论的分析》，载《中国教育学刊》，2010 年第 6 期。

② 曹刚：《义务教育学校现行绩效工资制度存在的问题及对策初探》，载《网络财富》，2010 年第 5 期。

③ 米锦平，代建军：《当前我国中小学教师绩效评价的问题及反思》，载《教育科学研究》，2011 年第 8 期。

的困难。县（区）级政府支付教师绩效工资经费也面临着巨大的困难。[①]
苏君阳从绩效工资经费保障角度也指出"以县为主，省级统筹，中央适
当支持"仅停留在原则的意义和层面上，那么，义务教育学校绩效工资
经费就很难落实到位。对此，一线教师深有疑虑。[②] 为此，不少研究者指
出，我国各省市经济发展差距较大，绩效工资经费省级统筹，会加剧义务
教育教师工资差距。国家应该加大对中西部地区教师绩效工资经费的财政
支持，完善义务教育教师绩效工资经费保障体系，确保义务教育教师绩效
工资贯穿落实到位。因此，如何让中央财政拿更多的经费支持义务教育教
师绩效工资，是绩效工资分析的重点。

　　当然，义务教育教师绩效工资研究上的问题除以上几点以外，还存在
以下几个方面的不足：一是理论研究的文献较多，而实证研究的文献较
少，多数文献仅从主观层面对绩效工资的实施作出判断；二是多数教师绩
效研究内容宏观、笼统，对义务教育教师绩效工资的实施缺乏具体、可操
作的指导作用；三是缺乏本地化研究，我国社会发展的地区差异性十分显
著，绩效工资的实施也必然会受到地区差异性的影响；四是多数文章的现
实指导意义不强，缺少评价方案的量化研究，未能解决义务教育教师绩效
工资如何实施的问题；五是绩效工资产生的问题似乎集中于在校教师，绩
效工资对退休教师的影响很少有人作出探讨。

　　由于教育行业的特殊性和长期性，义务教育教师绩效评价人员又多为
教师出身，缺乏相关绩效评价理论知识，又没有绩效考核方面的经验积
累，难以对此进行量化评价，便于绩效评价的短期效果难以发挥应有作
用。同时，强制推行可能会导致管理能力上的不足。高绩效毕竟不是考出
来的，而是靠完善的管理体系、好的管理环境、管理者的领导力、员工本
身的素质和执行力系统推动的。在我国事业单位总体实施绩效工资背景
下，全面分析义务教育教师实施绩效工资的影响因素，通过实证研究，特
别是具体、可行的评价方案的研究，解决教师绩效工资实施中存在的问
题，将成为义务教育教师绩效研究的趋势。

----

　　① 付卫东、崔民初：《义务教育学校教师绩效工资政策分析》，载《现代教育管理》，2011
年第 2 期。
　　② 苏君阳：《义务教育学校实施绩效工资面临的问题》，载《中国教育学刊》，2010 年第 2
期。

四 义务教育教师绩效工资评价对策研究

美国教育评价学者斯塔弗尔比姆（D. L. Stufflebeam）认为：评价不是为了证明，而是为了改进。要在素质教育指引下确定教师绩效考核指标确实不是件容易的事，虽然《指导意见》规定了教师绩效考核的主要内容是教师的法定职责和诸如师德、教育教学、从事班主任工作等岗位职责，但都没有给出可操作性的具体内容。这就需要各学校自行探索，寻找适合于本校特点的绩效工资实施方案。

周宏伟在其硕士论文《教师绩效工资改革的问题与对策研究》中，针对政策背景、政策本身及其实施过程中出现的问题，认为绩效工资实施过程中应合理减轻县级学校主管部门政策细化的责任，真正发挥基础性绩效工资的保障作用，明确政策制定的民主程序和公开制度，政策倾斜幅度应有明确的指标，管理人员的奖励性绩效工资额度应有明确的限制，从政策上保证教师绩效工资方案的简便易行。[1]

范先佐、付卫东等人认为针对教师绩效工资实施中出现的问题，政府应该加大公共财政投入力度，逐步建立省级统筹的教师工资保障机制，大力提高贫困地区教师待遇，建立公开透明的绩效评价体系等方面提出了改进措施。[2] 胡耀宗、童宏保认为，构建与义务教育目标取向一致的义务教育教师绩效工资政策，首先，明确义务教育发展目标，保持不同政策之间的衔接性。其次，进一步明确各级政府的财政责任，更加强调省级统筹。最后，把绩效考核的过程变成学习和实践现代教育思想的过程。绩效考核的实质是建设科学合理的教师评价体系，教师评价体系的建设必须是在教育行政部门、学校、教师和学生共同努力下，边探索，边总结，边校正，逐步建立起符合教育事业规律和教师职业特点的绩效考核制度。[3]

综合众多学者的观点我们可以发现，目前我国义务教育教师绩效工资

---

① 周宏伟：《教师绩效工资改革的问题与对策研究》，硕士论文，华东师范大学，2011年，第2页。

② 范先佐，付卫东：《义务教育教师绩效工资改革：背景、成效、问题与对策——基于对中部4省32县（市）的调查》，载《华中师范大学学报》（人文社会科学版），2011年第6期。

③ 胡耀宗，童宏保：《义务教育教师绩效工资政策执行中的问题及解决策略》，载《教师教育研究》，2010年第4期。

对策内容比较笼统，只是大致规定了绩效考核的项目，绩效考核的要求等，很少对绩效考核的具体内容，如教师工作量、班主任工作、教研情况、参加活动及获奖情况、出勤率、教案等方面在绩效工资中的比例作出明确规定，从而使教师不能全面理解学校绩效工资具体的分配方案。对此，将来研究中可以探索如何建立一个由多方主体参与制定评价体系，如何制定出绩效对象普遍能接受的绩效方案，如何在一个县或学区内形成统一的绩效评价标准，使得绩效工资的实行更加公开公正。

下篇

西部农村教师政策问题的实践反思

第四章　西部农村教师教育现状问题

通过对西部经济发达县——陕西神木城乡教师学历、职称、年龄、身份结构五年变化的统计、比较、推理计算及访谈发现，经济发达县代课教师日趋减少，其城乡教师均呈现学历高级化、职称中级化、年龄中等化倾向，其城乡教师结构四项指标均呈缩小趋向，但农村教师明显存在专业技术水平不高、学历虚高现象，并成了代课教师的最后栖居之地。因此，如果实行科学合理的工作准入制度、学历管理、职称能力认证和弹性编制制度，可能是改善经济发达地区和经济落后地区未来农村教师结构，实现城乡教师结构均衡发展的根本方式。但是，通过对西部贫困县——宁夏海原县特岗教师结构五年变化的田野统计、origin 工具统计计算及访谈发现，受西部农村教师收入、地位，传统家庭性别功能观念以及师资聘用条件政策等因素影响，海原县中学特岗教师始终存在离职率和非师范专业比重高、教师学历层次不符合要求，特岗女教师比例持续走高、男教师比重下降和对特岗教师随意安置、不能有效使用等现象，影响了政策执行的信度和效度。因此，重新审视和形成新的切合西部农村实际的农村教师工资、学历标准，实行特岗教师招聘向教师专业毕业生倾斜政策和劳动机会待遇男女公平方式，可能是调整和改善西部农村教师队伍结构的新需要。

特岗计划是我国 2006 年基于支援西部农村地区教育建设而提出的。经过 6 年发展，特岗教师现已成为充实和支撑西部农村地区教育事业发展的一股重要力量。但是，在查阅文献和对中小学教导主任、特岗教师访谈时发现，特岗教师专业知识单一匮乏、职业规划不明确、生存状态不良、自我职业角色意识模糊，挫折感强烈，又在影响和制约着西部农村教育质量的提高和农村学生发展。因此，需要加强特岗教师职前与职后培训，完善特岗教师自我职业规划，改进特岗教师转编监督体系，明确特岗教师自我角色意识，并根据特岗教师挫折感特点及成因，及时进行消除。

而通过对陕西、宁夏等一些西部农村地区教师教育现状的调研发现，受政治、经济、文化环境等因素影响，不论经济发达地区还是经济落后地区，不论过去还是现在，西部地区城乡教师质量差异都很明显。宁夏地区农村中小学教师的学历达标、学科、专业结构，教师、校长的整体素质，农村地区教师编制以及骨干教师的形成都有严重问题。城乡教师质量差异不仅影响城乡教育质量协调发展，也影响城乡学生的平等发展。

第一节　西部回族地区中小学教师现状问题

新世纪之初，世界科学技术发展异常迅猛，人类正在进入知识社会、教育社会和学习型社会。任何一个地区要在这样的社会中立足，都必须重视教育。西部回族地区还是一个亟待开发的落后地区，当前正处于发展的关键时期。要把回族聚居区建设成为一个繁荣富强的民族聚居区，离开农村、农业的现代化是不可能的。而农村的现代化必须要求高素质的农村劳动力——现代化农民做支持。而这些任务的完成都必须靠教育来完成。而发展教育则需要依靠教师。因此，发展和壮大西部回族聚居区农村教师队伍是当前西部地区的紧迫需要。

一　西部回族地区农村中小学教师队伍现状与问题

经过近 60 多年的努力，特别是改革开放 30 多年来，在西部回族地区各级政府对农村教育的重视及师范教育关怀下，回族聚居地区义务教育阶段农村中小学教师队伍获得了快速发展。仅宁夏回族聚居区中小学教师从几千人发展到六万多人，教师人数有了明显变化。宁夏回族地区农村小学教师学历从中专以下为主发展到大专以上学历为主流，中学教师学历从专科以下学历发展到本科学历。农村中小学教师学历普遍有了很大提高。农村中小学教师从质和量两方面都大大改变了农村学校师资队伍的落后状况。

但是从总体上看，我国回族地区农村学校师资队伍的现状与回族地区农村教育发展的整体要求仍然不相适应，回族聚居农村地区中小学师资伍建设的形势依然严峻。回族聚居地的农村中小学师资队伍建设面临的许多困难和问题，直接影响了农村的教育质量，制约着回族聚居区城乡教育的均衡发展。其主要表现如下。

第一，回族地区农村教师的学历达标问题。据宁夏教育厅内部统计，2005 年前，全区农村中小学教师学历达标情况总体良好。但是，当年全区农村小学教师中具有中专以下学历的人数仍有 10137 人，占农村小学教师总数的 42%。其中，农村小学教师中 1/3 以上是不具备学历的老教师，而偏僻小学教师学历绝对偏低。初中教师中具有本科以下学历的 4232 人，占初中教师总数的 44.9%。证明 5 年前宁夏农村中小学教师队伍中，半数以上教师达不到国家规定的新的学历标准。尽管两年后宁夏农村地区教师学历有了明显提高，但 2007 年宁夏小学教师学历合格率仍低于全国 0.5 个百分点。因此，我国回族地区农村小学教师的学历达标任务还是相当繁重而艰巨的。[①]

第二，回族地区教师队伍结构不合理。宁夏回族地区农村学校的师资不仅量少质弱，而且结构也不合理。其主要表现在三个方面，一是年龄结构不合理。在农村初中教师队伍里面，45 岁以上的老教师所占比例过低，三四十岁的中青年教师所占比例过高。2006 年宁夏全区农村初中教师中，25 岁以下教师 571 人，占农村初中教师总数的 6.06%；25—35 岁教师 3608 人，占农村初中教师总数的 38.29%；35—45 岁教师 3384 人，占农村初中教师总数的 35.91%；45 岁以上教师 1859 人，占农村初中教师总数的 19.73%。[②] 而小学教师年龄结构偏大。宁夏隆德农村小学教师的平均年龄 44 岁，而隆德县观庄乡村小学教师的平均年龄是 51.6 岁。西吉县大窑滩小学的 9 名教师中，5 名都在 50 岁以上。[③] 其原因是这一年龄段教师不是被层层抽调到城里学校任教，就是流失到经济较发达地区任教或打工去了。二是学科结构不合理。在农村中小学教师中，语文、数学等学科教师占大多数，而音、体、美、英语、心理辅导等学科教师却很少。固原市全市英语课非专业教师占小学教师总数的 71%，西吉县红耀中学的英

①　金东海、任强、郭秀兰：《西北民族地区农村义务教育阶段学校教师资源配置效率现状调查》，载《当代教育与文化》，2010 年第 2 期。

②　宁夏教育厅师资处 2007 年度统计报表。

③　任运昌等：《他们输在了起跑线上》，重庆出版社 2005 年版，第 149 页。

语教师都是招聘来的代课教师。① 三是学历来源结构不合理。在小学和初中教师队伍中，80%以上教师的学历都是通过函授、自考等途径实现的，一次性本科学历教师比重很少。

第三，回族地区农村教师整体素质偏低。主要表现为农村教师整体的教育教学观念陈旧，多数教师沿用二十年前的旧观念进行当下的教育教学活动，对新课程理念难以接受。一方面，他们的教学科研意识和科研能力极其滞后，他们普遍以为科研投入的时间越多教学投入的时间就会越少。因为科研活动对教学有负面影响而不愿意投入精力。同时，回族聚居地区教师的教学方式、方法普遍不科学，多数教师长期采用旧的教育教学方式进行教育教学活动，不能体现现代教育教学改革发展的基本成果，导致教学质量、学生发展与学校管理存在诸多问题，进而影响到回族地区农村教育的发展。造成回族地区农村教师素质低下的原因是多方面的，但主要原因是农村教师的经济地位不高影响了提高个人素质的积极性。另一方面，回族地区农村教师中有相当一部分是由民办教师转正而来的，农村教师的学习进修机会缺乏，工作任务繁重，导致业务素养的提高相对困难。

第四，回族地区学校的编制问题仍然明显。尽管自2005年国家西部特岗教师政策实施以来，通过五年努力，宁夏回族地区农村教师数量增加了五千多个岗位，大大缓解农村教师过于短缺局面。但很多地方和学校教师编制短缺问题仍很突出，尤其一些偏远地方教师缺编现象依然很严重。更为严重的是一些初中学校急需的学科教师进不来，不能胜任工作的非教学人员清理不出去。宁夏南部山区的一些农村初中教育在一定程度上是依靠支教教师支撑的。

第五，回族聚居地农村骨干教师极其缺乏。由于我国教育中的普遍城市中心主义倾向，回族聚居地区义务教育阶段中的示范学校也主要集中在城市，而义务教育阶段地、市、县级骨干教师则由于层层选拔和不断向上流动，大部分流动到了城市。同时由于我国骨干教师认定机制上的城市化倾向，导致回族地区学校缺乏必要的学科骨干教师来引领农村教育发展，从而大大影响了农村人办学的积极性和自信心。

第六，回族聚居地校长队伍的思想、道德、业务能力水平的整体素质

① 任运昌等：《他们输在了起跑线上》，重庆出版社2005年版，第148页。

不高。许多回族地区中小学校长非教育管理专业毕业，又没有专门接受过教育管理理论培训，不懂得教育管理的基本原理和方法。在教育实践中不善于总结经验，不善于管理学校，在学校管理中盛行家长作风，从而在不同程度上影响了教师教学情绪、教学的动力和积极性，也严重影响了学校管理的质量和效率。

二　改善西部回族地区农村中小学教师队伍状况的思路和对策

为有效解决我国回族聚居区农村中小学教师发展中的问题，改善回族聚居地区义务教育阶段教师状况，需要针对回族地区农村教师发展中的问题，采取以下七个方面措施。

第一，加快回族聚居区农村教师人事制度改革力度。形成动态化的回族聚居区农村教师编制，切实保障农村教师的基本数量。要建立、健全民族地区农村教师队伍晋级、晋职和奖励、考核等激励机制，切实稳定回族地区农村教师队伍，切实保障回族地区农村教师队伍的质量，促进城乡教育均衡发展。

第二，进一步争取国家对回族聚居地农村教育的经费投入，加大回族聚居地市县乡在农村教育上的投入比例。在实施免费义务教育制度之前，国家把农村基础教育投资的责任几乎完全甩给了县乡基层政府和农民。数十年来一直说"人民教育人民办"，但事实上，过去很长一段时间西部回族地区教育成了"人民教育农民办"的状况。基础教育毕竟是整个国家的事，而不是某一个地区的事，国家在基础教育方面应该承担起主要的义务和责任。国家实施农村地区免费义务教育制度以后，回族地区办学条件和水平有了明显的改善，但与现实相比较，仍有许多工作需要去做。具体而言，在我国回族聚居地农村教育经费的保障方面，争取国家对回族聚居地农村财政转移支付，一方面在科学评估、整体规划的基础上，合理地确定中央、省、县三级政府以及村的办学责任与分担机制。比如基础教育的基建维修费由自治区和各市县政府按比例分担，而教师工资和教育事业费则可在划定农村区域标准的基础上由中央和回族聚居区财政按比例分摊。将国家对回族聚居地农村地区教育经费投入比例争取到整个农村教育经费的90%以上，其余经费由自治区以及各市县政府分担。另一方面，应建立相应的监督机制和责任追究制度，以确保教育经费按时足额到账。

第三，进一步加强对回族聚居地农村教师的继续教育。在继续做好国家民族聚居区农村教师培训项目基础上，大力加强回族聚居地地方政府和县、乡两级教师培训、进修机构建设，逐步建立以县级教师培训机构为重点的回族聚居地农村教师继续教育体系，对回族地区农村教师进行有计划、有目的的培训。为此应该做好以下工作：①建立、健全回族聚居地中小学教师进修和培训机构。这些机构可以不设教师编制，所需教师可从高校聘请，也可作为教育扶贫的专家学者讲学的场地。这样就使农村教师可以就近参加培训，省却了很多不便。②建立教师继续教育的市场机制。可由培训机构提供培训"菜单"，学校和教师自主选择培训基地和内容，教育行政部门加以必要的监控，以保证培训质量。③实行免费进修制，或者教师承担微小培训费用政策。对农村教师的培训费用应由中央和地方政府分担，而不能由农村教师个人承担。④实行配套的升薪晋级制，仿效西方发达国家把学位、学分和升薪晋级紧密结合，鼓励农村教师参加多种培训，调动其接受继续教育的积极性。切实提高农村教师的业务水平，促进农村基础教育的发展，进一步促进农村经济的发展。

第四，实行校本培训模式。由于长期实行僵硬的计划编制体系，回族聚居区农村学校一般都缺编。为解决教师编制紧张和教师资源不足问题，很多农村小学基本实行包班制。如果有教师出外培训，学校的教学工作就很难正常进行。实行校本培训这种形式既符合农村学校现状，也具有很强的可操作性。具体措施包括：①回族聚居区市县教育局要邀请教育部直属院校或地方高校教师以及教师进修学校教师每年必须到农村地区学校进行针对性培训，提高其解决教育教学问题的能力。②可以以对口支援、校校联合的方式，加强城市与回族聚居区农村教师经验交流，保证其知识水平的共同提高。③规定应届研究生必须到回族贫困地区学校进行毕业实习，由他们对农村教师进行新知识、新理念培训。④国家和当地教育管理部门应该把民族地区教师培训纳入正规的教师培训管理体制之中，保证民族地区农村教师参加的任何培训应该在考核和晋职时得到承认。

第五，以每年每所学校规定培训指标的方式，加强民族地区农村地、市、县三级骨干教师队伍培训。力争在三年内为民族地区农村培养和造就一支结构合理的学科和学术梯队，引导和带动农村教育的健康发展。

第六，切实实行校长聘任制度，积极培训回族地区农村校长队伍，努力提高回族聚居区农村校长队伍的思想业务素质。校长是学校的最高行政领导，校长水平的高低直接决定着学校办学水平的高低。因此，要将农村学校校长的选拔、任用放在重要位置，切实将一些懂教育、会管理的优秀教师选拔到校长岗位上。同时，要努力提高回族地区农村学校在职校长队伍业务素质、思想道德和管理水平，努力提高校长队伍的专业化程度，使其不断胜任自己的工作岗位。具体而言，在校长任用方面首先要切实实行校长聘任制。目前，我国多数回族聚居地区已经落实"以县为主"的管理体制，实行农村中小学校长公开选聘制已经具备条件。各县要按专业化要求选聘好农村学校校长，使进入校长队伍的人具备较高的教育专业化水平。校长的选用既要把好入口关，同时将不适合校长工作的及时调整。将受过专门教育管理专业教育、进行过教育管理培训、有一定管理经验和能力的教师选送到校长岗位。

第七，加大培训力度。要利用寒暑假休闲时机，经常对回族地区农村校长进行教育管理知识轮训，或者派遣他们在城市学校挂职锻炼，促进其不断积累管理经验、增长教育见识。同时，把骨干校长培养和校长队伍整体提高结合起来，个别培养和集体培训结合起来，为农村中小学培养出一批区、地、县级骨干校长队伍，为农村教育的整体发展起到辐射、示范和带动作用。

三 西部回族地区义务教育教师发展中需要注意的事项

普遍认为，回族聚居区农村教师的发展关系到农村教师自身和农村学生的稳定与发展问题，关系到农村、农民和农业发展方面的问题，也关系到城乡和谐发展与全社会和谐发展问题。因此，一定要通过增加教师培训时间，增强培训效果等方式，促进其有效快速发展。在教师培训等方面，则需要注意以下几点。

首先，集中进行教育理念培训。没有先进理念就没有现代教育。理念先进还是落后也是判断传统教师与"现代教师"的试金石，是现代教师整体素质的基础和核心。更新教育理念是更新行动的先导，是现代教师继续教育最重要的在职教育。目前制约我国回族聚居地农村学校教育质量提高的一个内在因素就是教师教育理念的落后。因此，通过各种方式加快更新农村教师教育教学理念也是当前回族聚居区农村教育活动中的紧迫需要。而要使理念教育收到好效果，教师培训必须要做到两个集中：人员集中；时间集中。集中时间和精力更新农村教师的思想观念，避免松散拖沓和效率低下现象的发生。

其次，注意培训形式的多样化。形式变化对培训结果往往有意想不到的效果，单一形式往往影响培训心理和效果。因此，教师培训要采取灵活多样、方便可行的方式，将分散与集中、长期与短期、校内与校外结合起来，通过骨干带动、校校合作等多方式、多渠道进行。

最后，实施城乡教师交流工程。通过置换交流的方式，将城市学校教师派遣到回族聚居区农村学校，置换回族聚居地农村教师到城市学校交流学习，或者选派回族聚居地农村骨干教师参加区、地、县三级骨干教师培训班。一方面传播了城市教学理念；另一方面又可以使回族聚居区农村教师有机会到城市地区接受再教育。

当然，要彻底解决回族聚居地农村教师队伍建设问题，并没有什么灵丹妙药，也不是一两天就能实现的。但我们必须清醒地认识到，要真正解决回族聚居区教育问题，就必须发展回族聚居区农村基础教育，全面提高回族农民素质。而要发展回族聚居地农村基础教育，就必须重视回族聚居区农村教师队伍建设。所以，有人说高质量教育需要训练有素的教师队伍并不是什么陈词滥调。正如皮亚杰所说：假若没有质量合格、数量足够的教师，再好的改革方案也只能在实践中夭折。因此，从任何一个角度看，师资问题都是回族地区农村教育的关键问题，这个问题的解决决定着回族地区至今所能关注到的所有其他问题。如果忽视了回族地区农村教师队伍建设问题而发展回族地区农村教育，发展回族聚居区农村经济也就成了一句空话。所以，只有全社会来关注回族地区农村教师队伍建设，切实提高回族地区农村教师队伍的素质，回族地区农村基础教育才能得到真正发展，回族聚居区素质教育的实施才能真正落到实处，回族聚居区农村的经济也才能真正得到发展。为此，回族地区的教育理论工作者与管理界在研究教师专业化的时候，应关注农村教师的生存状况与发展水平。

总之，西部回族地区多数人口在农村，也意味着大多数回族人只能接受农村中小学教育。但是西部回族农村中小学教育的现状并不是十分理想，而是面临着诸多问题与困难。面对农村教育对西部未来的重要影响，尽管西部各回族聚居区政府与教育主管部门都意识到了发展农村教育的迫切性。但如果只是想通过新农村校舍建设、课程改革、教育收费改革等方式来促进其发展的话，仍将是片面和简单化方式。90 年代实施农村义教工程行动计划时，不少地区都将改善农村学校办学条件作为重点，这有其合理的一面。但在农村学校办学条件得到极大改善的今天，只有在教育公共政策制定与完善时突出农村教师队伍建设，才是"治本之策"与"长久之计"。① 对于回族地区农村教育最重要的条件和措施仍然是师资条件与教师资源的绝对保障和改进。

第二节 西部经济发达县农村教师质量状况问题

县域是国家行政机构设置的第四级单位，是最基本、最稳定的行政单元和经济单位，也是国家政治、经济和基础教育发展的基础。经济发达县域是国民经济和财政收入在国内处于领先地位、在全国县域经济基本竞争力排名百名以内的行政区域。② 经济是教育发展的助推器和前提保证。经济发达县域资金总量大，资本力量雄厚，教育经济实力超前，对经济落后县域教师结构调整有启示、引领功能，对处于同一经济水平的其他县域教师质量改进有借鉴价值。因此，有必要对一个经济发达县城乡教师结构发展特点、动因进行分析。

一 某西部经济百强县教师结构发展特点

教师结构是教师队伍的基本构成及其比例关系，它是一个国家、地区，一所学校师资队伍性能的综合反映，也在整体上制约着一个地区、一所学校办学水平。教师结构既决定教师队伍整体功能效果发挥，也决定学校教育质量。③ 而学校教育教学质量是学生选择就读学校的基本依据，也

① 解光穆、刘炎胜：《宁夏农村教师队伍实证研究与对策》，载《宁夏师范学院学报》（社会科学版），2010 年第 2 期。

② 彭世华：《发展区域教育学》，教育科学出版社 2004 年版，第 242 页。

③ 母国光、翁史烈：《高等教育管理》，北京师范大学出版社 1998 年版，第 305 页。

是学校存在之根本。教师结构改进既是教师知识、能力、情感、态度、价值观等弹性专业动力结构的完善，也是其学历、职称、年龄等硬性指标结构的改善。为了便于调查统计，本文将以陕西神木——一个西部地区经济实力极为雄厚、教育发展水平最快的县域为例，揭示西部经济发达县域农村教师硬性指标结构发展的特点及规律。

神木位于陕西省北部，晋陕蒙三省区交界地带。辖区有 19 个乡镇629 个行政村，总面积 7635 平方公里，是陕西省面积最大的县。2008 年全县国民生产总值 290.58 亿元，财政总收入 71.2 亿元，其中地方财政收入 16.7 亿元，农民纯收入 6028 元，经济实力位列全国县域经济基本竞争力 50 多位，在西部地区排名第二。① 2009 年全国县域经济基本竞争力排名中，位于全国百强县 59 位，连年保持了西部第二位置。② 经济崛起为教育发展奠定了基础。2008 年神木县建成省级重点中学两所，在西部地区率先实现了 12 年免费义务教育，并成为陕西教育强县。然而经济社会的快速发展并没有消除农村教育的关键性问题，经济发展过程中农村学校继续延续着较为明显的教师学历、职称、年龄和身份结构等质量指标问题。

从表 4—2—1 学历结构变化看，近五年来神木农村教师学历提升很快。2008 年神木城镇教师大学学历化程度达到 86.23%，本科化程度较五年前提高了 3.87 倍；农村教师大学学历化程度达到 87.52%，本科学历提高了 8.87 倍。农村教师本科学历提升速度远远快于城镇，是城镇的2.29 倍。五年来，尽管城乡中专及以下学历教师所占比例均开始明显减少，其中城镇减少了 68.75%，乡村减少了 4.62 倍，乡村不合格学历教师减少速度远远高于城镇，但农村不合格学历人数仍然远远高于城镇，是城镇的 7 倍。表明近年来西部经济发达县域农村教师知识结构得到显著改善，教师知识层次得到明显提高，但仍然需要下大力气根治学历不合格问题。

---

① 李文卿：《神木统计年鉴》，神木统计局 2008 年版，第 12 页。

② http://hi.baidu.com/日月网：2009 年全国县域经济排行榜，2009 年 7 月 27 日。

表4—2—1　2003、2008年神木城乡义务教育教师学历水平发展比较①单位：人

学历 城乡　　年份	研究生		本科		专科		中专		中专以下	
	2003	2008	2003	2008	2003	2008	2003	2008	2003	2008
城镇	0 (0)	0 (0)	77 (8.48%)	298 (24.85%)	591 (65.09%)	736 (61.38%)	235 (25.88%)	161 (13.43%)	5 (0.55%)	4 (0.33%)
乡村	1 (0.04%)	2 (0.09%)	69 (2.77%)	612 (28.49%)	1189 (47.77%)	1268 (59.03%)	1187 (47.69%)	238 (11.08%)	43 (1.73%)	28 (13.04%)
总计	1	2	146	910	1780	2004	1422	399	48	32

表4—2—2　　　2003、2008年神木城乡义务教育教师职称发展比较②　　单位：人

职称 年份 城乡	中学高级		中学一级 小学高级		中学二级 小学一级		中学三级 小学二级		小学 三级		未评 职称者		总数	
	2003	2008	2003	2008	2003	2008	2003	2008	2003	2008	2003	2008	2003	2008
城镇	16	16	215	249	483	767	110	91	0	3	82	73	908	1199
农村	17	13	364	434	774	1189	780	312	6	0	548	200	2499	2148
总计	33	29	579	683	1257	1956	890	403	6	3	630	273	3407	3347

根据表4—2—2推算，2003年神木农村未评职称者、初级、中级和中学高级以上职称比例分别为21.93%、31.45%、45.54%和0.68%，呈现未评职称、初级职称和中级职称者比重依次增加、中学高级以上职称者过低的特点；2008年农村未评职称者、初、中、高级职称比例分别为9.31%、14.53%、75.56%和0.61%，呈现未评职称、初级职称和高级以上职称者比重持续下降、中级职称比重奇高的特点。

从表4—2—2也可以推算出，五年内神木乡村高级教师减少了30.77%，城镇、乡村中级职称教师分别增加了31.29%和29.88%；初级职称教师减少了54.69%，其中乡村减少了60.31%，城镇减少了14.55%，表明西部经济发达县域教师职称有向中级聚合迹象，但乡村初

① 本表数据来源于2003、2008年神木教育统计年鉴。
② 同上。

级及以下职称者数量及其比重远远高于城镇，是城镇的 3.32 倍，表明专业化程度低者在经济发达县域也主要聚居于乡村学校。

从年龄结构看，神木县农村 25 岁以下、50 岁以上"两极"年龄教师呈现减少趋向。如表 4—2—3 所示，2003 年神木县 25 岁以下城镇教师占城镇教师总数的 14.88%，50 岁以上教师占城镇教师总数的 2.31%，两项之和为 17.19%。而乡村 25 岁以下教师占农村教师总数的 32.99%，50 岁以上教师占农村教师总数 6.06%，两项之和为 39.05%。乡村年龄两极教师、特别是年轻教师比例明显过高，远远高于城镇教师比例，三分之一强农村教师处于教学经验与技能探究、形成期。但到 2008 年神木县 25 岁以下城乡教师分别为 14.26% 和 12.99%；50 岁以上农村教师比例（7.87%）高于城镇教师（2.17%）；城乡教师年龄两极人数分别为 16.43% 和 20.86%；表明尽管西部经济发达县域农村教师年轻化程度趋于降低，但依然高于城镇、且依然偏高，高出正常比值 9%（依照教师工作年限推算）5 个多百分点，而老教师比例在增加过程中趋于合理、两极教师之和也明显趋向合理化。

表 4—2—3 　　2003、2008 年神木城乡义务教育教师年龄构成比较① 　　单位：人

城乡＼年份	总人数		25 岁以下教师（数量、比例）		50 岁以上教师（数量、比例）		两极人数比例之和	
	2003	2008	2003	2008	2003	2008	2003	2008
城镇	908（26.73%）	1199（35.82%）	135（14.88%）	171（14.26%）	21（2.31%）	26（2.17%）	17.19%	16.43%
乡村	2489（73.27%）	2148（64.18%）	821（32.99%）	279（12.99%）	151（6.06%）	169（7.87%）	39.05%	20.86%
总计	3397	3347	956	450	172	195	56.24%	37.29%

从教师身份结构看，神木县农村代课教师总量减少，但城乡差距依然很大。2003 年神木县小学代课教师 602 人，其中城镇 148 人，占代课教师总数的 24.58%；乡村小学代课教师 454 人，占小学代课教师总数的

① 本表数据来源于 2003、2008 年神木教育统计年鉴。

75.42%，占乡村小学教师总数的27.62%。① 2008年城镇已经不存在代课教师，120余名代课教师全部集中在乡村。因此，西部经济发达县域农村代课教师比例、总量也明显持续高于城镇。

由此可见，世纪初西部经济发达县域农村教师学历、职称、年龄、身份结构一直不合理，农村教师大学学历和高级职称比重低，代课教师多，年龄结构两极化、特别是年轻化现象严重。近年来城乡教师学历、职称、年龄结构差距呈缩小趋势，但农村初中级职称教师比例依然过高，大学以上学历教师比例低，不合格学历教师比重偏高。农村教师年龄结构趋于中间化但低龄问题依旧明显，农村代课教师数量大幅度下降但农村却成了经济发达县域代课教师的唯一栖居区。

二 某西部经济百强县农村教师结构问题分析

对于近年来西部经济发达县域农村教师职称呈现中级持续上升、两头减少特点，一位当地教育行政官员认为与高级职称评聘条件和高级教师的流动、退休关系密切。高级职称教师既是老教师，是为解决应届大学生就业压力而提前退休的对象，也是经济发达县域城市化流动主力。高级职称教师的流动、退休必然导致其高级职称教师数量、比重降低和中级比重增大。而以往中级职称教师因为既定职称年限不足，当地职称评定的年限又由五年延长到了七年，大多数人在短时间内排不进高级教师队伍中去。地方政府对高级职称指标又控制太紧、熬够年限的教师多数时候是八九个人争抢一个指标，只能在中级职称队伍中不断积压。而每年分配下去的中级职称指标相对多，初级职称教师在短期内可以解决职称晋升问题，促进了初级以下职称人数减少和向中级聚集。

对于教师学历结构变化的动因，当地一中学教务处副主任高某认为与高校扩招、当地教育行政部门和学校经济资助教师参加函授、自考教育有关。当然经济发达县域利用自己社会福利保障吸引外省和外县籍高学历教师，也是其学历结构变化的原因。2008年神木县农村教师本科化程度较五年前提高了8.87倍，农村教师本科化速度远远高于城镇，主要是2002年出现扩招大学毕业生和外县籍教师顺应人才流动经济规律加速流入的结

① 神木县教育局：《神木教育统计年鉴》，2003年第10页；2008年第12页。

果。据教育部门估计，近年来外地高学历教师占到补充教师的一成以上。但农村教师大学学历水平超越城镇教师也有非经济方面原因。部分城镇学校领导认为应届大学生工作态度、敬业精神、工作经验不行，所以他们一般情况下不愿意要。而乡村学校因为教师数量不足，对应届大学生往往来者不拒，导致乡村大学学历教师数量得到迅速扩张。此外，近几年全国各地各类院校为了经济效益和自身利益，争相实施函授、自学考试教育，到处网罗学生，并许诺只要交钱、缴费，就能顺利拿到毕业证，导致农村教师学历以惊人速度提高，出现了学历提高中的泡沫现象。该县某中学政教主任反映，该校 140 余名教职工都取得了本科以上学历，但获得一次性本科学历的教师只有少数几人，不到总人数的 7%。而不合格学历教师连年存在则是农村小学编制不足，长期缺乏英语等紧缺学科教师，只能自行聘用代课教师的结果。

对于世纪初西部经济发达县域农村教师队伍年轻化特点，神木某中学校长认为主要是 2002 年以后高校扩招毕业生猛增和农村学校为满足自身和国家政治需要快速补充的结果。25 周岁前教师的不断补充是教师队伍新陈代谢的必然选择，但由于高校扩招毕业生中半数以上是临时支教和代课教师，2005 年后通过实行特岗教师、代课教师清理政策，低龄支教教师开始减少，代课教师队伍开始迅速减少，推动了农村教师年龄结构的中年化、合理化发展。但由于农村地区编制限制、无法正常有序吸收新生力量，代课教师清而不退，支教教师延续不断，成为年轻教师比值不能降低到正常指标的原因。

对于农村代课教师减少、但在大学生就业压力持续增大的情况下，西部经济发达县域农村代课教师依然减而不绝的原因，当地一小学副校长认为，代课教师大幅度减少主要是国家代课教师清退政策执行的结果。由于编制部门参考城市学校师生规模、比值核定农村学校教师编制，导致农村学校实际核定教师编制严重不足，正常教学无法正常进行，只能继续"违规"聘用代课教师。而代课教师顺应人才流动的经济规律，则更愿意在经济发达地区的农村工作。神木县的三位代课教师认为，神木县代课教师的工资比临县高出四百多元，这是其选择在神木做代课教师的重要原因。

三 西部经济百强县农村教师队伍结构变化启示

从上述原因分析中看出，经济发达县域经济对农村教师学历结构的改善起着明显作用，但经济对农村教师职称、身份、年龄结构的改进作用有限。教师职称、身份、年龄结构改善主要是政府政策层面运作的方式。为此，对于其学历层面上的问题需要建立和完善在岗教师学历提升制度。在大学教育普及化和农村教育城市化时代，随着乡村学生城市化流动，未来农村教师的富余过剩将成为趋势。因此，经济发达县域的乡村学校更应借此机会将正式教师中学历不合格人员通过富余教师或高校实习生完全离岗深造、进修，快速成长为学历合格、能力过硬的高质量教师。对于学历不合格的代课教师实行完全清退政策，避免其对农村教学质量，对农村家长和学生就学心理的消极影响。首先，取消以自考、函授教育提高学历的制度方式。在自考、函授教育初始阶段，由于组织管理部门严格管理，这类教育对在职教师专业化水平提升起到了积极推动作用，其时各种高等学历也得到了社会普遍认可。在高等教育普及化、大众化时代，在自考生、函授生生源锐减的情况下，许多学校已经不顾一切追求数量发展，根本不认真对待教学质量，导致这类学历教育形式化现象严重。在这种情形下继续允许其存在，其负面效应已经远远大于其正面效果。

其次，建立和形成一套以能力为本位、有利于农村教师队伍专业化发展的职称认证和管理制度体系。一方面，要实行农村高级职称教师额外补助政策，让其能留得住（尤其在农村落后地区）。同时要严格教师退休制度，避免高职称教师过早退休对农村教师队伍发展带来的负面影响。另一方面，需要大幅度提高高级职称指标配送份额，打破教师职称评定过程中论资排辈和年限限制方式，实行只要职称条件达标，即可顺利晋级政策。对于学历合格的代课教师要给予其职称评定的平等机会，让能者不受评审年限、身份限制，只要各项业务能力指标优越，可以尽快进入高一级职称系列，以实现以职称评聘激励教师专业化成长、促进教学活动改进的功能效果。

最后，在农村教师年龄、身份结构上，实行动态、弹性岗位编制制度，消解静态编制对农村教师发展的负面影响。不论师生人数如何变化，数年内一成不变的静态教师编制是合格代课教师不能顺利转正，代课教师教学情绪低迷根源，也是农村代课教师频繁更替和城乡年轻教师比值迥异的原因。实行动态的按需设编制度，在农村地区教学人员短缺时候，能正常及时补入教师；在农村教学力量富余时候及时流出，可以彻底铲除进一步滋生不合格教师的土壤。并可以让既有代课教师通过合理合法渠道成为正式教师而能够有尊严地生活、工作、教学，避免农村代课教师因工作不稳定、待遇低而带来教学质量效益等问题。

第三节　西部某贫困县特岗教师变化特点与问题

为贯彻落实党的十六届五中全会精神，进一步加强农村教师队伍建设，促进义务教育均衡发展，根据《中共中央国务院关于推进社会主义新农村建设的若干意见》（中发〔2006〕1号）和《中共中央办公厅国务院办公厅印发〈关于引导和鼓励高校毕业生面向基层就业的意见〉的通知》（中办发〔2005〕18号）精神，从2006年开始，国家教育部、人事部连续实施了五年农村义务教育阶段学校教师特设岗位计划（以下简称"计划"）。通过公开招募高校毕业生到西部"两基"攻坚县以下农村义务教育阶段学校任教，引导和鼓励高校毕业生从事农村教育工作，逐步缓解了西部农村师资总量不足和结构不合理等问题，提高了农村教师队伍的整体素质。[①] 但是由于政治、经济、文化等因素影响，由于政策计划先天不足和后天执行上缺陷，任何政策实施都会引起一些新的结构性问题和特征。因此，以海原县为个案，深入分析总结其特岗教师结构特征及其变化问题，对进一步针对性做好西部农村教师工作有重要意义。

海原县地处西部内陆，素以人多（H省区第三大人口县）、地广（H省区国土第二大县）、十年九旱、极度贫困而著称。海原县是典型自然经济和农牧业生产县域，其农牧业收入占国民经济总收入的70%以上，但其90%以上财政收入依靠国家财政拨款，地方财政收支长期处于赤字状态，也无法对当地教育实行财政支持。[②] 自2006年实施特岗教师计划以

---

① 教育部 财政部 人事部 中央编办：《关于实施农村义务教育阶段学校教师特设岗位计划的通知》，教师〔2006〕2号。

② 王兴林：《海原县财政志》（内部资料），2007年，第2页。

来，海原县五年累计补充教师1100多人，占其全县教职工总数的30.55%。① 海原县教师队伍结构五年补充变化既是海原县教师结构发展轨迹的内在要求，也从一个侧面反映了在国家统一的西部农村特岗教师政策控制和影响下，西部地区教师师资队伍变化的一些共同特点和规律。因此，审视五年来海原县特岗教师结构形成、变化的特征和问题，有助于有目的、有计划进一步做好海原县教师队伍建设，也有助于透析处于同一经济基础和共同政治政策背景下西部其他县域教师队伍结构发展变化情况，对统筹规划西部农村师资队伍发展有重要参考价值。

一 海原县特岗教师结构及其变化特征

从图4—3—1、表4—3—1可以透视出，海原县小学特岗教师学历都达到了专科及以上程度，总体呈现以专科学历数量、比重为主，向本科发展趋势，而其各年份本、专科学历教师数量及其比值起伏变化幅度大。

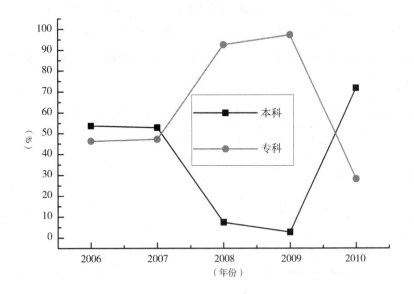

图4—3—1 2006—2010年海原县小学特岗教师学历结构比重变化曲线图

① 海原县教育局：《海原县特岗教师花名册》（2006—2010年）。

表 4—3—1　　　2006—2010 年海原县小学特岗教师学历结构变化表① 　单位：人

项目 \ 时间		2006 年 (41 人)	2007 年 (36 人)	2008 年 (27 人)	2009 年 (148 人)	2010 年 (78 人)
学历结构	本科	22 (53.66%)	19 (52.78%)	2 (7.41%)	4 (2.7%)	56 (71.79%)
	专科	19 (46.34%)	17 (47.22%)	25 (92.59%)	144 (97.3%)	22 (28.21%)

　　从表 4—3—2、图 4—3—2 看出，海原县本科学历初中特岗教师比重总体呈上升趋势，其专科学历教师比重总体呈下降趋向。目前农村地区初中本科学历特岗教师已由五年前的最小比值发展到历史较高比值，其初中专科学历特岗教师由五年前的最大比值下降到历史较小比值。五年来，海原县初中本科学历特岗教师比重持续占到其初中特岗教师总数 80% 以上，其最高年份比重达到 96% 以上；初中专科学历特岗教师最多时也不到其总数的 20%，比例最低时不足初中特岗教师总数的 4%。由此可以推定，本科学历教师已经是海原县初中特岗教师的绝对主体，但农村初中特岗教师学历并未完全本科化——达到国家初中教师最新学历标准。

表 4—3—2　　　2006—2010 年海原县初中特岗教师学历结构变化表② 　单位：人

项目 \ 时间		2006 年 (104 人)	2007 年 (70 人)	2008 年 (97 人)	2009 年 (195 人)	2010 年 (121 人)
学历结构	本科	84 (80.77%)	58 (82.86%)	94 (96.91%)	168 (86.15%)	117 (96.69%)
	专科	20 (19.23%)	12 (17.14%)	3 (3.09%)	27 (13.85%)	4 (3.31%)

---

　　① 数据来源：海原县教育局：《海原县特岗教师花名册》（2006—2010 年）及其教师学历逐个统计推算。

　　② 同上。

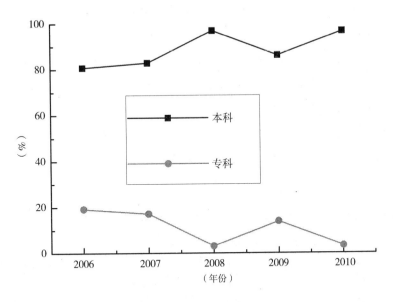

图4—3—2 2006—2010年海原县初中特岗教师学历比重变化曲线图

从上述分析可看出,西部农村地区中小学特岗教师学历依照政策规定可能普遍实现了大学化。初中特岗教师专科化比重呈递减趋向,本科化呈递增趋向,而其小学特岗教师本、专科化比重呈胶着状态。

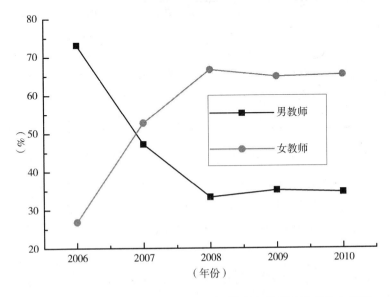

图4—3—3 2006—2010年海原县小学特岗教师性别比重变化曲线图

　　海原县特岗教师性别结构变化的特点在图4—3—3、表4—3—3中有一定体现。从图4—3—3、表4—3—3推算出，2006年海原县小学特岗男教师占其小学特岗教师总数的近四分之三，女教师占小学特岗教师总数的四分之一强，小学男教师是小学特岗教师的绝对主体。从2007年开始，海原县小学特岗女教师成为小学特岗教师主体。近三年来海原县小学特岗女教师比重基本保持在小学教师总数的三分之二左右。由此可以透视出，五年来西部部分地区农村小学特岗男教师比例有逐年下降态势；女教师比重则有逐年上升趋向。

表4—3—3　　　　2006—2010年海原县小学特岗教师性别结构变化表①　　单位：人

项目	时间	2006 年 （41 人）	2007 年 （36 人）	2008 年 （27 人）	2009 年 （148 人）	2010 年 （78 人）
性别 结构	男性	30 （73.17%）	17 （47.22%）	9 （33.33%）	52 （35.14%）	27 （34.62%）
	女性	11 （26.83%）	19 （52.78%）	18 （66.67%）	96 （64.86%）	51 （65.38%）

表4—3—4　　　　2006—2010年海原县初中特岗教师性别结构变化表②　　单位：人

项目	时间	2006 年 （104 人）	2007 年 （70 人）	2008 年 （97 人）	2009 年 （195 人）	2010 年 （117 人）
性别 结构	男性	66 （63.46%）	38 （54.29%）	50 （51.55%）	86 （44.1%）	48 （41.03%）
	女性	38 （36.54%）	32 （45.71%）	47 （48.45%）	109 （55.9%）	69 （58.97%）

　　从表4—3—4、图4—3—4透视出，五年来西部部分地区农村初中特岗男教师比重也有持续下降趋向，女教师比重呈持续上升态势。2006年海原县初中特岗男教师占其初中特岗教师总数的近三分之二，2010年其初中特岗男教师下降到初中特岗教师总数的五分之二左右，而初中特岗女

---

　　① 数据来源：海原县教育局：《海原县特岗教师花名册》（2006—2010年）及其性别逐个统计推算。

　　② 同上。

教师比值则有了相应提高。

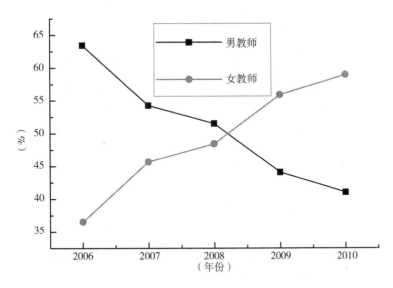

图 4—3—4　2006—2010 年海原县初中特岗教师性别比重变化曲线图

　　从以上分析可看出，五年来西部部分地区农村中小学特岗女教师比重均保持了递增趋向，但小学特岗女教师增长幅度远远大于中学女教师；中小学特岗男教师比重均呈递减趋势，但初中男教师减幅平稳，小学男教师减速较快。

　　从表 4—3—5、表 4—3—6 看出，多数年代西部部分地区农村小学特岗教师中的绝大多数毕业于师范专业，教师专业毕业的小学教师是其小学特岗教育队伍主流，少数年代非师范专业特岗教师能发挥有限影响力。

表 4—3—5　　　　2006—2010 年海原县小学特岗教师专业结构变化表① 单位：人

项目	时间	2006 年（41 人）	2007 年（36 人）	2008 年（27 人）	2009 年（148 人）	2010 年（78 人）
专业结构	师范专业	40（97.56%）	30（83.33%）	27（100%）	146（98.65%）	66（84.62%）
	非师范专业	1（2.44%）	6（16.67%）	0（0）	2（1.35%）	12（15.38%）

---

　　① 数据来源：海原县教育局：《海原县特岗教师花名册》（2006—2010 年）及其专业逐个统计推算。

从表4—3—6反映出，西部部分地区农村初中师范专业特岗教师比重总体呈现下降趋势，而其非师范专业教师比重有了明显提高。海原县初中非师范专业特岗教师比重已经由五年前的10%左右发展到如今的近四分之一。

表4—3—6　　　2006—2010年海原县初中特岗教师专业结构变化表① 单位：人

项目	时间	2006 年 （104 人）	2007 年 （70 人）	2008 年 （97 人）	2009 年 （195 人）	2010 年 （117 人）
专业 结构	师范类	93 （89.42%）	57 （81.43%）	88 （90.72%）	153 （78.46%）	88 （75.21%）
	非师范	11 （10.58%）	13 （18.57%）	9 （9.28%）	42 （21.54%）	29 （24.79%）

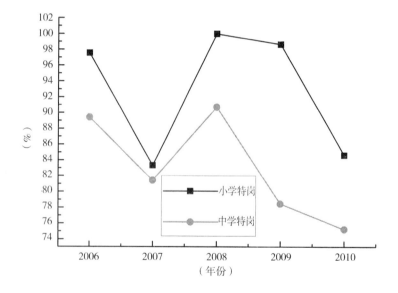

图4—3—5　2006—2010年海原县中小学特岗教师教育专业结构比例变化图

从图4—3—5透视出，在各个年份，西部部分地区农村初中特岗教师专业化程度明显低于其小学教师。在比值差距最大的2009年，海原县小

---

① 数据来源：海原县教育局：《海原县特岗教师花名册》（2006—2010年）及其专业逐个统计推算。

学特岗教师专业化程度高出其初中 20 多个百分点。

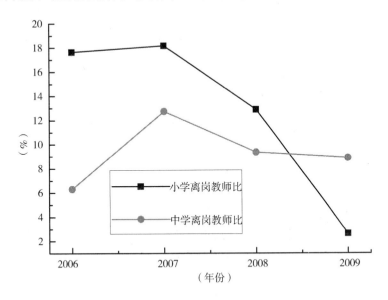

图4—3—6　2006—2009 年海原县特岗教师中途离岗人数比例变化曲线图

表4—3—7　2006—2009 年海原县特岗教师中途离岗人数比例变化表① 单位：人

项目 时间		2006 年	2007 年	2008 年	2009 年
教师阶段	小学教师	9/51 （17.65%）	8/44 （18.18%）	4/31 （12.9%）	4/152 （2.63%）
	初中教师	7/111 （6.31%）	13/102 （12.75%）	10/107 （9.35%）	19/214 （8.88%）

　　从图4—3—6、表4—3—7 看出，2006—2007 年海原县中途离岗小学特岗教师比重保持在 18% 左右，2009 年下降到 2.63%。表明西部部分地区农村小学特岗教师离岗人数比重呈显著下降趋势，小学特岗教师的稳定程度越来越高。中学中途离岗特岗教师人数及其比重变化不大，但其离岗人数比重明显高于小学教师，表明中学特岗教师的稳定性要低于小

————————

① 数据来源：海原县教育局：《海原县特岗教师花名册》（2006—2010 年）及其离岗人数逐个统计推算。

学教师。

表 4—3—8　　　　2006—2010 年海原县高中特岗教师比重变化表① 　　　　单位：人

项目＼时间	2006 年	2007 年	2008 年	2009 年	2010 年
高中特岗教师	13	19	11	10	10
中学特岗教师	117	89	108	205	127
高中特岗比例	（11.11%）	（21.35%）	（10.19%）	（4.88%）	（7.87%）

　　从表 4—3—8 推算出，五年中海原县普通高中特岗教师平均是中学特岗教师总数的 11.08%，其中最高年份比值达到 21.35%，最低比值也保持在 5% 左右。由此可以看出，西部部分地区农村普通高中特岗教师数量可能占据了中学特岗教师的显著份额，分别影响到其初高中教师资源的配置与发展。

二　海原县特岗教师结构变化原因及其功能影响

　　从海原县特岗教师学历结构变化情况看，特岗教师学历大学化是专业学生学历普遍提高和教师学历标准相应提高的体现，也是特岗教师招收政策特别要求的结果。因为随着五年前中等师范学校大规模撤并合校升格，以及专科院校普遍本科化，从源头上遏制了低学历特岗教师形成的可能性，为农村小学教师学历普遍专科化和向本科化发展奠定了基础，也成为初中教师学历本科化的必然要求。而从特岗政策出台之日起，政府主管部门在制定招考条件时明确要求报考特岗教师者需具备一次性专科以上学历，造成以往中等师范等学校毕业的"低学历"雇佣教师无资格报考"特岗"，从而从政策上杜绝了大学以下学历者成为特岗教师的可能性。但是从海原县五个乡镇 6 位乡村学校校长、30 多位教师访谈中，我们知道每个乡镇都有以往中等师范学校毕业、又函授或自考了专科或本科学历的雇佣教师，他们任教班级的统考成绩一直名列全县前茅，但由于特岗学历条件限制，只能持续做、且尚不知能做多久的雇佣教师。在谈及雇佣教

---

　　①　数据来源：海原县教育局：《海原县特岗教师花名册》（2006—2010 年）及其高中教师人数逐个统计推算。

师工作业绩、工资待遇及未来前景时，基层学校校长、教师们普遍认为"将这些人亏了"。而从中学特岗教师学历五年变化情况看，专科——新的中学不合格学历的渐进消退和难以彻底休克，反映了教师学历标准更换调整的必然性、人为性、复杂性和非理性主义行为难以割舍情结，也说明从国家层面强力监督、制约地方教师队伍发展的必要性。

从中小学教师性别比例结构变化情况看，根据对教育行政部门人员及特岗教师访谈，我们认为西部部分地区农村特岗男教师比重持续降低，女教师比例上升，男女比例失调发展的主要原因是 2002 年之前，报考师范类院校的农村男生比例明显高于女生，造成特岗政策实施初期，报考特岗的男教师比重相应高和男教师录取比例过高现象。随着经济社会发展，人们普遍感觉到教师行业收入待遇远远滞后于其他行业发展水平。从全国看，公务员工资已经从 2005 年的第十一位上升到 2008 年的第七位，教师收入则稳居国民经济十二行业最后一位。[①] 由于教师国民收入排名滞后、社会地位不高，导致 2002 年后报考教师专业、2006 年大学毕业后报考农村特岗男性比例持续降低是特岗男教师比例持续降低的根本原因。在传统男强女弱社会观念下，婚姻社会及家庭普遍希望女性从事有稳定收入的保障性工作即可，男性则需要谋取更高收入和更高社会地位职业。传统文化对男女不同家庭责任认定方式是影响特岗教师性别变化的深层次原因。而农村教师结构的女性化发展对学生独立批判思维能力及其人格成长会造成负面影响，其不利于女学生成长，更不利于男学生发展。海原县教师结构的女性化趋势警示我们调整和形成西部农村地区教师合理性性别结构的必要性和紧迫性。

从特岗教师专业结构变化特点看，五年来海原县小学特岗教师基本以师范专业毕业生为主。在对 20 多位非师范专业毕业生访谈中，90% 以上的人不愿意到农村做"地位低"、"收入不高"的小学教师，是小学特岗教师专业多数年代形成高稳定比重的根本原因。由于初中教师社会地位、收入相对高，在愈来愈大的就业压力面前，为了先就业后择业，多数非教师专业毕业生在理想职业未达成之前，他们选择"特岗"也先选初中后

---

① 樊彩萍：《我国教师工资的统计分析与政策建议》，载《教育发展研究》，2010 年第 21 期。

选小学,是初中特岗教师专业化比重持续走低和持续低于小学教师的主要原因。但从非师范专业毕业生的教学效果看,任教学校校长以及教师本人普遍认为不如师范专业毕业生。因为他们的教育心理学知识是为应付招聘考试突击背诵的,任教前既没有系统学习过教材教法理论,又没有教育见习、实习经历,短时间内难以形成优于师范毕业生的实践能力和好的教育效果。

从特岗教师离职人员离职动机看,西部地区教师收入不高、教师社会地位低是其离职的主要原因。在我们随机访谈的 30 多名特岗教师中,70%的人认定农村教师收入、社会地位是国民经济各行业中最低的,而小学教师收入及其社会地位更低。所以,他们在报考特岗教师时普遍抱着先就业后择业心态,入职后伺机寻找以公务员为核心的或其他职业考试。海原县某城镇中学两位特岗教师任职两年后如愿考取了乡政府公务员,有些特岗教师在任教满三年完全转正后也离开了本行业。但海原县人事局、财政局的有关负责人则认为西部农村地区的教师收入是全县财政工资最高的。中小学教师有 10% 的工资补贴,另外有职称收入,公务员等行政事业单位则缺乏其他收入。西部农村多数县域长期依赖国家财政拨款维持正常运转,地方财政收支长期处于赤字状态,无法实现对行政公务等人员的财政补贴。说明西部农村教师收入在城市和发达地区来看比较低,从当地行业比较看却并非如此。从当地人事部门、财政部门领导以及多数教师的感受来说,农村教师转行主要是其"工作太辛苦":每天要准时准点上下班,用大量时间备课、上课、批改作业,而其"社会接触面和发展空间小"。小学特岗教师离职率近年明显下降主要是师范院校小学教育专业毕业、累积没有就业的学生,特别是女师范生日益增多,她们专业面窄、就业本来存在困难,去职后谋求一个比教师职业更稳定、收入更可靠的单位越来越不容易,因此,为保险起见她们选择了继续留任。而中学离岗教师专业层次高且有不少非师范专业毕业生,他们期待到城市去、到有利于自己本专业发展的地方去,在关桥中学任教的北方民族大学酒店管理专业毕业的何老师也如是说。说明西部农村特岗教师离职比重的变化根本是缺乏教师职业内在兴趣和职业认同度不高,兼受职业压力和地区低收入驱使的结果。而初中教师离职比例长期居高不下,则会严重影响教学的稳定性、连续性,从而影响学生发展。

从高中特岗教师比重变化特点看。高中特岗教师是对特岗教师政策的变革或改变。特岗教师政策的原初立场是农村义务教育阶段教师,高中教师一开始被排斥在特岗教师政策之外。但由于西部农村地区普通高中多年没有引进教师,部分学校、部分学科存在极为明显的教师缺额问题,地方教育行政部门根据学校要求,将初中特岗教师有意连续"调剂"到了高中,而也有半数高中特岗教师通过各种"关系"渠道留在县城成为高中教师。但根据海原县高中特岗教师调查,半数高中特岗教师由于缺乏教学经验,学校不愿意给其安排课程,而是在学校各办公室打杂,其必然影响教师资源的有效使用及其作用的有效发挥。

三 海原县特岗教师结构变化对西部农村教师政策调整的启示

由于农村特岗教师结构变化问题形成于政策制度、经济条件、人的思想观念诸方面,因此,特岗教师队伍的进一步发展调整也要从以上几个方面进行。具体而言,在思想观念上,需要有意识以有效方式更新男女性别结构家庭功能观念。更新男女性别结构功能观念认识是稳定男教师队伍、避免其随意流失的基本方式,也是形成中小学教师队伍合理性别结构首要方式。造成教师行业男女结构差异的根源是"男强女弱"的传统家庭观念和将男人与高收入结合、将女人与低收入联系的错误观念。在知识经济时代和信息社会条件下,男女劳动上的生理差别日趋缩小,男女劳动上的能力差别也在缩小。因此,在新社会背景下,继续将收入、能力与性别相结合既是对女性的歧视,也是对男性的苛刻要求。因为任何职业性别差异观念源于工作过程的差别待遇,因此,在公务事业单位劳动过程中实行男女无差别的聘用条件、工资待遇,可能是转变观念,形成男女教师平等从教的有效方式。

在教育政策制度的安排上,如果严格实行中小学新的不同学历标准,则可能是防止不以学校层次随意安置不同学历教师和降低学历标准任意安置教师现象的根本方式。中小学知识层次结构和具体内容不同,其教师具备的知识层次结构会随之不同。以小学教师学历标准对待中学教师,无疑会降低中学教育教学的质量层次标准。在高等教育大众化时代,小学教师标准专科化、中学教师学历标准本科化是适当的。因此,在农村教师招考过程中分层次制定实施相应的学历标准也是适当的。但从西部地区农村教育实际和我国教育制度现实出发，对以往师范学校毕业、获取二次性专科学历的雇佣教师，也给予其参加特岗考试机会，让他们的教师专业知识以及教学经验能有效发挥作用。这既是对师范教育历史的负责，也是对教师教育现实的回应，同时是对国家继续延续、官方认可的继续教育学历的回应。拒绝二次学历雇佣教师的特岗考试，实际是对国家正规中等师范学历教育的否定，也是对教师专业教育的否定，同时是对国家尚没取消的函授、自学考试教育的否定。在特岗教师招录过程中，实行向师范专业毕业生倾斜政策，有意增加师范专业毕业生的笔试、面试配额，减少非教师专业毕业生因专业知识能力欠缺、职业兴趣不高和主动流失对农村教育教学的负面影响。实行按需设岗和完全弹性化编制制度，让农村中小学以及普通高中根据自己需要及时补充需要的学科教师，避免基层教育行政部门以自己行政权力违规安置或随意截留挪用特岗教师现象发生，也避免特岗人员结构性闲置浪费现象发生，真正做到人尽其才、人尽其用。

在经济上制定新的西部农村地区教师工资标准，保证西部农村教师工资高出当地城市公务人员的各种收入。提高和保证教师较高收入，既是增强教师职业内在吸引力，稳定农村教师队伍、防止其随意流失的有效手段，也是提升和稳定中小学男教师入职比例，平衡中小学教师队伍性别结构的重要方式。以往只站在农村公务人员收入比较的层面论教师待遇，无法限制城市高收入职业对农村教师的吸引和教师的城市化流失。因此，如果实行新的西部农村地区教师工资标准，保证教师收入高出当地城市公务人员的各种收入，可能是稳定当地教师队伍的有效方式。而提高农村教师的职业认同感，减轻其工作压力，形成其持续稳定的职业兴趣和工作动力，可能是稳定教师队伍，防止其随意离去的内在方式。

第四节　农村特岗教师挫折感的状况与问题

顾名思义，特岗教师就是在特设岗位上的从教人员。目前，特岗教师主要是通过国家、地方公开招聘到西部地区"两基"攻坚县以下农村学校任教的高校毕业生。特岗教师在身份地位、工资待遇等方面都是一个既有别于正式教师又不等同于临时代课教师的特殊教师群体。"特岗计划"实施五年来，给农村教育事业注入了新鲜血液，使农村教师队伍结构得到了进一步优化，而且有效缓解了农村教师短缺现象。但在特岗教师队伍发展过程中也存在很多问题。其中特岗教师挫折感就是制约其专业快速发展的一大障碍，这种心理障碍对积极教育效果的产生又会带来新的负面影响。①

一　特岗教师挫折感现状

挫折是人遭遇到的压抑、阻碍或失败。挫折感是个体在从事有目的的活动过程中，因客观或主观原因而受到阻碍或干扰，致使其动机不能实现、需要不能满足时的情绪体验。② 所谓特岗教师的挫折感就是特岗教师在使自己成为一名优秀或合格的特岗教师过程当中，因个人需求得不到满足，人际沟通受到阻滞，无法扫除工作、外界环境或生活中的障碍而产生的紧张状态或情绪反应。挫折感主要表现为情绪消极，心灰意冷、悲观、忧郁等等，有时还会出现攻击性行为。

为深入了解特岗教师挫折感状况，本文选择宁夏农村五所九年一贯制学校的所有特岗教师作为调查对象。调查选取的这五所学校分布在宁夏的五个不同的市县，相对比较具有代表性。本次调查特岗教师人数达到68人（从教时间1—4年不等），发放问卷68份，回收有效问卷60份。笔者在对特岗教师进行问卷调查的同时，还对其中几位特岗教师代表进行了访谈，内容涉及到特岗教师挫折感现状、来源以及消除建议等方面。

通过调查显示：非师范院校毕业的特岗教师占到总的特岗教师的41.6%。有30%以上的特岗教师专业不对口，即现在所教的科目非大学所学专业。只有10%的教师感觉对特岗教师这份工作适应得很好；58%的教师感到一般；而32%的特岗教师感到适应情况极差。当提及"为什么选特岗教师这份职业时"，66.7%的回答是迫于就业压力；只有33.3%的是因为喜爱。当问及特岗教师挫折感的主要来源时，16.7%的特岗教师认为源于自身的能力不足，无法应对当前的教育教学任务；25%的特岗教师认为其挫折感是因理想与现实的差距而引起的，丰满的理想与骨感的现

---

① 高汉运、张建中、吴良益：《论教师心理障碍对教育效果的影响》，载《教育探索》，2002年第2期。

② 车文博：《心理咨询大百科全书》，浙江科学技术出版社2001年版，第9—10页。

实之间的落差使他们备受挫折；17%的特岗教师则把挫折感的源头指向了艰苦的环境和低廉的劳动报酬，而其余的特岗教师对挫折感的来源则是意见不一。有的认为是编制滞后，有的认为是专业不对口等等。当问及其工资待遇、住房和生活环境时，多数人对不能享受同等的住房、医疗、养老保险金不满。当问到"你认为自己经常处于哪种情绪之中"时，有74.9%的教师感觉自己经常处于无聊郁闷的状态，只有25.1%的特岗教师认为自己是处于平静状态，几乎没有教师认为自己是在愉悦状态下开展工作的。如表4—4—1所示，只有10%的特岗教师感觉自己在教学的过程中无挫折感，很愉快，33.3%的教师认为有挫折感，但程度一般，有56.6%的教师感觉自己有较强或非常强的挫折感。

表4—4—1 特岗教师感受到挫折感的程度

挫折感的程度	总数（人）	选择人数（人）	占比（%）
无挫折感，很愉快	60	6	10
有挫折感，但程度一般	60	20	33.3
有较强的挫折感	60	25	41.6
有非常强的挫折感	60	9	15

以上调查结果虽不能在普遍意义上说明特岗教师挫折感的严重程度，但是笔者认为，它可以窥视出特岗教师发展中的一般性情绪障碍问题：特岗教师挫折感严重程度已经开始危及其身心健康、开始侵蚀他们的信念和意志，此问题如不及时解决它将会对我国农村教师队伍建设产生新的负面影响。

二 特岗教师挫折感的形成

（一）专业技能不强，编制滞后是特岗教师挫折感萌生的"温床"

调查结果显示：53.8%的特岗教师的挫折感来源于工作，是其教学技能、教学经验、管理技能、人际交往技巧等方面的障碍无法得到及时消除而造成的。特岗教师专业技能弱的原因一方面是教师教育培养方式不科学、不完善。特岗教师是以教师教育专业本科生为主、兼备部分非师范院校本科生的教学人员。而我国现行教师教育日益趋向通识教育，而在专业技能方面的训练相对比较欠缺，对刚刚步入教学生涯的特岗教师们来说容易产生"丈二和尚摸不着头脑"的感觉。另一方面，针对特岗教师职前职后培训不够，无法满足特岗教师实际需要。据调查结果显示，不少西部地区特岗教师的职前培训只有两三天的时间，而职后专门针对特岗教师的培训也屈指可数。由此特岗教师需要具备的教育教学、人际沟通技能只能任由特岗教师自己摸索，自己不断摸索来提升自我，没有人替他们把脉、就诊。由于教学程序的复杂性和灵活性，很多教师都很难把握。在摸索的过程中产生的阻碍，如无法及时得到纠正，便会成为挫折感产生的温床。

此外，特岗教师的编制问题也是特岗教师们产生挫折感的源泉之一，国家对特岗教师的编制原则是：支教结束后，愿意继续从教的，经考核合格后，可以给予正式事业单位编制。[①] 但是由于地方政府缺乏具体的政策安排或宣传不到位，不少教师因不明去向而不能安心工作，产生挫折感。

（二）理想与现实的落差是特岗教师挫折感的"加油站"

"同样的挫折情境，对不同的个体来说，其挫折感是不同的。"[②] 所以说挫折感是一种主观感受，能否产生挫折感和产生何种程度的挫折感，与当事人的主观状况有直接关系。特岗教师在刚步入工作岗位时没有充分的心理准备，面对挫折时总是全盘归因于自身能力不足或是外界的环境所致。主要表现为初出茅庐的多数特岗教师比较理想。他们胸怀大志，以为自己饱读经书，可以胜任教师这一职业，应该得到老教师的呵护及校长的鼓励，可是往往事与愿违。当走进学校以后才发现理想与现实之间存在巨大差距：琐碎繁杂的教学任务、难以处理的人际关系让他们的热情大打折扣，因此出现心理冲突，更进一步推动了其挫折感的发展。

（三）专业不对口是特岗教师挫折感的"推行器"

一方面，因为农村学校师资紧缺，市县级的教育部门在人员派遣的过程中的考虑不周，对特岗教师的分配往往忽视了其自身的专业特长、爱好以及个性特点，使特岗教师们丧失了选择的主动权。另一方面，特岗教师自身的"大专业"意识不够强，认为自己所教的应该是自己所学的专业，

---

① 教育部：《关于实施"农村义务教育阶段学校教师特设岗位计划"有关情况》［EB/OL］（2006－05－15）. http://www.moe.gov.cn/edoas/web－site18/28/info1237286979339528.htm.

② 冯江平：《挫折心理学》，山西教育出版社 1991 年版，第 45—46 页。

过度的强调了知识的差异而忽略了知识的相通性。一旦教非所愿，便会出现消极情绪或抵抗情绪，对教学的热情开始降温，而这种消极的教学态度又反作用于教学，久而久之，特岗教师的挫折感也会随之加剧。

（四）艰苦的环境及低廉的劳动报酬是特岗教师挫折感的"加工厂"

"特岗计划"是中央实施的一项对西部地区农村义务教育的特殊政策。所以，除少数到镇上任教的教师以外，绝大部分都分到偏远而又交通闭塞的乡村学校。这对刚刚迈出大学之门的毕业生来说，的确是个挑战。习惯了大学优越环境后猛然间成为一名环境恶劣地区的乡村教师，他们的失落感就油然而生了。要是这种失落感不及时消除，时间长了就会转变成一种挫折感。其次，业余生活单调、工作量大，也加重了特岗教师的挫折感。由于地处偏远，交通不便，特岗教师的业余生活比较单调，加上农村学校教师紧缺导致特岗教师的工作量加大，除了日常教学管理工作外，还要备课、开会等等，使刚步入工作的他们身心疲惫，产生挫折感。另外，不少特岗教师自身的耐挫容忍力比较弱，无法适应艰苦的工作环境和繁杂的教学工作，也是其挫折感加深的原因。

最后，在市场经济浪潮的冲击下，超负荷的工作和普遍偏低的工资福利待遇，也会导致部分教师心理失衡，产生心理挫折。[1] 特岗教师的工资待遇不高、住房条件不好以及人的攀比心理也是引起其挫折感的重要方面。一般而言，不断高涨的房价与他们微薄收入相比的确容易产生入不敷出的感觉。家在当地的教师可以回家居住，家在外地的教师只能住校，但部分学校只能提供狭小、潮湿、条件简陋，通风性能不好的毛坯房，住进这类房子冬天免不了要受生炉子之烦恼。加上人的攀比心理，和其他工作、生活条件好的昔日同窗比较时，无形中产生一种挫折感。

三　特岗教师挫折感的消除

（一）正确对待挫折，正确评价自己，提高职业认同感和挫折容忍力

挫折感的产生与一个人的抱负水平有密切关系。不同的抱负水平对相同的工作结果其满意度不同：抱负水平低的对其工作的满意度则高；抱负水平高的对其工作满意度相应低。特岗教师如果对自己评价过高，自我抱

---

[1]　唐毅：《新时期教师心理挫折的成因与对策》，载《教育导刊》，2002 年第 19 期。

负过高，当目标不能实现时就会产生挫败感。因此，特岗教师应实事求是地估价自己的水平，提出恰如其分的工作目标，让自己在目标实现时获得成就感，降低挫折感。其次，提高特岗教师的职业认同感，有人说，职场如同磁场，引力越强，被吸住的越多。特岗教师职业的引力可理解为特岗教师职业的认同感，这是特岗教师择业履职的内在动力。特岗教师职业认同感越强烈，特岗教师的积极性就越高，相反挫折感就越低。最后，增强特岗挫折容忍力是治疗挫折最好的药方。但对于生活于工资待遇不高的艰苦地区的特岗教师们来讲，须不断努力提高自身的容忍力和抗挫折能力，才能适应当地的教育教学生活。

（二）改善特岗教师的工作环境、工资待遇，以及社会福利

《中华人民共和国义务教育法》规定："在民族地区和边远贫困地区工作的教师享有艰苦贫困地区补助津贴。"① 然而据笔者访谈，在西部一些地区的特岗教师身上并没有体现出来。特岗教师除了国家发的特定工资外，其他福利津贴几乎没有，这确实对特岗教师极其不公平。在最基础、最艰苦地方工作的教师，既饱受恶劣的自然环境带来的生活上的不便和艰难，还要承担繁重的教学任务，却得不到应有的补偿和安慰！长此以往，必将影响他们的稳定性。大量优秀农村教师流失将使城乡教育不均衡的现象愈演愈烈。因此，通过给特岗教师配置床、热水器、办公用品、生活用品，在节假日期间给其发放电话卡、购物卡等方式，提高特岗教师的工资待遇，有效保障其不低于国家公务员工资，并以一定额的社会福利改善特岗教师的工作环境、工资待遇成为迫在眉睫的教育需要。

（三）教育部门要增加特岗教师职前、职后培训的数量、保证培训质量

步入工作的前两三年是一个教师成长的关键期，这几年发展在某种程度上对其整个教学生涯发展起到了决定性作用，所以做好特岗教师的培训工作十分重要。因此，教育行政部门特别需要加强特岗教师职前、职后培训的数量和质量。具体而言，一方面，基层教育行政部门应该成立一个专

① 全国人民代表大会常务委员会：《中华人民共和国义务教育法》（2006年修正），[EB/OL]．（2006－06－29）[2011－04－06]．http：//www.moe.edu.cn/edoas/website18/69/info20369.htm。

门针对特岗教师培训的研究机构，这个研究机构由市级以上的各个学科的精英组成，能够对特岗教师的专业发展进行跟踪性研究，能够对特岗教师在教育教学中出现的问题给予及时、准确到位的指导，能够及时走进基层学校给特岗教师通过讲座、精品课展示等方式来给特岗教师们指点迷津。另一方面，需要对特岗教师入职前进行一个月以上的专门和分专业性的培训，以增强其教育教学的针对性。

（四）制订出科学有效的奖惩和评价方案

作为学校领导，要采取积极的预防和调治策略，协调教师之间的人际关系，创造一种良好的工作、生活气氛，以便让青年教师最大限度地适应环境。进而逐渐消除特岗教师挫折源，减小和消除其挫折感受。具体而言，学校领导要提高自身的管理水平，尽可能减少因主观失误所引起的特岗教师的挫折感受，增强其工作中的成就感；领导者要加强对特岗教师的远景教育，帮助他们树立工作信心。

综上所述，特岗教师挫折感的产生并非由某一单一的因素所导致的，而是社会、学校及特岗教师自身等多方面因素共同作用的结果。因此消除或降低特岗教师的挫折感，需要通过社会、学校、教育行政部门等各方面力量协调配合，以及特岗教师自身的补偿和自我升华。

第五节　农村特岗教师专业化发展状况与问题

为了促进西部教育和谐发展，提升西部农村地区师资质量，2006年5月15日，教育部、财政部、人事部、中编办联合颁发了《农村义务教育阶段学校教师特设岗位计划的通知》。"特岗计划"规定用五年左右的时间，公开招募高校毕业生到农村义务教育阶段学校进行为期三年任教。据统计我国自实施"特岗计划"以来，共有192123名中央特岗教师赴22个省区、886个县、16402所农村学校任教，目前留任率平均达到87%。[①]宁夏回族自治区自2006年试行"特岗计划"以来，至2012年已聘用特岗教师13200名左右。

---

① 阿呷热哈莫、黄晓晗、李征：《特岗教师培训现状与需求分析》，载《世界教育信息》，2012年第4期。

本文通过分别与宁夏回族自治区 13 名特岗教师及其所在学校教导主任访谈发现，特岗教师学历均在大专以上，并且以本科学历居多；其年龄大多处于 23 岁至 27 岁之间，与普通教师相比更为年轻，更具有发展潜力。特岗教师为师资力量较落后地区的农村教育注入了新鲜血液。对于特岗教师所在学校而言，特岗教师的进入，对于学校巩固"两基"攻坚成果，拓展山区学生知识面与交往视野，促进新知识的传入等方面有重要作用。

然而，教师队伍建设的目标不仅是师资数量的满足和学校工作的正常运作，更是师资质量和专业化发展目标的实现。教师专业化发展作为教师队伍建设的终极目标，从时间上看，贯穿教师整个职业生涯的始终，包括职前培训、入职教育和职后培训三个阶段；从方式方法方面讲，包括显性的课程学习和教师个体的学习反思两个方面；从形式上看，又包括教师的专业成长过程和促进教师专业发展的教师教育两个方面。[①] 由此，它是一个复杂的系统结构，具有多个层面的意义和内容。

一　特岗教师专业化发展现状与问题

特岗教师作为国家为解决西部农村贫困地区和两基攻坚县地区师资缺乏以及师资不合格问题而推创出来的一个特殊教师群体，作为农村教育正在形成的新型力量，成长时间上处于专业化发展的初始阶段，成长方式上处于自我专业反思阶段。由于成长时间、成长方式、所处教学环境和自身群体的特殊性，特岗教师专业化发展中有来自于外界的、也有来自于特岗教师自身的许多问题，其集中体现在以下几个方面。

（一）特岗教师专业知识匮乏，学科知识单一

1995 年美国全国教师教育评价委员会提出，为了成为专业人士，教师需要坚实的专业知识基础。教师专业知识和谐发展可视作教师专业发展的核心因素。广义讲，教师专业知识主要涵盖两大范畴：有关教育教学活动的教育学、心理学知识和具体的学科知识。从教师专业知识所体现出来的特征看，它既需要稳定性又需要情境性，既具有外显性也具有内隐性，

---

① 汤利荣、洪肖红：《实现教师专业发展的有效途径》，载《台州学院学报》，2008 年第 3 期。

既有现实性又有理想性,它是教师在教育教学活动中需要具备的一系列常规性与情境性知识的结合。

但是,笔者通过与来自宁夏不同地区 13 名特岗教师进行个案式现场访谈发现,自"特岗计划"实施以来,伴随大量非师范生逐渐融入教师队伍行列,特岗教师需要具备的各种专业知识特征并没有充分体现出来。在接受访谈的教师群体中,5 名教师(占访谈总数的 38%)为非师范生。这 5 名教师均是从教 3 年以下的教育工作者。在访谈中特岗教师告诉笔者,由于"特岗"准入制度比较宽松,只要具有教师资格证就可以参加特岗教师选聘考试,导致许多非师范专业毕业生进入了"特岗"行列。当问及他们在教学中遇到情境性突发问题,能否根据学生心理年龄与学生沟通时,4 位特岗教师的回答是:自己没有当过班主任,也不知道如何处理这些问题。"因为不了解学生心理特点,沟通起来困难重重";另有 7 名特岗教师认为自己知道的教育学、心理学知识甚少,处理突发事件过程中一般只能采取简单的批评方式。而 53.8% 的师范专业毕业的特岗教师认为,自己所学教育学、心理学知识难以与教学实际相结合。教育教学活动中遇到的好多问题仍然束手无策;非师范类毕业生则认为自己的岗前培训功用较低,职后培训机会太少,难以把握学生身心发展特点以及科学有效的备课、上课方式。

由于是随机访谈、访谈人数有限,本次访谈涉及到的是语文、英语、思政、音乐四个学科老师,且被访谈教师中 3 名不属于专业对口者。但在谈及自己所具有的学科知识能否满足当前教学需求时,教师们的回答均为肯定。由于西部农村地区师资力量缺乏,教师承担两门以上学科教学可谓屡见不鲜,大多特岗教师认为自己在教学中只能完成主教学科任务,对附带学科的知识不能很好地与学生交流、阐释。

(二)特岗教师职业规划不明确,缺乏自我专业化发展的具体目标

一种规划指导一种行动,一种行动成就一种成功。特岗教师职业规划指导着其自身发展方向与追求目标,影响着其自身价值取向。是教师个体逐渐适应学生群体需求的一个明确向导。事物发展总是遵循一定的规律与规则而变化发展,在发展过程中呈现出阶段性规律,在不同阶段有不同规律。特岗教师作为新教师群体的一员,在向熟手型、专家型教师转化过程中,也将经历不同阶段的转变体验与发展特点。这就要求特岗教师需要根

据自身需求及教师职业发展的阶段性特征，对自己职业生涯明确规划，在不同阶段确立不同目标，完成不同的转变任务。

然而受就业环境等因素影响，在随机访谈的10多位教师中，6名特岗教师（占调查总体的46.2%）对自己的职业规划没有任何设想，只是想暂时提高学生成绩，完成学校教学任务；4名教师（占调查总体的30.8%）对自己职业规划进行过阶段性思考，但是不知如何去规划，对自己职业前景呈现出焦虑与迷茫感状态。部分特岗教师对于教学只是做到了完全的知识传授，对自我专业发展仍抱着走一步算一步的态度。

根据教师专业化发展层级理论，邵宝祥等从教师教育教学能力发展的角度出发，认为教师专业成长需要经历适应阶段（从教1—2年）、成长阶段（从教3—8年）、称职阶段（35岁以后高级阶段）和成熟阶段四个基本阶段。[①] 笔者在与特岗教师所在学校主管教学领导的访谈中发现，小学教学中，三年为一个小轮回，六年为一个大循环；初中教学中，三年从教为一个转化周期。由此可知，经过小学、初中六年训练，才能分别熟悉中小学教学流程，熟练其教学内容和方式。而特岗教师政策已经过了六年历程。六年特岗教育教学活动理应完成其专业化发展任务，然而目前特岗教师对自我职业规划较差，实际上严重影响了其自身的专业化发展进程。

（三）特岗教师生存状态不好，职业稳定性更差

方卫星认为，教师生存状态是指教师在保存自身生命、履行社会职责、谋求事业和自身发展时，具备的自身素质、承担的工作负荷、获得的工作回报与社会地位、生活水平、健康保障等全部情形与状态的总和。教师生存状态是其所处生存环境状况的反映。[②] 随着社会发展进程的日益加快和个体知识需求量日益增大，教师的生存状态不应仅仅停留在基本的物质需求与一般精神层面，更重要的是教师专业化发展状况。根据马斯洛需要层次理论，人只有满足了诸如衣、食、住、行等方面的低层次需要，才会逐步走向自我实现层面。由此可见，教师一般性生存状态是教师专业化发展的前提基础，是制约教师自我专业化的根本因素。

---

① 邵宝祥：《中小学教师继续教育基本模式的理论与实践》，北京教育出版社1999年版。

② 方卫星：《地方性本科大学教师生存状态及改善策略》，载《大学教育科学》，2006年第3期。

　　然而作者访谈过的所有特岗教师对自己目前的生存状态不满意、职业效能感很低。由于特岗教师大多为"80后"，他（她）们对自己获取报酬的要求度更高。而以宁夏为例，2012年7月以前，特岗教师每月工资收入为1600元，相当于普通餐厅服务员的月收入，这远远不能满足现代新任教师的工资需要。并且在学校中存在同工不同酬现象。特岗教师与公办教师相比，没有任何福利待遇，基本的"三险一金"与其无缘，而其付出的劳动与正式教师相比较相差无几甚至超过对方，其正常付出与实际收获严重失衡，严重影响了其工作的满意度。从性别层面看，相比而言，女教师对目前生存状态只能勉强接受，男教师对目前所处环境不满意度甚高，男教师对自身工资的不满意度远远大于女教师。在访谈中一位男性教师提出：如果不考公务员或另择职业，自己连对象都找不到。

　　由于特岗教师对自己现在以及3年服务期满后的生存状态不满意，调查发现，被访13名教师中，只有7名教师（占研究总体的53.8%）明确表示他（她）们在等待编制的确定，3名教师准备在职期间考取公务员。尽管有6名特岗教师（占调查总体的46.2%）愿意留在现任学校继续从教，但在继续追问中发现，愿意留任的6名教师都是自己所在乡镇学校的从教者。23.1%的特岗教师表示在没有找到合适的工作之前，他们将留在现任学校供职，其余则不愿意继续留教。可见，特岗教师生存状态是一个影响特岗教师继续存在与发展的突出问题，特别是特岗教师的工资待遇大大影响到其工作的稳定性。而特岗教师职业活动中的稳定性直接制约其人生规划，职业抉择及其教育教学投入。一般而言，职业稳定性好的教师教育教学稳定性好、教育教学投入多，其专业化程度相应要高；职业稳定性差的教师教育教学稳定性低、教育教学投入少，其专业化程度相应要低。因此，教师职业活动的稳定程度最终将影响到教师自我专业化发展水平。

　　（四）特岗教师自我职业角色意识模糊，自我职业身份认同感低

　　职业角色意识是对职业行为方式的理解与运用。自我职业角色意识形成是个体选择某一社会职业，基本完成由自然性向社会性转化活动以后，通过一段时间的适应与融合，逐渐养成从事这一职业的思想意识和行为方式。教师自我职业角色意识是指教师对自身职业地位、相应角色行为规范

及其角色扮演的认识、理解与体验。它不仅包括动态的教师对自我职业角色进行认识、理解的过程，也包括静态的教师对其职业角色认识、理解的结果，[①] 是教师自我职业角色定位、教师自我职业角色行为规范建构、教师自我职业角色情感体验几个方面的统合体。

然而笔者在与特岗教师访谈中深切地感受到，作为"80后"成长起来的一代知识青年，农村特岗教师大多具有挑战意识和奉献精神，普遍具备了做教师的一些基本素质。但是他们还有一些突出的问题与不足。他们是农村教师群体中"最为容易波动的群体"，他们对自己目前职业角色和三年后的职业角色定位普遍很迷茫。由于尚不是正式教师，他们不知道自己是真正的教师还是其他职业身份者，对自己职业身份没有明确的认同感。同时，由于特岗教师政策的不明确性，三年以后以什么标准转编，教师工资是否会与公务员持平等，这些问题都使得特岗教师对自我职业角色没有一个明确定位，对现实充满了无奈与徘徊。特岗教师自我职业角色意识模糊、职业认同感低，导致他们对自己职业行为没有明确的规范，难以形成积极向上的职业情感体验。而教师自我职业情感体验与教师自我专业化发展有更加密切的关系。教师自我职业情感体验状况不仅影响教师专业化发展的方向及规划，也意味着其专业化水平。特岗教师作为新入职教师应尽快确立自我专业化发展方向及初步规划。

总之，作为当前西部农村教育师资建设的主要来源，特岗教师专业化发展过程中存在许多问题。特岗教师专业化发展程度不仅影响农村教育质量的优质转化与农村学生的发展水平，也影响到城乡教育的均衡发展与社会的公平与正义。

二　特岗教师专业化发展的对策与建议

（一）改进特岗教师职前与职后培训方式方法，提高培训的质量与效果

众所周知，特岗教师的存在与发展使得农村教育师资数量有了显著增长。但是，由于特岗教师准入政策的逐渐宽松和非师范类毕业生进入特岗

---

① 梁玉华、庞丽娟：《论教师角色意识：内涵、结构与价值的思考》，载《教育科学》，2005 年第 4 期。

教师队伍比例的逐年增长。特岗教师自身素质及专业化知识储备与运用能力却远远不能满足当前教学需求。由于非师范类毕业生缺乏系统的教育学、心理学知识，致使他们短期内很难很好地驾驭课堂，很难与学生和谐交流。因此，"特岗计划"开始实施时，有关部门对特岗教师进行了教育学、心理学等专业知识方面的初步培训。而且在培训前，对教师的岗前培训进行了详细规划，培训过程中对培训工作的各个环节也进行了细致安排。但是，受主客观多方面因素影响，在实际操作中给予特岗教师的职前培训时间并不足。在调查中，92.3%的特岗教师认为，职前入岗培训流于形式。因为培训时间大多在4天左右，而学习内容均为政策文件，没有任何的实际操作类知识讲解，而培训者多为不懂中小学教学实际的高校教师。关于职后培训，由于受各地经济文化发展的影响，一些地区特岗教师认为自己得到的培训机会较多，但是，培训所学内容理论性过强，实践性欠缺。这就要求教师职后培训时间要有充分保证，培训内容方面要加强理论与实际的结合，培训人员要实行高校理论专家与一线优秀教师的结合。对于具体学科专业知识而言，可以进行诸如同课异构，主体参与等形式进行培训。在培训中加强学科教学法的讲解，用实际案例向特岗教师展示具体学科的教授特点，丰富培训形式。同时，应该多加强平级学校间交流，建立一个广泛的学习共同体，将校内间教师学习共同体向校际间教师学习共同体发展，做到校内与校外教师培训的有机结合。

（二）开展特岗教师自我职业规划教育，形成其自我专业发展的具体目标

教师自我职业规划是教师对自我从事职业的一种总体设想，是其制定自我专业化发展进程、实现自我专业发展目标的基础。自20世纪70年代后期以来，"新手—专家"成长范式开始被应用于教师专业研究领域。随后国内外很多学者采用"新手—专家"的研究范式对教师知识结构、问题解决、教学行为、教学效能感和教学监控能力等进行了大量探讨。研究者们普遍认为，教师成长过程即是一个由新手型教师向专家型教师的转变过程。① 特岗教师作为新入职教师，他们同样需要历经新手型—熟手型—

---

① 连榕、孟迎芳：《专家—新手型教师研究述评》，载《福建省社会主义学院学报》，2001年第4期。

专业型这三个不同的发展阶段。然而为促进特岗教师专业发展阶段上的有效过渡，需要在总体上明晰其职业发展的基本规划。

而明确职业生涯规划的基本方式之一是通过事业单位优秀奉献者的事迹，进行职业理想信念和安贫乐道教育，使从业教师都能明确自我职业奋斗目标，树立起既来之、则安之的职业信念。通过优秀人物事迹进行职业理想信念教育，不仅是职业教育的价值导向，而且也有其人性基础。[①] 因此，它是中国传统德育的一贯方式，也应该是特岗教师专业理想信念形成的基本方式。其次，通过政策制度方式，要求特岗教师对自我职业发展有不少于五年的初步规划。连榕、孟迎芳等人在综合 Berliner、Burden、Katz 等学者研究基础上提出"从教第 5 年左右可成为熟练教师"，袁克定则认为"从教 5 年左右的教师的策略性知识的变化最为明显"。因此，新手型教师入职"五年"后方可能适应其职业生涯、进入职业的稳定期，特岗教师在入职五年内才可能完成其职业规划。但特岗教师自我专业化规划不能停留在五年之内，自我专业发展规划过程中要充分考虑其自身学历背景，自身专业知识能力状态等方面情况。以长期性目标为导航，以阶段性目标实现为动力，要将专业发展的长期规划与短期规划相结合，双管齐下才能实现良好的职业理想。

（三）改进特岗教师政策措施，增强特岗教师工作的稳定性

职业的稳定性是专业化发展的前提。特岗教师只有能稳定从教，才可以细心钻研专业知识，提高专业能力，获得专业上的快速提高。工作不稳定的教师很难有专业上深入发展的时间与机会。但依据马斯洛人的需要理论，稳定特岗教师工作的根本方式在政府政策措施、特别是收入待遇措施方面。首先，应将教师所应得到的"五险一金"落实到位，避免因基本社会保障不足而引起不稳定。其次，需要加强政府部门间的沟通合作，特别是教育、财政、人事三部门进行有机整合，制定出"特岗教师"留任方案以及考核标准，确保服务期结束后，考核合格、自愿从事教育工作的"特岗教师"人员全部转变为正式编制教师。要建立严格的考核选拔体系，对于服务期满但不适合继续从事教育工作的特岗教师要做二次就业安排，以以动制静的方式维护特岗教师的稳定性。

---

① 檀传宝：《信仰教育与道德教育》，教育科学出版社 1999 年版，第 174 页。

（四）帮助特岗教师清晰自我职业角色，促使其尽快融入教师队伍

教师职业角色意识状况是影响教师专业化发展的首要因素。因此，为促进农村特岗教师队伍专业化发展，需要针对特岗教师自我职业角色意识模糊问题，首先要在国家政策层面交代特岗教师的教师职业身份，帮助其清晰自我职业角色，促使其尽快融入教师队伍。在入职初期学校可以以师徒制的方式为每个特岗教师配备一名业务水平高、思想积极向上的指导老师，以协同备课、相互听课评课、经常沟通交流、建立特岗教师成长记录册的方式，让特岗教师在指导教师悉心引导下，学会处理同事与学生之间的不同关系，尽快认同和适应自我职业身份、迅速成熟自我、迅速从大学生角色向教师角色转变，实现自身专业化发展。

总之，"冰冻三尺非一日之寒"。特岗教师专业化发展也是一个动态、长久的过程。但是，只要理清农村特岗教师专业化发展中的问题，明晰解决问题的具体方法，并依据行之有效的程序步骤去操作，农村特岗教师专业化水平将会不断得到提高。

第六节　特岗教师专业结构变化特征及其问题

2006 年 5 月，国家决定在中西部农村地区实施"特岗教师计划"，希望"通过公开招聘高校毕业生到西部地区'两基'攻坚县以下农村学校任教的方式，引导和鼓励高校毕业生从事农村义务教育工作，创新农村学校教师的补充机制，逐步解决农村学校师资总量不足和结构不合理等问题，提高农村教师队伍的整体素质，促进义务教育均衡发展，同时扩宽大学生的就业渠道"。[①]"特岗计划"实施八年以来，西部农村特岗教师队伍专业结构发生了怎样的变化，这些变化的结果及其合理性何在。抱着解决问题的态度，课题组进行本项研究。

2013 年 7—9 月，课题组通过宁夏回族自治区南部山区固原、彭阳、海原三县教育局、人社局收集、整理了三县特岗教师 2006—2013 年八年间的原始名单及其毕业院校、毕业专业，然后通过逐一计数的方法，详细

---

① 教育部财政部人事部中央编办：《关于实施农村义务教育阶段学校教师特设岗位计划的通知》（教师〔2006〕2 号）。

统计了三县各年度师范专业与非师范专业特岗教师人数及其变化数据，在此基础上分析、总结了三县特岗教师专业结构变化的一些特点和轨迹，然后通过访谈方法对三县部分中小学校长、教育局、人社局相关人员及部分专家学者进行了深入交谈，并据此对西部农村特岗教师专业结构演变的问题与原因进行了深入探究。相信这种统计计算和分析对西部农村地区教师队伍的进一步专业化建设会带来启示。

一 特岗教师专业结构变化特征

教师专业结构在宏观上是师范专业毕业教师与非师范类专业毕业教师人数分别在教师队伍中所占份额及其比例关系，微观上是指具体的中文教育、数学教育、英语教育等专业的教师人数在整个教师队伍中所占份额及其比例关系。教师专业微观上的结构是影响不同学科教育教学质量的关键，也是以往研究的重点。但师范专业化发展是教师专业化发展的基础。教师专业化发展首先应该考虑的是从业人员的师范专业化程度，因此，本文所谓的专业结构也是在宏观层面上所谓的教师专业结构。①

（一）小学特岗教师专业结构变化的特点

表4—6—1　　　　2006—2013年小学特岗教师专业结构变化表　　　单位：人

年份 专业	2006 （70人）	2007 （78人）	2008 （64人）	2009 （196人）	2010 （149人）	2011 （168人）	2012 （419人）	2013 （408人）
师范专业	67 （95.71%）	66 （84.62%）	60 （93.75%）	194 （98.98%）	134 （89.93%）	147 （87.51%）	362 （86.41%）	298 （73.04%）
非师范专业	3 （4.29%）	12 （15.38%）	4 （6.25%）	2 （1.02%）	15 （10.07%）	21 （12.51%）	57 （13.61%）	110 （26.96%）

1. 师范专业毕业的教师是小学特岗教师队伍的主流。从表4—6—1、图4—6—1计算和发现，"特岗计划"实施八年来，师范专业毕业教师平均比值占到了特岗教师总人数的88.74%以上，最高比重为98.98%（2009年），比值最低时也占到了小学特岗教师总人数的73.04%（2013年），说明师范专业毕业教师始终是西部农村小学特岗教师队伍的主流。

---

① 王安全：《西部农村教师结构变迁研究——以M县为个案》，中国社会科学出版社2014年版，第49—50页。

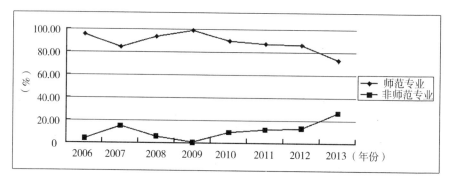

图 4—6—1　2006—2013 年小学特岗教师专业比例变化曲线图

2. 小学特岗教师的师范化程度经历了一个逐步走高到逐步下降的过程。从表 4—6—1、图 4—6—1 看出，2009 年之前，小学师范专业毕业教师所占比例基本是逐年提高；从 2009 年之后，师范专业毕业教师所占比重在逐年下降，而非师范专业毕业教师所占比重在逐年上升。表明小学特岗教师队伍中，师范专业毕业教师比重从稳定增长中出现了稳定的下滑趋势。

（二）中学特岗教师专业结构变化特点

1. 中学师范专业毕业教师所占比例总体较高。从表 4—6—2、图 4—6—2 看出，"特岗计划"实施八年来，师范专业毕业中学特岗教师比重始终较高，其中最高比例占到了特岗教师总数的 89.33%（2011 年），最低比例也在 70.67%（2013 年），平均比值在 77.64%以上。表明师范专业毕业特岗教师总体是西部农村中学教师的主流。

表 4—6—2　　　　2006—2013 年中学特岗教师专业结构变化表　　　　单位：人

专业＼年份	2006 (184 人)	2007 (205 人)	2008 (219 人)	2009 (307 人)	2010 (218 人)	2011 (225 人)	2012 (193 人)	2013 (208 人)
师范专业	148 (80.43%)	155 (75.61%)	165 (75.34%)	224 (72.96%)	170 (77.98%)	201 (89.33%)	152 (78.76%)	147 (70.67%)
非师范专业	36 (19.57%)	50 (24.39%)	54 (24.66%)	83 (27.04%)	48 (22.02%)	24 (10.67%)	41 (21.24%)	61 (29.33%)

2. 中学特岗教师队伍中，师范专业毕业教师所占比重总体呈下降趋势。从表4—6—2、图4—6—2看出，除2010—2011年之外，其他年份中学特岗教师队伍中师范专业毕业教师比重总体呈下降趋势，而其非师范专业毕业教师比重相应有了明显提高。

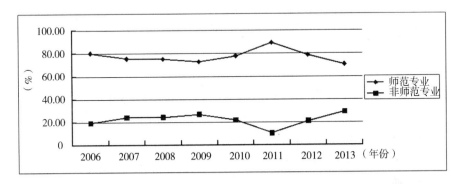

图4—6—2　2006—2013年中学特岗教师专业结构比例变化曲线图

（三）中小学特岗教师师范专业结构变化特点比较

1. 小学特岗教师师范专业化程度明显高于中学。从图4—6—3透视出，特岗教师队伍中，中学特岗教师师范专业化程度明显低于小学特岗教师。小学特岗教师中师范专业化程度平均为88%以上，中学特岗教师中师范专业化程度只有77%。多数年份中学特岗教师专业化程度在70%以上，而多数年份小学特岗教师的师范专业化程度在80%以上。说明中学特岗教师师范专业化程度明显低于小学。

2. 中小学师范专业特岗教师所占最高比重年份不同，但所占最低比重年份相同。小学师范专业特岗教师所占比重最高年份是2009年，中学师范专业特岗教师所占比重最高年份是2010年。但中小学师范专业特岗教师所占比重最低年份都是"特岗计划"实施八年后的2013年。

3. 中小学师范专业特岗教师比重由逐步拉大到逐步缩小。2009年前，小学特岗教师总体向师范专业化发展，中学教师则向非师范专业化发展，导致中小学师范专业特岗教师比重在逐步拉大。2009年之后，小学特岗教师向非师范专业化发展，中学特岗教师向师范专业化发展，导致之前师范专业化拉大的中小学特岗教师比重在逐步缩小。

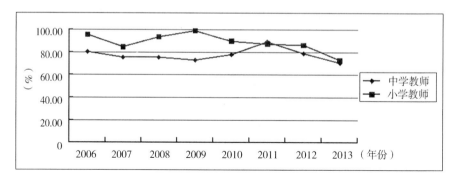

图4—6—3　2006—2013年中小学特岗教师师范专业比例变化曲线图

二　特岗教师专业结构变化原因及问题分析

（一）中小学特岗教师师范专业化程度普遍较高的原因

从渊源上看，中小学特岗教师师范专业化程度普遍较高首先是国家相关政策方针制定和执行的结果。2006年国家"特岗计划"实施方案制订初期提出的特岗教师招聘条件是：（1）以高等师范院校和其他全日制普通高校应届本科生为主，可招少量应届师范类专业专科毕业生；（2）取得教师资格证书，具有一定的教育教学实践经验，年龄在30岁以下的全日制普通高校往届本科毕业生。[①] 2012年国家特岗教师招聘通知中进一步提出，"坚持以高等师范院校和其他全日制普通高校应届本科毕业生为主"的特岗教师招聘原则。[②] 从这些政策的要求和规定可以看出，国家在招聘特岗教师时侧重于师范类的毕业生，这也成为中小学特岗教师师范专业化程度普遍较高的根本原因。

而普通中小学新录用教师的时候，普遍倾向优先招用师范专业毕业生，又是其师范专业化发展的直接原因。在与一线学校领导访谈过程中，12名学校领导（包括校长和教导主任，占访谈总人数的80%）都表示会优先招用师范类毕业生。一位小学校长很有感触地说："从我的工作经验看，师范类毕业生和非师范类毕业生还是有一定差别，师范类毕业生知道最基本的教学规律和学生基本的心理特点，更容易上道……"这也是许

---

① 郑新蓉、杜亮、魏曼华：《中国特岗教师》蓝皮书，教育科学出版社2012年版，第139页。

② 同上书，第144页。

多学校领导以及教师的观点。他们普遍认为教师工作是一种专业性较强的活动，非师范专业毕业生不会依照教育教学程序和规律教书，他们的介入必然影响学校教育教学质量，也影响教师职业形象及其社会地位。在师范专业发展和中小学有意选用毕业于师范专业教师情况下，师范专业毕业生数量远远高于非师范专业教师，是农村地区教师队伍专业结构发展的内在原因之一，也是西部农村地区师范专业教师比重提高的重要因素之一。①

（二）小学特岗教师师范专业化程度由高走低的原因及问题

首先，从政策学角度分析，政策制度的变化是小学特岗教师师范专业化程度由高走低的根本原因。2006 年，国家实行农村中小学特岗教师政策。各地特岗教师招考前两年规定，教师招考内容完全是灵活多样的教育学、心理学知识，为系统学习过教育学、心理学的师范专业毕业学生进入教师队伍创造了条件。但两年后一些地区特岗教师招考试题中，教育学、心理学知识仅占 20% 分值，理论上减弱了学习过教育学、心理学知识的师范专业毕业学生应聘教师岗位的优势，导致非师范专业教师比例上涨。由此可以看出，农村小学教师队伍的非师范专业化发展总体是政策制度制定和要求的结果。②

其次，从就业环境看，就业形势变化是农村小学特岗教师师范专业化程度由高到低的间接因素。2006 年"特岗计划"实施前初期，中国就业形势相对现在要好。大部分高校毕业生能找到与自己专业相对口的工作，师范类专业毕业生大部分走向了教师工作岗位。而 2009 年之后，随着高校八年扩招毕业人数的进一步增加，许多毕业生面临着"找工作难"问题，一些非师范专业就业难问题尤其突出。针对这种情况，国家提出了鼓励非师范专业毕业生参加特岗教师招考政策，在一定程度上促成了特岗教师队伍中非师范专业教师比例的增长。但非师范专业毕业教师数量的增加引起了多数任职学校领导和教师的忧虑。他们普遍感受到初入职的非师范专业毕业教师不会上课，他们的发展对任职学校教学质量提高和学生发展是一种持续性负面影响。

---

① 王安全：《西部农村教师结构变迁研究——以 M 县为个案》，中国社会科学出版社 2014 年版，第 49—50 页。

② 王安全：《教师队伍师范专业化的价值诉求与实践动向》，载《黑龙江高教研究》，2013 年第 2 期。

（三）中学特岗教师师范专业化下降的原因及问题

从表面现象上看，中学特岗教师队伍中非师范专业毕业生数量和比值保持了大幅度增长趋势，而师范专业毕业特岗教师数量和比值只有小幅增长甚至负增长，应该是中学特岗教师师范专业化下降的直接原因。2007年宁夏农村中学非师范专业特岗教师人数比 2006 年增长了 38.89%，2008年宁夏农村中学非师范专业特岗教师人数比 2007 年增长了 8%，2009年宁夏农村中学非师范专业特岗教师人数比 2008 年增长了 53.7%。说明国家特岗教师政策实施初期的前三年，我国农村中学非师范专业特岗教师增长幅度总体较好。尽管 2010—2011 年这一比例略有回落，但 2012年宁夏农村中学非师范专业特岗教师人数比 2011 年增长了 70.83%，2013年宁夏农村中学师范专业特岗教师人数比 2012 年增长了 48.78%。而师范专业毕业的特岗教师人数除了在 2009 年之前只有小幅增长外，2011 年之后连续出现了明显的负增长，这大大影响了特岗教师队伍的专业化程度。

但从农村中学特岗教师招聘条件看，特岗教师准入标准较低，长期只提出了学历条件而没有专业限制，应该是非师范专业毕业生持续走高的关键原因。而新世纪以来，高校招生规模持续扩张，高校毕业生人数持续增长而其他行业劳动力需求量总体不大，但教师行业需求量相对较高，导致非师范类专业大学生在就业压力持续增大情况下转入教师行业，进而出现中学特岗教师比例持续增长的情况。

（四）中小学特岗教师专业结构差异原因分析

从中小学教师专业差异渊源上看，特岗教师政策初期要求上的不同应该是中小学特岗教师专业结构差异的根本原因。2006 年国家"特岗计划"实施方案提出，师范类专业专科特岗教师只能在小学任教，任何专业的本科生却可以在中学任教。说明政策制定初期就要求中学教师可以向非师范化发展，而小学教师则只能向师范化发展。2009 年，一些西部地区特岗教师招收政策进一步规定，初中特岗教师招聘高等师范院校本科专业毕业生和其他全日制普通高校本科毕业生，而小学特岗教师招聘的是全日制师范类专业专科以上学历毕业生。[①] 可见，政策是中小学特岗教师专业化持续不同的根本原因。

---

① 自治区人力资源和社会保障厅、自治区教育厅：《宁夏特岗教师招聘简章》，2009 年。

　　从教学一线看，一些校长也认为，小学教师学历的高低对学生学习成绩影响不大，小学教师影响学生发展的主要是其教法、个人观念等专业性因素，而中学就不同了。中学更需要高学历学科老师而非专业化教师。高学历教师具有宽广的知识面，更容易满足中学学生发展需要。因此，中学在招聘特岗教师的时候，更多地关注教师学历，关注教师能力，而轻视教师是否为师范类毕业生，也应该是中小学教师师范专业结构差异的原因之一。

　　从特岗应聘者看，2010 年，笔者对多位非师范专业毕业生做了访谈，结果90％以上的人不愿意到农村做"地位低"、"收入不高"的小学教师。而中学教师经济收入和社会地位相对较高，中学主要集中在城镇——其地理位置普遍比小学要好，更容易吸引非师范专业高校毕业生就此就业。① 这应该是八年来西部农村小学师范专业毕业特岗教师平均比重显著超过中学教师的主要原因。

　　总之，影响特岗教师专业结构变化的因素很多，包括政治、经济、文化等多个方面。其中政策制度是教师专业结构形成与发展的关键性因素，政策制度决定着教师职业是否为专业，决定着教师专业的存在及其社会地位，也决定着教师职业总体的专业构成。经济发展水平制约着教育发展水平，而教育发展水平是教师队伍专业结构变化的内在因素。2006 年后一些西部农村地区非师范专业教师比重不断提高，既有教师行业收入和社会地位总体不高，导致部分有其他想法的师范专业毕业生不断离弃教师行业、进入经济收入更高职业的原因，也有高校扩招、大学生就业压力持续加大情况下，一些不好就业的非师范专业学生为了暂时就业谋生而采取的权宜之计。社会文化环境广泛而深刻地制约着教师专业结构形成，并影响着教师专业结构变化。我国几千年沿袭下来的文化传统中，对教师专业化要求不高，只要具备文化知识与技能基本都能成为教师，这种对非专业性教师的社会认可，制约了西部农村地区教师专业结构优化调整的速度。

三　教师队伍师范专业化发展——特岗教师专业结构变化导向

　　教师队伍师范专业化发展是教师职业专业化发展的根本方式，是教师

---

　　① 王安全：《西部农村教师结构变迁研究——以 M 县为个案》，中国社会科学出版社 2014年版，第49—50页。

在从事教学活动后，在教学过程中不断成熟、不断进步、进一步专业化发展的基础。[①] 这个过程是教师依托职前各类院校的师范专业，在专业知识、专业道德、专业能力和专业心理品质等方面不断成长的过程。因此，特岗教师专业结构变化的导向首先是教师队伍师范专业化发展，使初入职的教师形成专业化特征，形成其特殊性与不可替代性。为促进特岗教师专业结构师范专业化发展，则需要依据其变化原因采取以下几项措施。

（一）在选拔特岗教师时，应优先选用师范专业毕业生

一般而言，师范专业毕业生与非师范专业毕业生都具有具体的学科专业知识，不同之处是师范专业毕业生除了具有具体的学科知识之外，师范专业毕业生系统地学习过教育学、心理学知识，有多方面教育理论知识，对于学校发展趋势、课程设置思路、学生身心发展、教学具体程序和规律都有一定了解，同时，他们还有专门的教育见习、实习经历。这样他们在工作初期就会得心应手，能够有章有序地指导学生学习。而非师范专业毕业教师，没有专门学习过教育学、心理学相关课程，也没有接受过教育教学技能的培训与实践锻炼，在任教初期往往盲目而不知所然。正如一些中小学校长所说，非师范专业毕业教师多年后的任教效果如何不敢肯定，但其最初两三年的教学质量明显不如师范专业毕业生。众所周知，特岗教师服务期为三年，在这三年中，师范专业毕业的教师会很快地步入教师专业化道路，而非师范专业毕业的教师正处于探索阶段，其正式步入专业化阶段，需等两年或三年之后，这就滞后了特岗教师队伍的专业化发展。因此，在选拔特岗教师时，优先选用师范专业毕业生，减少或取消非师范专业毕业生，会加快农村地区教师队伍的专业化的进程，提升农村地区教师队伍的质量。

（二）完善教师资格认证制度，提高特岗教师专业化准入标准

教师资格认证不应该仅仅是简单的教育学、心理学知识的考查，也应该注重其教育教学实践能力考核，才符合其专业化标准。全球范围内，教师教育改革也越来越注重教师教育教学理论知识与教育教学实践能力两方面素养的形成。在教育教学理论知识方面，目前各国对教师专业课程门

---

① 教育部师范教育司：《教师专业化的理论与实践》，人民教育出版社 2003 年版，第 45 页。

类、学分普遍有所增加。教育教学理论课程方面增加了诸如教育哲学、教育伦理学、教育科学研究方法等，所修学分普遍在 20 多分以上。而教育教学实践能力是整个教师专业化考查最核心的内容。如美国规定教育实习要占到整个教育训练的 60%—70%。德国则要求有一年以上教育见习和实习时间，每周实习时间不少于 12 小时。而且，教育专业理论和实习学分修够的才符合专业化要求，才可以获得申请教师资格。日本在 20 世纪 80 年代中期就提出要大幅度增加获取教师资格的学分数，增加实习学分。① 综合国外发达国家教师资格认证情况，中国应借鉴其优点，完善教师资格认证制度，加大对教育理论知识和教育教学实践能力的考核力度，确保教师队伍的专业质量，使更多的师范专业毕业生加入到特岗教师队伍，提升特岗教师队伍的专业素质。

（三）政府需要继续加大对特岗教师教育的财政投入力度

经济基础决定思想意识形态，只有以合理的工资待遇和物质条件做保障，特岗教师才能安心任教，追求其专业化发展。"特岗计划"实施以来，国家在财政方面持续给予了重大支持。2006 年，特岗教师人均工资为每年 1.5 万元；2008 年，该标准提升到 1.896 万元；2009 年，再次提升至 2.054 万元；2012 年，针对不同地区进行不同幅度的提高，中部地区为 2.4 万元，西部地区为 2.7 万元。② 这对西部教师专业化发展起了很重要的作用，但是尽管特岗教师的工资待遇在不断提升，但与其所处的恶劣环境以及经济社会物价的不断上涨相比较，特岗教师的工资待遇还有较大的提升的空间。某种程度上，工资的高低与其社会地位呈正相关。在一些国家，政府很重视教师工资，中小学教师的社会地位非常高。如，美国中小学教师的工资一般高出普通职员工资额的 25%—35%；日本中小学教师平均工资比同期毕业的其他行业职员平均工资高出 16% 左右，教师工资待遇高于国家公务员水平；法国中小学教师平均工资比高级熟练工平均工资高出近一倍；英国中小学教师的平均工资比一般职员平均工资高35%。同时，很多国家通过把教师待遇与公务员待遇联系起来突出对教师

① 董关英、董龙祥：《我国教师资格认证制度改编的构想——针对非师范人员教育专业知识、教育实习欠缺的思考》，载《现代教育论丛》，2008 年第 5 期。

② 郑新蓉、杜亮、魏曼华：《中国特岗教师》蓝皮书，教育科学出版社 2012 年版，第 13 页。

职业的重视。如古巴、马来西亚、新加坡以及一些石油输出国的教师享受国家公务员的工资待遇及地位，教师工资水平均高于一般公务员工资的水平。[①] 因此，只有加大特岗教师财政投入力度，提升特岗教师的工资水平，才能吸引更多的师范类毕业生自觉地选择到农村中小学任教，充实到特岗教师队伍之中，提升农村教师队伍的整体素质。

教师专业化是教师发展的最终目的，特岗教师作为新生的一个群体，专业化发展也是其必然趋势。为此，需要各方共同努力，使特岗教师的专业结构趋于合理化，使特岗教师能够快速迈上专业化道路，尽快提升农村中小学教师的队伍质量，促进教育的均衡、和谐发展。

---

① 李星云：《国外中小学教师师资制度对我国的启示》，载《教育与经济》，2008 年第 3 期。

第五章　西部农村教师基本政策问题

通过大量访谈调查发现，我国西部农村贫困地区师资政策缺乏稳定性、激励性，且存在唯关系主义和个人主义行为。同时，由于主客观多种因素的影响，我国农村贫困地区师资政策形成模式领导化，教师使用制度行政化，教师培养工作表面化、个别化、形式化，教师福利待遇"空白化"且盛行平均主义。由于师资政策制定上的缺陷，导致西部农村地区教师队伍生活待遇偏低、流失严重，专业素质不高，培训工作跟不上去。而在对影响西部农村贫困地区初中生就学因素分析的过程中发现，在影响西部农村学生受教育的诸因素中，因国家"两免一补"政策导致的经济因素逐渐下降为次要因素，过时、保守的教师编制政策、工资政策、"支教"和激励制度正成为学生厌学、转学，学业不良的主要因素。因此，国家应实行西部农村初中按需设编、西部农村贫困地区教师工资国家全额核拨制度，逐渐取消"支教"制度，形成动态的具有长效激励机制的西部贫困地区师资政策，维护当地教师队伍专业化发展的持续性、稳定性和规范性。促进当地学生队伍的发展。同时，要改变我国农村贫困地区的师资政策形成模式，发挥各级学校在教师任用中的主导权；改变农村贫困地区师资培训政策，提高培训质量；改变福利待遇政策，提高生活质量，以积极的政策措施促进我国农村贫困地区师资队伍的跨越式发展。要实行西部农村贫困地区教师县、乡长负责制，建立贫困地区教师基金，改革和完善基层教师培训政策、评价政策，实行长期制度化政策，通过科学切实有效的措施保障西部农村贫困地区师资队伍的健康发展。

特岗教师政策是国家为解决西部农村学校师资问题而制定的一项新的农村教师政策。该政策的合理性直接关系到农村教师发展的质量和速度。而审思特岗教师政策的合理性，实际上是针对特岗教师政策中不利于教师发展的甚至阻碍教师发展的不科学之处不断优化政策的过程。从政策角度反思教师发展，是从根源处找出制约教师发展瓶颈，其目的，是为了促进农村教师更好地发展。合理的特岗教师政策应当是教师个体价值与社会价值、教育公平与效率的统一。

新课程改革是近十多年来国家在基础教育领域着力推动的一场知识重心变革运动。一线教师能否在教学实践中贯彻落实课程改革的思想要求是新课程改革成败的关键。而行之有效的师资培训活动则是教师理解、支持、把握新课程理念要求的重要途径，也是促进改革从设想转为现实的有力保障。但在对近年西部农村地区新课程师资培训状况调查中发现，西部农村地区师资培训内容普遍空洞，且过分注重了新课程知识学习；培训方法、培训形式单一，脱离实际，且缺乏对培训效果的合理分析，大大影响了教师培训的实效性。因此，重视对教师进行新课程的态度与情感培养，加强培训内容的针对性、实用性、系统性，提高培训方法的生动活泼性，加强对培训效果的评估，是改善西部农村地区新课程师资培训效果的基本方式。

第一节　农村教师政策对农村初中学生就学的影响

政策是国家、地方为实现一定任务而制定的指导原则和行动准则。但它不仅是原则或准则，它还有其他一些独特的表现形式，如路线、方针、原则、法律、法规、规范性文件及规章等等。其中，教育行政法规、规范性文件及章程是教育政策的主体，师资政策则是教育政策的核心问题。①师资政策的出发点是教师，但其最终的目的是为了学生。制订师资政策是要通过解决教师问题来解决学生的就学问题。

好的师资政策可以保障基层学校教师的应得利益，维护农村贫困地区教师队伍的稳定，为贫困地区的农村初中提供优质教师资源。好的师资政策也可以极大地刺激、调动、聚集各种"不存在"的师资资源，可以缓解贫困地区教师数量、质量上的双重困难，有效维护西部农村贫困地区初

---

① 王安全、杨淑霞：《我国贫困地区教师问题政策建议》，载《教学与管理》，2005 年第 3 期。

中生受教育的基本权益。好的师资政策同时是提高西部农村贫困地区初中生就学质量与效率，帮助西部农村贫困地区初中生公平发展的根本手段。不良的师资政策影响农村教师和农村优质教师的实际在场，可以把农村贫困地区极其紧张、宝贵的资源浪费殆尽。不良的师资政策必将损害西部农村学生对教师和优质教师资源的正常利用，使西部农村学生因得不到基本的教师资源、长期享受不到优质的教师资源而沦为受教育的边缘化群体。

政策具有很强的时间性。时间变了，政策的社会条件、社会基础也就变了，政策应作出相应的调整，以求更好以及对所涉猎地区的适应性和针对性。但是，目前我国西部农村地区师资资源已经发生了质的变化，师资政策却延续着传统的措施，给当地农村初中学生的就学带来了消极影响。2006年3月笔者在随机对宁夏"西海固"地区的隆德县奠安中学，原州区三营二中、炭山中学、黄岛堡中学，海原县蒿川中学、徐套中学校长的调查中发现，当地农村初级中学学生因为学校数学、外语方面主干教师的流失，音乐、美术、劳技、计算机教师的缺乏及其他因素的影响，出现了十分明显的学业流动趋向。平均转学率都在15%以上，其中海原县蒿川、徐套两个乡级中学的转学率达到30%以上。

一　影响西部农村贫困地区初中生就学的教师政策

贫困地区是指社会成员生活水平低下、发展机会匮乏以及发展能力不足的地区。因此，贫困地区是一个相对意义上的概念，世界上各个国家包括美国、欧盟都有其自己的发达地区，也有其贫困地区。以2003年国内收入统计，西部贫困地区主要是指人均年收入在1500元以下，以老、少、边、穷为特征的西部农村贫困地区。[①]

影响西部农村贫困地区初中生就学的因素很多，有经济因素，也有文化因素；有宏观整体上的社会环境因素，也有局部的教育子系统内部因素；有课程因素，也有师资政策因素；有正面的积极因素，有负面的消极因素。在诸多因素中，因国家"两免一补"政策导致的经济因素逐渐下降为次要因素，过时、保守的师资政策因素正成为引起学生畏学、厌学，

---

① 王安全：《关于稳定贫困地区教师队伍的几点思考》，载《教育探索》，2005年第9期。

学业不良的一种主要因素。我们所谓的师资政策就是对西部农村贫困地区初中生就学产生负面效应的制度性因素。

首先,刚性的教师编制制度制约了西部农村贫困地区初中生的合理发展。编制是指组织机构的设置及其人员数量的定额和职务的分配。① 编制的目的是控制机构与人员的数量,限制机构规模,减少开支,提高工作效益。但是,学校和学生发展需要足额数量的教师存在。没有最低编制数额的教师,就不能保证学校和学生最基本的发展。一般而言,教师编制数额要随受教育人口数量的变化而调整。受教育人口多的地区,教师的编制量应该大一点;受教育人口少的地区,教师编制额要相应缩减。教师编制也要与地区环境资源状况相吻合:地大人稀的地区编制要大点,人口集中地区,教师编制应小一点;越是城市发达地区师生比例越高,越是农村落后地区师生比例越低。2001年中央编办等部门颁发的《关于制定中小学教职工编制标准的意见》中规定,农村初中师生比为1∶18。② 但在地大人稀的宁夏"西海固"地区,2006年农村初中学校的师生比却仍保持在1∶22。说明我国西部农村贫困地区教师资源配置和师生比例极不合理,应当将更多的教师资源向农村倾斜,降低农村师生比例。而据教育界内部人士透露,在教师编制紧缺的情况下,许多地区不同程度地存在教师编制被挤占挪用的现象。2004年仅在宁夏固原市原州区被挤占挪用的教师编制就达400多个。

既定教师编制不足造成西部农村地区初中生在教师需求数量上的不足,制约了西部农村贫困地区初中生的合理发展。2005年,宁夏回族人口占90%以上的泾源县,全县七所农村初中共有音、美教师各2人,生物教师1人,没有一名劳技老师。但由于编制限制,当年该县没有进1名应届毕业生。③ 而这一现象在西部许多贫困地区的农村初中都很普遍。这一方面影响了贫困地区农村初中生学业结构的科学合理发展,也限制了那些有艺术特长和职业技术兴趣的学生的正常发展,造成学生的转学、厌

---

① 中国社会科学院语言研究所词典编辑室:《现代汉语词典》修订本,商务印书馆1996年版,第7页。

② 朱小蔓:《对策与建议——2003—2004年度教育热点、难点问题分析》,教育科学出版社2004年版,第3页。

③ 张树红:《固原市2005—2006年教育统计报表》,固原市教育局,2005年。

学、辍学心理。

其次，"支教"和短期的精神激励制度造成西部农村初中生就学的短期性、变动性和不稳定性。20世纪90年代以来，为解决西部农村初中学校师资资源问题，国家有关部门接受了一些学者、教育工作者提出的政策建议并在部分地区实施了若干师资政策：城镇教师"评优选先"须有农村工作经历，城镇教师评职称须有两年农村工作经历，教师晋级、提职须有农村工作经历。应该说这些政策在解决西部农村贫困地区初中教师数量上发挥过重要作用。但在高校教育规模扩张和教师补给量急剧增加的今天，"支教"政策带来的弊端日益显现。"支教"和"短期的"激励制度并没有给西部农村初中生提供长期稳定的师源和教学质量。解决了城镇教师自身的评优、晋职问题，不能真正解决当地农村初中生的学业问题。因为许多"下乡"教师在晋级、晋职、评优之后就会很快走人。"下乡"对于许多城里教师来说主要是为了"镀金"、获取职务和职称，提高"身价"，而非解决农村学生的受教育问题。城镇是众多"下乡"教师的居家栖息之地，城镇是众多"下乡"教师子女就学的场所，城镇也是教师获取更高利润的地方。在短期的精神激励政策面前，多数教师不愿意放弃更多的利益、长期奉献农村贫困地区教育的。按照一位农村校长的话，"奉献"对于多数教师来说是一种无可奈何的行为。因此，在教师纯个人的"下乡"动机面前，"支教"不会给农村初中带来持久、稳定的教学效果，也不会引起农村学生的真正发展。

为了重点解决西部农村初级中学的师资短缺问题，近年来，国家教育行政部门又实施了东部支援西部、城市支援农村的"支教"活动。"支教"政策在缓解西部贫困地区师资力量紧张状况方面起到了积极作用，但"支教"活动也引来了人们不愿意看到的一些情况："支教"政策并没有严格规定哪些人员可以下去"支教"，哪些人员不可以下去。造成"支教"政策执行过程中随意应付的行为。其中部分"支教"输出单位输出的是学校内部"富余"的非教学人员，他们没有基本的教学能力，不能开展正常的教学活动；部分单位输出的是非中学课程需求类的应届大学生，他们没有相关的专业知识，没有实际教学经验，缺乏教育管理能力。他们的存在充实了农村贫困地区的教师总量，却不能给学生带来真正的学业质量。而且"支教"期限多数为一年，他们走后出现了新的教育、教学的空缺，教育、教学的衔接和学生对新教师的适应问题。"支教"教师也不是"受支教"学校的常设人员，他们的存在也会给被"支教"学校的管理带来了新的问题。一般而言，教育、教学工作要相对保持稳定，稳定的教学才会出现稳定的学业质量。教学稳定的主要因素是教师队伍的稳定。如果期望通过"支教"教师解决农村贫困地区教育问题，只会造成新的更多的问题。"支教"政策只是一种短期行为，不能作为长期的国策来执行。

最后，教师工资制度约束了西部贫困地区初中学生对教师的利用。国家曾提出教师工资要高出国家公务员的平均工资，并随国民经济 GDP 的增加而逐年增加，但事实上我国初中教师工资长期低于公务员和全国职工的平均工资，也低于小学和高中教师工资。而农村教师工资津贴大大低于城镇教师的各种收入。当一些行业将工资收入作为次要收入来源的时候，西部农村贫困地区的初中教师却为仅有的能看得见的微薄工资而努力拼搏。这必然在很大程度上影响西部贫困地区初中教师稳定性，影响到他们工作的积极性和工作效率，继而影响到学生的学业质量，[①] 而现行四级政府财政拨款制度建立在四级政府都能提供经费的假设的基础上。当贫困地区县级政府无力支付教师收入时，教师、优质教师的缺席和学生不能正常就学便成为必然。英国著名将领伯纳德·劳·蒙哥马利指出：薪水不高的教师通常是孤陋寡闻的，其接触面和生活方式受致命限制。让这种人向学生教授连他自己都一知半解的东西都非常困难。[②] 据了解，2007 年以前，因贫困地区教师待遇低、教师工资不能保障而流失的教师数量惊人，在不少学校出现了课程停开的情况。

辩证唯物主义认为，一类对象的存在是以另一类对象的存在为前提的。当西部农村初中教师因为政策存在"存在"危机的时候，必然会殃及学生的存在。有调查显示，48% 的农村初中生对现任教师不太满意，希望得到更优秀教师的指导。说明近年来农村初中出现的辍学、逃学、转学和城市化流动，其本质是教师和优质教师的缺失，为教师和优质教师而流

---

① 李继星：《关于中小学教育经费、教师工资及专用教室建设状况的调查》，载《教育科学研究》，2005 年第 11 期。

② 栾俪云：《教师工资与教师流失相关的经济学分析》，载《广州大学学报》（社会科学版），2005 年第 4 期。

动。没有教师的存在，也就没有教学的存在。没有优质教师做前提的教学，就无质量可言。因此，改革贫困地区师资政策，改善贫困地区初中生学业环境已成为政府部门当前亟须解决的问题。

二 改善西部农村贫困地区初中生就学状况的教师政策建议

首先，取消"支教"制度和编制限制，实行按需设编的师资制度。形成长期稳定的教师队伍结构，保持西部农村初中教学工作的稳定性和连续性。改变我国西部农村地区教师资源既"富余"又"紧缺"，既雇佣、又进不来的状况。西部农村初中教师目前的状况，一方面是政治、历史老师的超编，另一方面是外语、数学老师的严重缺编；一方面是师范院校大学生不能就业，另一方面是农村贫困地区缺乏师资。许多师范院校的大学生不是不愿意到农村就业，而是农村没有编制，农村学校的给定编制少且被其他人员占用了。2005 年前到农村只能做每个月 200 元的代课教师，2010 年后到一些西部农村也只能获得 800 元工资，而这点收入连基本的生活都不能保障，更不能谈发展。取消编制限制，就可以引导大学生到贫困地区从事基础教育工作，使外聘教师也能安心于贫困地区的教育工作；按需设编则可以清除学校富余的非教学人员。取消编制限制不是无原则的进人，而是"按需设编"，根据在校学生数量的增加或减少而增加或减少教师编制指数，根据学科、岗位的实际需要进人，体现了用人过程中的原则性与灵活性的结合。

"支教"制度在我国农村教师极其短缺的过去曾经发挥过重要作用，在大学生就业量供大于求的情况下，取消"支教"制度已成为一种趋势。取消"支教"制度，并不意味着不要城市教师到农村工作，而是要形成一种政策，支持和鼓励应届大学生长期在农村工作，吸纳农村本地学生的就业，支持和鼓励城市教师能长期支援农村建设，保持贫困地区师资队伍的稳定性，实现农村贫困地区初中教学活动的可持续发展。

其次，要实行西部农村贫困地区教师收入国家全额核拨制度，并依照经济规律，加大物质激励比重，形成科学合理的激励结构。初中教育属于义务教育，义务教育应当是国家无偿为公民提供的一种免费教育，国家要保证每个公民受教育的基本权利。但由于现行教育经费管理体制的制约，许多没有地方财政收入的地区，出现拒绝大学生到本地就业的情况。因此，国家行政部门要采取措施，杜绝因地方财政问题拒绝大学生在西部农村中学就业的情况。同时，要依照经济规律，加大物质激励比重，形成科学合理的激励结构。管理行为学理论认为，激励机制要有助于行为人形成持续的工作动力，行为激励要重视精神方法，但更要注重物质手段。经济学理论认为，人是利益性动物，人都是为利益而来，为利益而去的。因此，如果实行西部农村贫困地区初中教师收入不低于当地公务员平均收入、高于城市教师收入的政策，自然能吸引住好教师、留住好教师，稳定农村教师队伍，稳定农村教学工作。

总之，只有充分考虑西部地区变化中的动态的教育事实，才可以制定出切实可行的师资政策，才能引导农村贫困地区学生的较好发展。但是，影响人发展的因素总是很复杂的。只有学校教师方面的政策还不能彻底解决西部农村初中生问题，还需要政府部门的其他相关政策支持。如农村教育应与扶贫工程、农村的科学卫生工作相结合。

第二节 我国农村贫困地区教师政策问题

农村贫困地区是指社会成员生活水平低下，发展机会匮乏以及发展能力不足的农村地区。[①] 贫困地区是一个相对意义上的概念。2005 年，在我国农村贫困地区主要是指人均年收入在千元以下，以老、少、边、穷为核心的农村地区。我国贫困地区面积大，贫困程度严重。1996 年仅宁夏的贫困人口就达 76 万人，贫困人口占贫困地区总人口的四分之三，贫困面积约占全自治区总面积的一半。2000 年中国农村的贫困线为 635 元，贫困人口约在两个亿。贫困地区贫困的一个重要原因是当事人的文化素质不高，当地人口素质不高是由于当地文化教育的贫困，教育贫困的原因是师资政策的严重滞后性。

一 我国农村贫困地区师资政策问题

政策是国家、地方为实现一定任务而制定的指导原则和行动准则。它有独特的表现形式，如路线、方针、原则、法律、法规、规范性文件及规

---

① 吴忠民：《社会公正论》，山东人民出版社 2004 年版，第 357 页。

章等，其中，教育行政法规、规范性文件及章程是教育政策的主体，师资政策则是教育政策的核心。政策关心的是以最小的投入（时间、数量）获得最大的绩效，所以，政策必须要有科学性、民主性，政策必须要制度化和程序化，政策也要随时世的变化不断进行补充和完善，以求更好以及对所涉猎地区的适应性和针对性。① 好的教育政策可以缓解教育资源的有限性与资源需求的无限性矛盾，可以极大地刺激、调动、聚集各种"不存在"或"不属于"教育的资源，不良的教育政策可以把极其紧张、宝贵的资源浪费殆尽。② 因循守旧的教育政策也会摧毁教师的自信心，扼杀教师的创造性，遏制贫困地区教师的主动发展。

近年来，我国农村贫困地区颁布了许多好的师资政策制度，一定程度上地促进了本地区师资队伍的发展。但是，目前我国农村贫困地区区域性师资政策中存在着一些普遍性问题。

（一）政策形成模式领导化

我国农村贫困地区师资政策是当地教育行政部门领导、学校领导"个人"的事情，是单向的领导决策模式，师资政策常常处于"执行人"缺失状态。③ 旨在解决领导们关注的学校的事务性问题，很少考虑在岗教师的利益、愿望和需求，难以形成人性化政策；旨在在教师内部实行强制性制度变迁，很少考虑学校教职工代表大会的功能。在政策执行过程中其往往会引起教师们有形或无形的反抗，其必然或多或少地影响到政策执行的力度和效率。

（二）师资任用制度首长化

权力在贫困地区是至高的，师资任用是贫困地区教育主管部门权力的重要组成。教师聘用由教育行政部门领导决定，学校用人只是一种形式，学校缺乏用人自主权。急需的一线专业教学人员进不来，不需要的人员又不得不进，对不能胜任工作的人员不得不用。教师聘用制是形式主义，不能通过聘用制引导教师的合理流动。

---

① 袁振国：《教育政策学》，江苏教育出版社1994年版，第1—2页。

② 袁振国：《深化教育政策研究，加强两种文化交流》，转引自《中国教育政策评论》，教育科学出版社2001年版，前言第2页。

③ 刘复兴：《公共教育权力的变迁与教育政策的有效性》，载《教育研究》，2003年第2期。

（三）教师培训工作表面化、个别化、形式化

国家教育行政学院在对地市级教育局长调查中，16 位贫困地区中只有一个地区有教师继续教育经费，也只有一个地区派教师参加过国家级教师培训，分别占被调查地区的 6.25%。[①] 由于缺乏必需的教育经费，我国贫困地区的教师培训工作多半处于瘫痪状态。所谓的师资培训多数则是培训机构向上级部门争取教育经费的重要手段。至于培训机构在争取到经费后，常常是在盲目应付上级部门的指令性要求。培训内容缺乏实效性和针对性，培训活动走过场、完任务，培训对象个别化。少数教师每一两年都有外出学习培训的机会，大多数教师望外出进修学习而终身兴叹。

（四）教师福利待遇"空白化"且盛行平均主义

2004 年国家教育行政学院课题组对 16 位贫困地区教育局长做了中小学教师流失原因调查，其中 14 位、占被调查 87.5% 的认为贫困地区教师流失的首要原因是待遇差，其次是外在的吸引力，占 37.5%。[②] 我国贫困地区的师资福利待遇依照"多收入多分配，没收入无额外分配"的市场化原则运作。但由于城乡学校收入存在巨大差异性，贫困乡村的多数教师除基本的工资收入外，基本上没有其他收入，更谈不上所谓的代课费、补课费。城市内的班主任月津贴在数百元至上千元，而贫困乡村的班主任津贴仅有几元至数十元，更谈不上住房补贴、医疗保险，教师得了重病则只能坐以待毙。在教师福利待遇方面则盛行平均主义，很难打破长期延续的"均贫富"的传统观念。

二　我国农村贫困地区师资政策建议

（一）教育部门要提高政策的有效性，改变农村教师政策做出制度安排的路径

教师政策的有效性是教育政策的一个重要的价值向度，主要指教育政策活动以最小的代价获得具有最大化正价值的政策结果，是教师政策功能和效益的最大化。衡量教师政策有效性的基本指标就是教育政策能否顺

---

① 国家教育行政学院课题组：《关于农村中小学教师队伍现状的调研报告——来自 64 个地市教育局长的信息及分析》，载《上海教育科研》，2004 年第 3 期。

② 同上。

利、高效地解决当地教师的实际问题。因此，在市场经济和社会领域中，要改变教育政策中"受益人缺席"的状况，使教师代表能自由表达他们的利益诉求。在教师管理、使用的决策活动中建立贫困地区教师的教育行政听证制度、咨询制度和监督制度，发挥教职工代表大会的职能。保证贫困地区的教师都能参与到本地师资政策的制定、修订和完善活动中去，保证师资决策的科学化、民主化以及最大限度地满足他们的利益愿望和需求。①

（二）农村学校领导要实行真正意义上的教师职务聘任政策，引导教师合理流动

编制部门必须足额核拨贫困地区的中小学教师编制，教育部门应建立面向社会公开选拔录用教师制度，对任用教师实行笔试和试讲形式的选拔考试，但不可采用不符合贫困地区教育条件的实际操作等形式的选拔考试。经过选拔、试用的教师只需短期的实际考察即可正式录用。招聘中赋予招聘学校"绝对"的权利，由学校组成招委会当场打分、当场定人，教育行政单位只进行宏观的监督、检查，不应插手具体事务。招聘后由学校和教师签订聘任合同，明确规定双方的权利、义务和责任。建立"能上能下，能进能出"的贫困地区教师任用新机制，让不能胜任工作岗位，又无培养前途的教师自动流出去，同时要约束优秀人才的自然外流。建立和完善教师扶贫支教和转任交流制度，吸引和鼓励大中城市骨干教师到农村贫困地区的薄弱学校支教、积极引导城镇超编教师向贫困山区流动。城镇中小学教师必须有两年以上在薄弱学校或贫困地区任教经历，才可聘为高级教师职务。要注意转换政府职能，把硬性管理变为软性管理，变事务管理为宏观指导。②

（三）农村学校教学部门要改革教师培训制度，实施远程教育，加强校本培训，弥补教师不能外出培训之不足

学校工作的机动性较大，因此，校本培训要以业余、自学为主，集中

---

① 刘复兴：《公共教育权力的变迁与教育政策的有效性》，载《教育研究》，2003 年第 2 期。

② 王保华：《教师专业化与制度创新》，引自《中国教育政策评论》（2002），教育科学出版社 2002 年版，第 154 页。

培训为辅,使培训工作逐步走向自觉、自愿和自主的轨道。① 贫困地区的教师培训主要应该是以教师专业化和学历达标为中心的教师培训工作,因此,培训活动中应加强针对性、实用性、计划性和全面性。培训对象上既要注意学科带头人、骨干教师,又要注意普通教师;既要注意青年教师的培养,又要注意老教师的培训。教育投入从物质配置向人力资源开发过渡,设立专项资金用于扶持和培养贫困地区的骨干教师。对新教师要进行岗前培训,使其尽快熟悉和适应教育教学岗位;对在职教师要通过教学评比、主题讲座、教学观摩、教学技能大赛等形式,强化业务训练。培训中要特别重视领导和管理工作,克服培训机构纯经济利益主义行为。

(四)省级人民政府应当实行农村贫困地区师资队伍建设县、乡长负责制

将农村贫困地区教师队伍建设列为当地县、乡长政绩考核和选拔留用的首要内容,对在该地区师资建设中无所作为的领导降职或免职处理。促使贫困地区的县乡主要领导花大力气做好当地师资队伍建设,并能拿出必要资金保证当地师资队伍的建设。贫困地区的教育和师资问题,实际上是当地领导的观念问题。领导重视了,无论财力、物力多么紧张,他们都会想办法,他们也有办法搞到资金办教育,解决当地师资问题。如果地方领导不重视当地教师工作,他们不但不会投资当地的师资建设工作,还会挤占、挪用教育经费,克扣教师工资,所以实行贫困地区师资工作首长负责制是解决当地师资队伍问题的关键举措。

(五)国家、政府部门要实行弱势补偿政策,提升农村贫困地区薄弱学校教师的经济地位,充分利用国家扶贫资金扶持农村贫困地区的师资队伍建设

老、少、边、穷地区的县、乡政府应当统一为当地教师办理医疗保险,统一征地,为当地教师无偿提供住宅用地,金融部门应为他们建房提供贴息贷款。在贫困地区要特别鼓励终身从事当地教育事业的行为,要杜绝在当地强占优秀教师的行为。国家、省县级以上人民政府要筹集资金,设立"贫困地区教师基金",定期奖励长期奋战于该地区且有一定成就的优秀教师。贫困地区的学校则可以利用国家扶贫资金设立教学津贴、教学

---

① 陈永明:《现代教师论》,上海教育出版社 1999 年版,第 7 页。

奖励基金、班主任奖励基金，打破教师收入上的平均主义，充分调动教师们从事当地教育事业的自觉性、积极性。

值得注意的是我国农村贫困地区的师资政策中还有许多问题有待探讨，如贫困地区教师应不应该流动、能不能流动、怎样流动，贫困地区教师职称是否应得到更多的关照等。尽管有人在探索，但还远远没有解决问题。相信随着这些问题的进一步发掘，随着贫困地区师资政策的改革完善，我国贫困地区的教育事业将会迎来新天地。

第三节 我国西部农村贫困地区教师政策问题

贫困地区是指社会成员生活水平低下，发展机会匮乏以及发展能力不足的地区。[①] 贫困地区是一个相对意义上的概念，世界上各个国家都有其自己的贫困地区。在我国贫困地区主要是指人均年收入在千元以下、以老、少、边、穷为核心的农村地区。我国西部农村贫困地区面积大，贫困程度严重。1996 年宁夏贫困地区的人均年收入在 500 元以下，贫困人口76 万人，贫困人口占贫困地区人口总数的四分之三，贫困面积约占全自治区总面积的一半。西部农村贫困地区贫困的一个重要原因是当事人的素质不高，当地人口素质不高是因为文化教育的贫困，教育贫困的原因是教师队伍建设的严重滞后性。

一 我国西部农村贫困地区教师问题

近年来，由于国家扶贫开发等政策的初步落实，由于国家宏观教育环境的改善以及贫困地区基础教育事业的长足发展，我国西部农村贫困地区的教师队伍建设取得了很大成绩，教师队伍之数量、质量、学历层次和专业结构方面都有了明显改善。但由于历史与现实诸多因素的影响，我国西部农村贫困地区师资队伍中还存在着许多突出问题。

（一）西部农村贫困地区教师队伍建设中的自在问题

我国西部农村贫困地区教师特别短缺。1998 年宁夏贫困人口最为集中的南部 8 县仍有代课教师 5000 余名，占边远山区教师总数的 30%，有

---

① 吴忠民：《社会公正论》，山东人民出版社 2004 年版，第 357 页。

些山区学校公办教师不足 20%。① 1999 年山区 8 县初中分课程专任教师总计 6577 名，其中，生理卫生、音乐、美术、劳技、计算机五项合计 265 人，占教师总数的 4.03%。根据五门课程在初中总课程中所占课时比例推算，五门课程的教师约占初中教师总数的 20%；小学分课程专任教师 15964 人，其中音乐、美术、劳动、计算机四项合计 307 人，占教师总数的 1.92%。根据这四门课程在小学总课程中所占课时比例推算，四门课程的教师约占小学教师总数的 28%。②

从思想特点上看，我国西部农村贫困地区的多数教师都有一定的事业心却不注意完善自身形象，有奉献精神却不愿在艰苦地区工作。2004 年国家教育行政学院课题组对 16 位贫困地区教育局长做了中小学教师流失原因调查，其中 14 位（占 87.5%）认为是待遇差；6 位（占 37.5%）认为是外在的吸引力；有两位认为是教学条件差，占 12.5%。③ 由于西部农村贫困地区办学条件差、教师待遇低，付出与所得落差大，许多优秀教师纷纷流向东部城市发达地区。80 年代以来，宁夏贫困人口最为集中的固原地区每年流失的中学教师都在 130 名以上，占当地中学教师总数的 1.4%。从年龄上看，流失的基本上都是年轻骨干教师。从学科情况看，流失的主要是语、数、外等核心学科教师。流失的严重性则不在于已经流失了多少，而在教师队伍情绪不稳、人心思走、精力分散。

从知识能力结构上看，我国西部农村贫困地区教师知识单一，专业结构不合理，职能不符，学非所用的现象严重。由于教育费用短缺，在 16 个国家贫困地区中只有一个地区有教师继续教育经费，也只有一个地区派教师参加过国家级教师培训，分别占被调查地区的 6.25%。④ 许多老师终身不能外出学习、进修、培训，又没有校内培训，不能主动甚至是被动性地吸收新知识、新信息，补充新内容，教育科学素养不高，缺乏现代教育

---

① 衡鸣：《求实创新，努力探索民族贫困地区教师培训的有效途径》，转引自《新世纪的民族教育——新世纪民族教育论坛（回族）论文集》，宁夏人民教育出版社 2003 年版，第 94 页。

② 陈少娟：《宁夏民族教育面临的主要问题及对策》，引自《新世纪的民族教育——新世纪民族教育论坛（回族）论文集》，宁夏人民教育出版社 2003 年版，第 94、114 页。

③ 国家教育行政学院课题组：《关于农村中小学教师队伍现状的调研报告——来自 64 个地市教育局长的信息及分析》，载《上海教育科研》，2004 年第 3 期。

④ 同上。

理念。不少教师知识面狭窄，教学方法陈旧落后，教学手段单调刻板，满堂灌、一讲到底，不会进行简单的幻灯投影教学，大量违背教学规律的形式主义教学十分流行。

（二）我国西部农村贫困地区教师队伍建设中的外在政策问题

政策是国家、地方为实现一定任务而制定的指导原则和行动准则。它有独特的表现形式，如路线、方针、原则、法律、法规、规范性文件及规章，其中，教育行政法规、规范性文件及章程是教育政策的主体，师资政策则是教育政策的核心。政策关心的是以最小的投入（时间、数量）获得最大的绩效，所以，政策必须要有科学性、民主性，政策必须要制度化和程序化，政策也要随时世的变化不断进行补充和完善，以求更好以及对所涉猎地区的适应性和针对性。① 好的政策可以缓解教育资源的有限性与资源需求的无限性矛盾，可以极大地刺激、调动、聚集各种"不存在"或"不属于"教育的资源，不良的师资政策可以把极其紧张、宝贵的资源浪费殆尽。② 但是，目前我国贫困地区区域性师资政策中存在着一些普遍性问题。

1. 师资政策缺乏稳定性、连续性和激励性。政策跟着领导走，一届领导有一届领导的政策，领导走了政策也就跟着变了。所以，各届领导制定政策时只做临时安排，不做长远计划。教师评优、晋级、晋职中论资排辈，主要以进学校工作的先后顺序实行。而且，西部农村贫困地区教师在享受住房、医疗等待遇方面要远远低于条件好的城市及东部发达地区。由于管理中忽视了西部贫困地区教师的心理特点和感情需要，由于分配不公，缺乏竞争激励机制，西部农村贫困地区的许多教师没有工作热情和信心，混日子、过光阴的现象严重。若政策束缚人性、压抑教师的创造性、阻碍教师生产力的发展，则需推陈出新、对教师管理使用政策进行创新。

2. 教师评价中的唯关系主义行为。我国西部农村贫困地区的多数学校试行的是以人缘关系为基准的教师评价政策，通过教师与学校领导人缘关系的好坏，做出选优、晋职、晋级决定。这种评价针对的是各个具体教

---

① 袁振国：《教育政策学》，江苏教育出版社1994年版，第1—2页。

② 袁振国：《深化教育政策研究，加强两种文化交流》，转引自《中国教育政策评论》（2001），教育科学出版社2001年版，前言第2页。

师而非教师整体、针对的是教师本人而非其具体工作，针对工作结果而非整个工作过程，旨在拉关系、解决教师个人问题而非实事求是地改进学校工作，且在具体操作中容易出现要先进、送先进的现象。为避免教师因评价不公而出现的不满情绪，管理人员又极易隐瞒评价结果，不可避免地引起教师的抵触和冷漠。在民族贫困地区因教师评价不公往往还会引起不同民族间的隔阂和矛盾。在 16 个贫困地区教师流失原因中，6 位认为与不合理的评价制度有关，占被调查者的 37.5%。①

3. 政策制定和执行中的个人主义行为。任何政策都是政策制定者的思考和认识，具有一定的主观性。另外，由于教师工作及其成果的难以预测性，由于贫困地区的师资政策制定者多数学历层次不高、知识文化层次较低，在制定政策时考虑不详、设计不周，有时还喜欢武断行事。所以，西部农村贫困地区以往的教师政策表述都有点笼统、模糊、片面和违反人性，这种缺陷阻碍了贫困地区教师的自由发展。教师政策经常定，却经常不按政策规定办事，管理中经常照人下菜、依关系办事。校长负责制成为一言堂，家长作风、官僚意气严重。

贫困地区教师问题是自在因素与外在政策问题的统一。自在素质是核心的内部因素，政策制度则是至关重要的瓶颈因素；自在素质是表现形式，外在政策则是隐含在背后的实质性因素，许多自在问题实际上都是由不良政策环境引发的。所以，没有切实可行的政策制度做保障，贫困地区师资队伍建设中的所有问题都会成为泡影。

二 我国西部农村贫困地区教师政策建议

1. 国家及省级人民政府实行西部农村贫困地区教师队伍建设县（乡）长负责制，切实改善西部农村贫困地区教师的生活条件和工作条件。将西部农村贫困地区的教师队伍建设列为当地县、乡长政绩考核和选拔留用的首要内容，对在该地区师资建设中无所作为的领导降职或免职处理。促使他们花大力气做好当地的师资队伍建设，并能拿出必需的经费保证当地的师资队伍建设。国家及省级人民政府部门要筹集资金设立"西部贫困地

---

① 国家教育行政学院课题组：《关于农村中小学教师队伍现状的调研报告——来自 64 个地市教育局长的信息及分析》，载《上海教育科研》，2004 年第 3 期。

区教师基金",将其中一半(每月不低于 300 元的费用)直接用于西部农村地区的教师生活补贴,其余可以作为教学津贴、教学奖励基金、班主任奖励基金,要定期表彰奖励长期奋战于该地区和有一定成就的优秀教师。西部贫困地区的县、乡政府要统一征地、为当地教师无偿提供住宅用地,金融部门应为他们提供低息贷款,帮助他们安家落户。

2. 西部农村贫困地区的学校都要实施远程教育、加强校本培训,弥补教师不能外出培训之不足。校本培训要以业余、自学为主,集中培训为辅,使培训工作逐步走向自觉、自愿和自主的轨道。① 贫困地区的教师培训主要是知识、能力、教学技能的训练和培养。因此培训工作要有针对性、实用性和计划性,克服纯学历主义倾向。教师培训必须注意各学科教师专业结构、学历结构的科学性、合理性,要通过定向培养等形式重点做好音、体、美、劳动及计算机教师的培养和培训工作。西部农村贫困地区特别要注意加强教师队伍的师德修养和人格素养,要引导教师学会自我调节,保持心理平衡,以缓解各种压力与适应突如其来的变化。②

3. 西部农村地区学校要制订出具体、合理、公正、可操作性的教育方案。把教育评价的公开、公正,激励性和公平性作为农村贫困地区教师政策变革的重要目标,防止和克服教师评价中的唯关系主义行为。切忌工作中对人不对事的做法或者要么肯定、要么否定的极端化做法。教师评价不能以牺牲一部分人的积极性来换取另一部分人的积极性。我国贫困地区大多数都是少数民族聚居的地区,因此,教师评价中要避免以牺牲汉族教师积极性的做法来提升少数民族教师的积极性,更不能以牺牲少数民族教师利益的做法来实现汉族教师的权益。通过教师评价引导学校形成和谐的人际关系,使贫困地区感受到公正、平等政策带来的教育效益。

4. 政府部门要对政策的制定者全员培训,提高政策质量;实行长期制度化政策,克服政策执行中的主观随意性。要建立教育政策后果首长负责制,督促教育部门领导认真调查研究贫困地区的学校状况、师资现状,仔细分析其中存在的问题,据此制定出切合实际的师资政策,并认真监

---

① 衡鸣:《求实创新,努力探索民族贫困地区教师培训的有效途径》,转引自《新世纪的民族教育——新世纪民族教育论坛(回族)论文集》,宁夏人民教育出版社 2003 年版,第 96 页。

② 陈永明:《现代教师论》,上海教育出版社 1999 年版,第 394—395 页。

督、检查政策的执行情况，保持政策的稳定性和连续性，克服政策执行中的长官意志和主观主义行为。

总之，我国西部农村贫困地区师资问题比较突出，而且还有很多问题还有待进一步探讨。但是做好西部贫困地区师资工作的关键是提高教师待遇、改善其工作生活环境、改革管理模式，形成科学有效的培训制度和评价模式，建立积极高效的政策制度环境。这是稳定该地区师资队伍，推动西部农村贫困地区迎接新一轮课程改革的根本举措。

第四节　西部农村教师专业化发展过程中的制度问题

有关调查研究表明，我国西部农村地区教师专业化程度明显偏低：表现为既存在大量专业不对口，教非所学的现象；又存在大量学历不合格"教师"的任教行为。有学者透露，我国西部 12 省、市、自治区现在仍有代课教师 50.6 万人，约占西部农村教师的 20%。① 而抱有坚定教师信念，立志终身从教的教师数量更少。有关调查也显示，我国西部农村地区勉强完成教学任务的教师只占总数的 42.9%，还有 4.4% 的教师根本完不成教学任务。② 说明西部农村地区教师专业能力不强、专业素养不高，专业水平亟待提高。

影响西部农村地区教师专业化发展的因素很多，有经济因素，也有文化因素；有课程因素，也有师资制度因素；有宏观整体上的社会环境因素，也有局部的个人主观因素：对教育事业缺乏热心，当老师的意愿不强，专业抱负水平相对较低。在影响当地教师专业化发展的诸多因素中，过时、保守的教师制度因素正成为阻碍教师专业化发展的一种主要因素。

一　影响西部农村地区教师专业化发展的制度因素

1. "下乡"和"支教"制度造成西部农村教师专业化发展的变动性、不稳定性、无序性、复杂性和不确定性。20 世纪 90 年代以来，为解决西

---

① 傅剑锋：《代课教师艰辛执着震动人心》，载《南方周末》，2005 年。

② 朱小蔓：《对策与建议——2003—2004 年度教育热点、难点问题分析》，教育科学出版社 2004 年版，第 180 页。

部农村学校师资数量短缺问题，国家有关部门接受了一些学者、教育工作者提出的政策建议并在部分地区实施了若干制度措施：城镇教师"评优选先"须有农村工作经历，城镇教师评职称须有两年农村工作经历，城市教师晋级、提职须有农村工作经历。应该说这些制度在解决西部农村地区教师数量上发挥过重要作用，但在高校教育规模扩张和教师补给量急剧增加的今天，城市教师被动"下乡"带来的弊端日益显现。"下乡"和"短期的"激励制度并不能给西部农村地区提供长期稳定的专业化教师队伍。因为许多"下乡"教师在晋级、晋职、评优之后就会很快走人。"下乡"对于许多城里教师来说主要是为了"镀金"、获取职务和职称，提高"身价"，而非实施专业奉献精神。城镇是众多"下乡"教师的居家栖息之地，城镇是众多"下乡"教师子女就学的场所，城镇也是教师获取更高利润的地方。在短期的制度"规劝"和利欲诱惑面前，多数教师不愿意放弃更多的利益、长期奉献西部农村地区教育的。因此，在单纯的"治表"性教师教育制度引导下，"下乡"教师业已形成的消极应对心态不会对农村教师专业信念、专业知识、专业能力发展产生积极影响，也不会对农村教师队伍的专业化发展产生确定而持续的影响。"下乡"只会引起农村教师专业化发展的变动性和不确定性。

　　为了重点解决西部农村学校师资短缺问题，近年来，国家有关部门又实施了东部支援西部、城市支援农村的"支教"活动。"支教"制度在缓解西部农村地区师资数量紧缺状况方面起到了积极作用，但"支教"活动也引来了人们不愿意看到的一些情况："支教"制度并没有严格规定哪些人员可以下去"支教"，哪些人员不可以下去。造成"支教"制度执行过程中随意应付的行为。其中部分"支教"输出单位输出的是其组织内部"富余"的非教学人员，他们没有受过专业训练，没有基本的专业知识、专业能力，不能开展正常的教学活动；部分单位输出的是非接受学校课程需求类的应届大学生，他们不具备接受学校紧缺课程教学所需要的最基本的专业知识、专业能力，他们没有实际教学经验。他们的存在充实了西部农村地区的教师队伍的总量，却不能从根本上给当地带来一支真正的专业化师资队伍。一般而言，教师队伍的专业化发展需要有一个长期稳定、可行的教师教育制度做支撑。如果期望通过"支教"教师从根本上解决西部农村地区教师队伍发展问题，只会造成当地教师专业化发展的复杂性和无序性。因此，"支教"制度只是一种"头痛医头"的短期行为,不能作为长期的国策来执行。

2. 刚性的教师编制制度制约了西部农村地区教师专业的合理化发展。编制是指组织机构的设置及其人员数量的定额和职务的分配。① 编制的目的是控制机构与人员的数量,限制机构规模,减少开支,提高工作效益。但是,学校发展需要足额数量的专职教师存在,没有最低编制的教师数额存在,就不能保证教师队伍学为所教,教为所长,就不能保证教师队伍专业的最基本的发展。一般而言,教师编制数额要随受教育人口数量的变化而调整。受教育人口多的地区,教师的编制量应该大一点,受教育人口少的地区,教师编制额要相应缩减。教师编制也要与地区环境资源状况相吻合:地大人稀的地区,尽管学生数量少,但国家、地方规定的教学科目依然要开齐,导致教师的编制额要大点;人口相对集中的地区,可以通过增加班级学生数量的办法扩大师生比例,教师编制可以小一点。2001 年中央编办等部门颁发的《关于制定中小学教职工编制标准的意见》中规定,农村初中师生比为 1:18。② 但在地大人稀的宁夏"西海固"地区,2006 年农村初中学校的师生比却仍保持在 1:22。说明我国西部农村地区的一些学校,教师资源配置和师生比例极不合理。而在在编教师名额不足的情况下,不少西部农村地区存在着严重的学校工勤人员挤占教师编制现象,更有一些长期在编不在岗的教师,严重制约着农村教师队伍专业化水平的整体进程。据西部某贫困县内部人士透露,截至 2007 年年底,仅该县长期不在编的教师就有 300 余人,占该县不在编职工总数的一半。

现有编制不能有效利用,既定编制又严重不足,其必将造成西部农村地区教师专业结构发展的不协调、不平衡、不合理。2005 年,在民族人口占 90% 以上的西部某贫困县,全县七所农村初中共有音乐、美术专职教师各 2 人,专职生物教师 1 人,没有一名专职劳动技术教育教师。但由于固定编制限制,该县当年没有接收一名相关专业的大学应届毕业生。③ 而这一现象在西部许多贫困地区的农村学校都很普遍。这一方面影响了西

① 中国社会科学院语言研究所词典编辑室:《现代汉语词典》修订本(Ⅰ),商务印书馆 1996 年版,第 75 页。

② 朱小蔓:《对策与建议——2003—2004 年度教育热点、难点问题分析》,教育科学出版社 2004 年版,第 179—182 页。

③ 张树红:《固原市 2005—2006 年教育统计报表》,固原市教育局,2005 年。

部农村教师队伍专业数量上的发展，也造成教师队伍学科结构、学历结构、职称结构的不合理、不协调。需要的学科教师进不来，不需要的学科教师出不去。教非所学、学非所教的现象大量存在。

3. 教师工资制度限制了西部农村地区教师专业化发展的积极性。国家曾提出教师工资要高出国家公务员的平均工资，并随国民经济 GDP 的增加而逐年增加，但事实上我国中小学教师工资长期低于公务员和全国职工的平均工资，而农村教师收入大大低于城镇教师。当一些行业将工资收入作为次要收入来源的时候，西部农村地区的教师却为仅有的能看得见的微薄工资而努力拼搏。这必然在很大程度上影响西部贫困地区教师的稳定性，影响到他们工作的积极性和工作效率。[①] 而现行四级政府财政拨款制度建立在四级政府都能提供经费的假设的基础上。当贫困地区县级政府无力支付教师收入时，教师、优质教师的缺席就成为一种必然。英国著名将领伯纳德·劳·蒙哥马利指出：薪水不高的教师通常是孤陋寡闻的，其接触面和生活方式受致命限制。让这种人向学生教授连他自己都一知半解的东西都非常困难。[②]

据了解，因西部农村地区教师待遇低、教师工资不能保障而流失的专业化、骨干教师数量惊人。留守在家的教师队伍当中，以干事业为目的、实施专业奉献精神的教师也是屈指可数的，多数教师从教的主要目的已经仅限于养家糊口、维持生计了。甚至在不少学校已经出现了依靠老、弱残兵维持教学的情况，重庆奉节县的部分农村学校 50 岁以上教师的比例已经超过了 50%。[③] 因此，改革西部农村地区师资制度已成为当前有关部门需要解决的紧迫问题。

二　西部农村地区教师专业化发展的制度变革

制度是教师专业化发展的根本保证。西部农村地区教师缺乏专业成长

---

① 李继星：《关于中小学教育经费、教师工资及专用教室建设状况的调查》，载《教育科学研究》，2005 年第 11 期。

② 栾俪云：《教师工资与教师流失相关的经济学分析》，载《广州大学学报》（社会科学版），2005 年第 4 期。

③ 庞丽娟，韩小雨：《我国农村义务教育教师队伍建设：问题及其破解》，载《教育研究》，2006 年第 9 期。

的根源不是源于教师本身，而是制度本身的缺点。要提高西部农村地区教师专业化水平，必须要形成一套科学合理的教师上岗、培训和发展制度。

1. 取消"下乡"、"支教"制度和固定编制的限制，实行富有弹性的、按需设编的师资制度。形成长期稳定的教师队伍学历、学科和专业结构，保持西部农村学校教学工作的稳定性和连续性。改变我国西部农村地区教师资源既"富余"又"紧缺"，既雇佣、又进不来的状况。西部农村教师目前的状况，一方面是政治、历史老师超编；另一方面是外语、数学老师严重缺编。一方面是师范院校大学生不能就业；另一方面是西部农村地区缺乏师资。许多师范院校的大学生不是不愿意到农村就业，而是农村没有编制，农村学校的给定编制少、且被其他人员占用了。到农村只能做每个月200元的代课教师，连基本的生活都不能保障。取消编制限制，就可以引导大学生到贫困地区从事基础教育工作，使外聘教师与在职教师同工同酬，安心于贫困地区的教育工作；按需设编则可以清除学校富余的非教学人员。取消编制限制不是无原则的进人，而是"按需设编"，根据在校学生数量的增加或减少而增加或减少教师编制指数、根据学科、岗位的实际需要进人。体现了教师专业化发展的制度要求。

"下乡"、"支教"制度在我国西部农村教师极其短缺的过去曾经发挥过重要作用，在大学生就业量供大于求的情况下，取消"下乡"、"支教"制度应成为一种趋势。取消"支教"制度，并不意味着不要城市教师到农村工作，而是要形成一种制度，支持和鼓励应届大学生长期在西部农村地区工作，吸纳农村本地学生返乡就业，支持和鼓励城市教师能长期支援农村教育事业，保持农村地区师资队伍专业化发展的有序性、稳定性。

2. 实行西部农村地区教师收入国家全额核拨制度，并依照经济规律，加大物质激励比重，形成科学合理的激励结构。学校是名副其实的公益性事业单位，任何学校不得以营利为目的存在。教师是国家事业单位的事业人员。为保障学校教学人员全身心投身于教育事业，国家行政部门要采取措施，切实保障学校所有教育、教学人员工资收入。对于没有地方财政收入的西部农村地区，国家要实行教师工资国家全额核拨制度。同时，要依照经济规律，加大物质激励比重，形成科学合理的激励结构。

管理行为学激励理论认为，激励机制要有助于行为人形成持续的工作动力，行为激励要重视精神方法，但也要重视物质手段。经济学人性论认为，人是利益性动物，人都是为利益而来，为利益而去的。因此，如果实行西部农村地区教师收入不低于当地公务员平均收入、高于城市教师收入的政策，自然能吸引住好教师、留住好教师，稳定农村教师队伍，为当地教育打造出一支长期开不走的专业化队伍。

总之，只有充分考虑西部地区变化中的动态的教育事实，才可以制定出切实可行的教师发展制度，才能引导西部农村地区教师队伍的专业化发展。

第五节　特岗教师政策的合理性问题

特岗教师是农村学校特设岗位教师。农村特岗教师是中央自 2006 年起实施的一项对农村义务教育阶段学校教师特设岗位计划。通过公开招募高校毕业生到西部"两基"攻坚县农村义务教育阶段学校任教，引导和鼓励高校毕业生从事农村义务教育工作，创新农村学校教师的补充机制，逐步解决农村学校师资总量不足和结构不合理的问题，提高农村教师队伍的整体素质，促进城乡教育均衡发展。教师是教育发展的关键因素，特岗教师政策合理与否关系到特岗教师的工作的进一步发展，因此理性审思特岗教师政策实施情况具有重要的现实意义。

一　特岗教师政策合理性的内涵及意义

教师政策是教育政策的一部分，是以"人"为对象的教育政策，也是以"育人"为根本目标的政策[①]。教师政策的制定主体是政府，政策的客体或对象是教师共同体，政策内容主要是"对整个共同体的政治性协调"[②]。特岗教师政策是"农村义务教育阶段学校教师特设岗位计划"在西部贫困农村和边远地区实施的一种特殊政策，主要安排在县以下农村初中，也适当兼顾乡镇中心学校，人口较少的边境县、少数民族自治县和少

---

① 石长林：《中国教师政策研究》，博士论文，华中师范大学，2005 年，第 1—2 页。
② 刘小吾：《解读公共政策》，转引自《湖南社会科学》，2009 年第 4 期，第 186 页。

小民族县的县城学校。特岗教师政策的制定及实施首先是以新机制将部分高学历人才引进农村从事义务教育，扩大高校毕业生就业渠道的同时解决农村教师欠缺的问题。其实质在于解决编制问题，以国家编制把一部分人安置到农村地区从事教育工作。其最大的优点是为农村提供师资，提高教师队伍整体素质，为农村教育发展注入新鲜血液，促进农村学校面貌的变化，有助于提高农村教育质量和教师队伍及农村教育的发展稳定。

审思教师政策，我们不能脱离教师问题本身，教师政策的合理性直接探讨的是教师群体及个体的发展问题。特岗教师作为农村教育发展的新生力量，政策性的保障对他们的发展具有很重要的意义。合理性是特岗教师政策被承认的基础，是特岗教师政策存在的价值依据和理论基础，反映出教师政策的正当、合理和公正性等特征，其所要解决的基本问题是如何处理好教师群体及个体利益之间的关系。特岗教师政策的合理性集中体现在特岗教师政策社会价值理性与教师个体价值理性的统一，公平与效率的统一。

教师的发展，除了机会、条件、自身努力、外部支持等，最重要的是合理的政策保障。现实的政策不一定都是有效的，政策的生命力，在于它能为社会带来利益或价值，或者产生利弊得失。审思特岗教师政策合理性实际上是在利弊得失中进行权衡，找出特岗教师政策中不利于特岗教师发展的甚至阻碍其发展的不科学之处，分析原因，以获得特岗教师政策的优化，提高特岗教师政策的现实实用性和时效性以及政策的科学化和绩效化。同时，有利于更好地保障特岗教师的利益，使特岗教师避免不合理政策的制约，得到更好的发展。农村教育落后的表层原因在于农村经济落后，但其根源则在于整个社会的价值观及与其相适应的制度安排问题①。从政策角度反思教师发展，是从根源处找出教师发展瓶颈，合理性特岗教师政策是适合特岗教师发展的政策，顺应特岗教师发展需要，为特岗教师发展提供保障。

二　特岗教师政策面临的问题

（一）特岗教师政策的社会价值理性与教师个体价值理性的统一性问题

特岗教师政策是以权威性的价值分配形式对农村学生利益的反映。特

---

① 郝文武：《价值理性、工具理性视角观照下的农村教育问题》，载《陕西师范大学学报》（哲学社会科学版），2005年第7期。

岗教师政策制定的目的是规定并且保护农村学生利益。教育作为社会的一个特殊领域，其存在是为整个社会发展做贡献，教师政策的社会价值在于对农村学生群体合理利益的划分，并且要在实践中进行利益分配，促进特岗教师良好发展，最终目的是促进教育的发展，源源不断地培养社会所需的高质量人才，并产生应有的政策效果。特岗教师政策对教师个体的价值主要体现在政策能够满足特岗教师生存需要，保障教师个体能够自由发展。教师作为教育的主体之一，教师政策应该肯定并且尊重其个体价值，为教师提供充分发展的机会和条件。个体生存的过程其实就是一种不断追求、不断满足的过程，个体价值最终体现在个人价值的最大化。但是无论什么时候，个体价值都是在与社会价值的结合过程中才能发挥个人的生存与发展价值。特岗教师政策中的教师个体价值只有在社会群体中才能得以实现，而效率价值能够促进社会价值及教师个体价值的有效实现。

在社会本位价值受到过分重视的当代社会，人的个体价值很容易被忽略。特岗教师政策在发挥社会价值的同时往往忽视教师个体价值，同时工具理性压制了教师自身的价值理性。一方面，为了教师更好地发展，提供了一些变通性的政策予以保护或提供方便，但与此同时对作为教师所拥有的基本的权利却保护不够。如特岗教师待遇问题、特岗教师专业化发展问题、特岗教师接受培训的支持及其实效性问题，涉及到个人方面的健康问题尤其是心理健康问题，等等。在这些方面，严重忽视了特岗教师的自身需要。教师政策不只是管理工具、手段，更是一种为人的发展提供保障的强有力支撑。而现实的情况是，特岗教师政策过分注重效率和工具理性，特岗教师的利益、愿望和需求很少被考虑，难以形成人性化政策，在政策执行过程中往往会引起教师有形或无形的反抗，这必然会影响到政策执行的力度和效率，最重要的是对教师工作积极性的打击。

（二）特岗教师政策公平与效率的统一性问题

特岗教师政策效率价值反映了政策资源配置的有效性。特岗教师政策的制定及运行是特岗教师管理的一部分，政府运用政策工具来干预教育，包括宣传、资助、命令和直接提供服务等。对政策资源是否有效配置并且在实践中充分发挥其作用是体现政府制定及实施政策水平的重要指标。特岗教师政策的效率价值体现在政策目标的实现及其政府的投入和产出比，最终综合体现在对于教育的整体效率。政策的合理性以"人"为依据，特岗教师政策是特岗教师发展需要的制度性保障。公平作为一种价值判断，是人们对既定社会中人与人之间各种关系的认识和评价，包含着自由、平等、公正等诸多方面的内容。公平反映的是社会价值分配的合理性，特岗教师政策的公平是指政策对于特岗教师是否做到机会公平、过程公平以及结果公平，是特岗教师政策在制定及实施过程中，要关照教师个体发展的平等性，做到在政策面前人人平等，每个教师发展的机会平等，保证教师之间是平等的关系。

特岗教师政策中的很多问题并不是简简单单可以用因果的逻辑关系能解决的，它是一个复杂的系统。合理性过程，尤其是在行政合理性过程中，为了提高管理效率，其管理体制的合理性是必要的，但管理体制的合理性在一定程度上会限制人的自由，因形式理性的过度发展，导致人们无法对教师政策做整体的了解，也无法对自身做整体的了解。科学理性的发达，使教师的活动过分依据政策条款，就导致了许多片面化和形式化的现象产生，忽视了特岗教师的公平发展。而这直接导致了特岗教师工作积极性下降以及心理挫折感产生。教师的工作积极性不仅与收入有关系，与其对报酬的分配是否感到公平更为密切。在实际生活中，人们总会自觉或不自觉地将自己付出的劳动代价及其所得到的报酬与他人进行比较，并对公平与否做出判断。我们通常将教师行业与公务员进行比较，特岗教师作为教师中的特殊群体，其与正岗教师及公务员的收入差距、地位差距是明显的。

特岗教师是以国家编制安置在西部农村进行教学工作的，其生存环境相比正岗教师及如公务员是"很紧张"的。就工资待遇而言，特岗教师年收入 2 万元左右，除此之外，没有任何补贴性质的收入。相比较农民而言，这使在农村生活的教师相对容易，但是在郊区的一些教师选择去城市消费，这样就根本不够。随着目前物价的上涨，特岗教师工资却一直没有上涨趋势，政府发放的物价补贴、取暖费、住房补贴等，只针对正岗人员，特岗教师是没有权利、没有机会享受的。另外，农村教育发展缓慢的一个重要原因，就是农村学校教师缺少相应的继续教育条件和机会。由于农村学校师资不足，学校根本无暇顾及安排教师进修和知识更新，使得特岗教师跟其他教师一样，缺少在职培训。实际上，特岗教师进修学习的愿望非常强烈，他们都是新教师，缺乏经验，希望通过培训提高业务素质，但往往由于继续教育费用高、学校远离城镇，特岗教师没有机会外出参加学习。现有的教师培训，请来的专家不愿来到农村，教育部门通常会安排专家在城市学校进行培训，特岗教师只有少数人能参加培训，有时还得自己交学费，吃、住、行得自己负责，面对巨大的经济压力，没有政策性的支持，一般性的教师培训他们也很少有机会、有条件去参加，更谈不上外出进修。特岗教师培训机会少，且形式化现象很严重，在培训内容及培训效果，以及教师接受培训的意愿、动机，是否具备客观条件等方面还没有相应到位的政策支持。

从现实意义来讲，人与人之间进行比较，做出公平与否的判断，将会影响人的行为。目前，由于特岗教师待遇差加之城市的吸引力，特岗教师流失现象严重。这就违背了制定特岗教师政策的初衷，教师队伍还是没有得到根本性的补充，农村教师队伍稳定性还是不高。由于特岗教师是"三年转正"，特岗教师认为自己没有正式岗位、待遇差，就没有良好的工作动机，教学质量不能得到保证，对学生的发展也是不利的。部分特岗教师认为对于他们这些高校毕业生来说，特岗教师政策确实为他们解决了就业问题，但因为发展条件的制约及不平等性，很多特岗教师还在"另谋出路"。在我国的主流价值体系中，"行政理性"对于保障资源配给、政策效率具有明显优势，但要切实提高政策效果，仅靠或过多地依靠"行政化"很难从根本上保障政策的效果，有时候还会产生副作用，行政权力或是行政指令倘若披上了学术的外衣做过多的干预，往往只能是削弱乃至摧毁"教师专业化"的进程①。

三　提高特岗教师政策合理性的方式

（一）统一特岗教师政策个体价值与社会价值

特岗教师政策的价值和意义最终体现为特岗教师的发展。政策的发展不是一个自发的过程，而是需要各方共同努力进行建设的过程。特岗教师政策的初衷是为了解决教师在教育工作中遇到的种种问题，协调各方面的关系，促进教师发展；教师政策的目的具有当时条件保证的最大或较大价值，这种价值是在教师主体的努力下可以实现的。

① 钟启泉：《"教师专业化"的误区及其批判》，载《教育发展研究》，2003年第4—5期。

教师政策的价值在于促进教师"自为生命价值"的不断实现。人的存在是一种社会主体存在，人的本质是一种社会实践本质，这集中体现在人对自为生命价值的追求①。教师"自为生命价值"就是教师之所以成为教师的"类价值"。特岗教师政策保障特岗教师作为社会主体存在所从事的社会实践活动有章可循，特岗教师将个人生命价值通过教育事业实现。教师政策作为外在的一种规章制度，只有符合教师发展，才会被教师接受，产生一种内部价值，此时教育工作本身会带来快乐，而一个快乐的教师会崇高地从事自己的教育事业，投入自己的教育生活。所以说，对于特岗教师政策目标的理解，就要求将个体价值与社会价值结合：首先肯定特岗教师个体价值，其次个体对社会的共同努力建设保障社会价值的实现。一方面要维护特岗教师群体基本权益。特岗教师群体作为社会的组成部分，对其基本权益的保障是特岗教师政策首先应做到的，特岗教师作为教师身份的拥有者，应平等地与其他教师一样获得法律的保护，平等地获得政府的保护，获得社会的平等尊重，不允许有任何形式的歧视或区别对待。另一方面要公正，注重特岗教师作为"个体人"的基本权益。每个教师都有发展权利，特岗教师政策应关照教师的个人利益、愿望和需求，加强政策的人性化，始终把握特岗教师政策是围绕教育主体——教师的政策。

（二）统一特岗教师政策的公平与效率

效率作为经济学的基本范畴，指通过资源的合理配置，以最小的投入获取最大的产出。经济学上的效率概念并不能反映教育领域的要求，如果这一概念应用于教育基本结构，那么必然会导致为了追求效率最大化，不惜牺牲少数人的利益，甚至是基本权利和自由。过分追求政策效率会致使教育行政部门过分强调教师政策的工具性，忽视教师个体发展需求，更谈不上自由与自主的创造性发展。在处理公平与效率的矛盾时，需要在两者之间寻求一种和谐的张力。公平与效率的相同点在于都认同差异，不同点在于公平要求控制差异，而效率却不要求控制差异。根据美国经济学家阿瑟·奥肯的观点，在处理公平与效率的矛盾时要"在平等中注入一些合理性，在效率中注入一些人道"②。

---

① 张军：《价值与存在》，中国社会科学出版社 2004 年版。

② ［美］阿瑟·奥肯：《平等与效率》，华夏出版社 1999 年版，第 86 页。

公平的范畴决定效率的意义①。特岗教师政策的公平决定特岗教师政策效率的意义。效率价值——保障特岗教师政策的正效力的发挥，而只有这种效力公平地发挥在特岗教师个体身上，整个群体内部之间才能缩小差距，最终提升政策效能。特岗教师与正岗教师的起点是不平等的，这种起点的不平等主要表现为个人从事教育事业的差别，比如待遇、地位等。正是因为特岗教师政策的制定在个人待遇方面就没有做到平等，所以特岗教师在岗阶段就应该给予他们更多发展的机会，使他们经过自身努力能够获得进步，为下一步的起点公平创造条件。在利益的分配过程中，首先考虑到当地经济状况，"多劳多得"，"同工同酬"；其次，政府要运用一定的行政手段去缩小教师间的收入差距，比如政府出资给经济困难的特岗教师进行一定的援助；最后，对于特岗教师，依据伦理层面的公平原则去进行分配，也应该做到其与正岗教师的待遇相当。

公平与效率的关系充满了不确定性，因为公平涉及到价值判断，所以就不能僵化地看待二者关系。公平的实现决定了效率的意义，效率的实现为公平创造了有利条件。在教育领域，二者之间的统一就要依靠社会补偿制度的建立，社会补偿制度以公平的原则确定下来，对弱势群体的发展就能从起点上去补偿。公平和效率二者都没有优先权，二者互相影响。不管公平与效率的关系如何，但在教育领域，应该优先考虑公平。因为教育是以人为中心的，教育是培养人的，教师的发展伴随着学生的成长，做到特岗教师政策行政合理性过程中的公平优先是保证教师发展的平等性，其实质是人性自由、人的发展的平等性。所以，应加大对特岗教师的在职培训，不间断地为他们提供继续学习的机会。实际上，特岗教师政策的许多问题都源自于特岗教师与正岗教师之间存在差别，尤其是待遇方面，这主要还是我们根深蒂固的"编制观念"导致的"正式"与"非正式"的差别。针对特岗教师"三年转正"问题，一些人就认为特岗教师应该"一次性到位"，直接给特岗教师编制，待遇与正岗教师一样，让他们安心从事教学工作，而且这对学校管理层面而言有利于学校的发展，有利于对教师的统一管理。特岗教师政策要想从根源上解决一些问题，首先就得解决特岗教师编制问题，在编制标准上应适当向特岗教师倾斜，保证其三年内

---

① 王海峰，张忆寒：《公平与效率关系新论》，载《求索》，2010 年第 7 期。

能够转正，而且工资待遇方面不断趋近于正岗教师，保证按时足额发放，缩小与正岗教师的差距。

第六节　西部农村教师培训政策问题

当前我国新一轮基础教育改革继续在争论和探索中延续和发展。这次改革使基础教育课程体系的结构、功能、内容、实施、评价和管理等方面都较之原来有了重大创新和突破。而且，本次改革力度之大，影响之广都是前所未有的。这次改革对广大中小学教师的教育观念、知识结构、教学方式也提出了新要求。可以说，一线教师能否在教学实践中贯彻落实这些变化和要求是新课程改革成败的关键。而新课程改革的师资培训则是教师理解、支持、把握新课程的重要途径，也是促进改革从设想转为现实的有力保障。那么肩负着这一重大使命的师资培训政策是否达到了预期目标？通过调查发现，西部地区新课程师资培训政策的落实情况并不乐观。

一　西部地区新课程师资培训中存在的问题

（一）培训目标过分强调教师对新课程知识学习

新课程师资培训目标的构成应包括知识、能力、情感、态度、价值观等方面。然而，目前西部地区新课程师资培训却存在着一种片面的功利性思想。相当一部分培训将教师变成了"新课程知识的接受器"，培训者只是一味向他们灌输新课程的知识，并把这些知识作为推行新课程的手段，忽视了新课程师资培训的态度、情感与价值观目标。靳玉乐等人对重庆市受训的 100 名教师了解新课程情况的调查显示，了解和比较了解新课程的教师占 94%，不很了解的占 6%。可见，教师对新课程基本上是了解的。而对教师实施新课程的情感态度的调查显示，对实施新课程热情高的教师只有 9%，较热情的有 34%，冷淡的竟达到 19%，甚至 8% 的教师表示反感。① 新课程政策虽然有合理性，但是如果缺失了教师情感的投入和对新课程的态度支持，它将很难顺利推进。因此，教师对新课程的态度与情

---

① 杜志强，靳玉乐：《新课程师资培训的问题与对策》，载《课程·教材·教法》，2005 年第 5 期。

感、价值观政策的落实也应成为师资培训政策的重点目标。

（二）培训内容空洞，忽视受教育者的学习需求

中小学教师师资培训的教学内容对教学有效性起着关键性的制约作用。教学内容有没有吸引性、实践性和操作性，对能否调动起参加培训学校教师的学习积极性、达到预期教学效果起到十分重要的作用。而当前西部地区教师培训内容主要以条件性知识（纯教育理论知识）为主，本体性知识（通用知识及学科知识）及操作层面的知识却很少，至于教师们最迫切需要的"如何提高课堂教学能力"等方面的知识更为罕见。高靓曾经对"您最想学习哪些课程"这一问题做过调查，结果"与教学方法、技能有关的知识"和"与学生身心发展和评价有关的知识"两个选项仍然高居榜首，分别占 59% 和 31%。① 尽管理论学习是中小学教师继续教育的一个重要任务，而且通过系统的理论学习可以使中小学教师充分认识并掌握教学改革的目标、功能、结构、内容及评价等重大问题，这对转变与更新他们的教育观念，改进传统的教学行为是有帮助的。但是，如果仅将理论知识的传授作为唯一的目标，就会造成"学问中心"，就会忽视对中小学教师思维和兴趣的指引，教学就会缺少对话、相互疏离，压抑受训教师受训的积极性和主动性。

（三）培训方法、培训形式单一，脱离了培训者的实际，忽视了教师作为成人学习者的特点

新课程师资培训活动开展以来，西部地区中小学教师培训主要采取"课堂教学"这种单一的教学形式。在教学中，相当一部分授课教师仍是一言堂，完全按自己的思路和理解对受训者进行灌输，没有顾及教与学的双向交流。目前许多授课教师在教学过程中对传统的教学方法少有改革，仅仅满足于把书上的知识讲完，把自己的课时上完这一层次上，而很少去钻研教材、创新方法。授课教师的课堂教学注重知识传授而轻视能力培养，比较典型的表现是授课教师习惯于照本宣科，很少采取参观教学、现场教学、案例教学等这些行之有效的教学方法。

其实，成年人的学习很受其个人以往经验影响。教师在学习中绝不是白板一块。教师在以往工作中普遍有了一定的理论储备，具有较为丰富的

---

① 高靓：《教师培训，请多些人文关怀》，载《中国教师》，2004 年第 8 期。

经验积累，有自己看待问题的独特视角。而培训者却往往忽略甚至无视教师已有的教学经验，造成教育培训低效的状况。①

（四）缺乏对培训效果的合理评价

据调查，近些年西部地区的许多培训学校在对教师实行了培训之后，主要通过书面考核的形式对培训效果进行评价，而对于培训对受训教师日后教学实践中的影响和作用却不去考核。这种调查方式其实不利于深入了解教师培训的质量和效率，也不利于全面改进和提升教师培训工作的效果和效率。因此，有必要对此进行改革。

二　西部地区新课程师资培训政策建议

（一）培训过程应重视对教师进行新课程态度、情感与价值观政策的落实

情感、态度、价值观是新课程师资培训的重要目标之一。但态度、情感、价值观的培养要以教师在课程实施中的体验为出发点。因为丰富而深刻的体验是教师形成新课程理念的情感基础。因此，西部地区教师培训首先也应关注教师在新课程实施中的体验，关注教师在课程改革中的自我体验，也关注教师对他人课程改革的体验。鼓励教师用自己的经验去领悟和体会新课程意义并将之内化，也可以邀请在新课程中有突出表现的名师作报告，促使教师形成新课程的教育理念。

另外，则应加强对教师进行陶冶教育。陶冶教育以潜移默化的方式影响着师生情感、态度和价值观发展。新课程师资培训中的陶冶教育是培训方主动创设有教育意义情境，组织有教育意义的活动，使受训教师潜移默化地在思想、情感、态度等方面受到感染、熏陶，由此来提高教师的思想境界，丰富其对新课程的情感，从而树立关心、支持新课程的态度和价值理念。具体方式可以是培训方在进行新课程解读时，节选一些经典教育著作，如联合国教科文组织撰写的《学会生存——教育世界的今天和明天》，派纳等人著述的《理解课程》，德洛尔等人撰写的《教育——财富蕴藏其中》等。经典著作以高屋建瓴的视角，深邃精辟的分析能使教师开阔视野，了解全球教育的发展趋势，深刻理解新课程的精神和思想，明

---

① 鱼霞，毛亚庆：《论有效的教师培训》，载《教师教育研究》，2004 年第 1 期。

确教师在改革中的意义，增强其自觉做好课程改革的责任感和使命感。也可以组织老师到新课程改革中取得成效的学校参观、听课，切实感受在新课程改革下老师和学生的变化，由此触动其情感态度的变化。

（二）培训内容要加强针对性、实用性、系统性

培训内容的实用性、系统性和针对性是培训实效性的根本保证和重要前提。因此，在选择培训内容时首先要考虑培训内容的针对性。为此在培训前要调查了解教师的培训需要，通过问卷调查等形式确定教师在课程改革和教学实践中有哪些方面有困难和需要。本研究曾就"您最想学习哪些课程"这一问题做了调查，结果"与教学方法、技能有关的知识"和"与学生身心发展和评价有关的知识"两个选项仍然高居榜首，分别占59%和31%。说明教师之于新课程的需要有变化的一面，也有不变的一面。教师培训时把握住这一特点，才可以做到培训的针对性和实效性。当然在师资培训前，对受训教师已有的教学观念、教学能力进行评估，使培训者对受训学员的情况有所了解，也是有的放矢、针对性做好师资培训的重要方面。

其次，在培训内容的选择上要理论联系实际。一般而言，不论课程观念如何变化，参加培训的多数教师始终是以提高绩效为导向，抱着明确的目标进行培训的。教师培训中，教师的这种学习兴趣的指向具体地反映在学习内容的选择上，表现出一种强烈的追求实效性的愿望，希望及时把所学到的知识，掌握的技能、技巧应用于自己的工作和现实社会生活以及实践活动当中去，及时地解决自己在工作、生活以及在适应社会等方面存在的问题。因而在选择培训内容时要理论联系实际。

最后，培训内容要有系统性。如果培训内容零乱、缺乏规划，就会降低培训效率。因而师资培训过程中必须要加强培训内容的系统性。各个授课教师之间的讲授专题需要保持有机联系，各个教师对新课程的解读要相互沟通，以免由于授课教师在新课程价值理念理解上的迥异给受训者思想观念带来混乱。

（三）培训方式方法要生动活泼，贴近受训教师实际，体现教师作为成人学习者的特点

诺尔斯（Knowles，M）研究认为，以下几方面原则奠定了成人学习基础：（1）经验是成人学习的重要资源。（2）当成人感到需要和产生兴

趣时，才会激发学习动机。因而兴趣和解决问题的需要是组织成人学习活动的最好出发点。（3）成人的学习定向以生活为中心。所以合理的成人学习应以生活场景为基本单位。（4）成人有强烈的自我引导学习的需要。①

了解到教师作为成人学习者有其自身的特点，以往讲授式的单一教学方法显然是低效的。而采取以下几种教学模式在某种程度上可以解决这一问题。

1. 参与—分享式

"参与—分享"培训模式是使用"参与式方法"进行的一种培训模式。这种模式强调培训者与受训者、受训者与受训者之间的多向交流与互动，运用多种手段调动受训者参与各项培训活动，发挥受训者的主体性，使受训者在参与和分享中掌握知识，发展技能，并形成正确严谨的治学态度和价值取向。

基础教育新课程师资培训不是从"零"开始。广大中小学教师本身就是教育者，在多年的教育教学实践中积累了丰富的教育教学经验，他们拥有大量活生生的教学事例及其行之有效的教育教学方法、措施。这些丰富的经验和当局人的感受为开展实施"参与—分享"培训模式提供了十分丰富的素材。一方面，在引导参与者在各项活动中将所学理论同自身实践相结合的过程中，提高参与者分析问题、解决问题的能力，这是帮助他们更好地掌握新的知识观、课程观、教师观的有效途径。对培训者来说，通过组织和参与研讨交流，可将参与者中蕴藏的大量丰富而现实的事例（或经验、或教训、或困难、或问题）挖掘出来，联系参与者的实际工作情境进行理论分析与实践指导。另一方面这也是参与者之间相互促进相互学习的一种好形式。在相互切磋、探讨研究、能取长补短、丰富见闻的过程中，在分享别人的经验过程中，促成了每个受训教师教育智慧的增长。

而这种方式并没有固定单一的形式。培训者可以根据自己需要和当时当地的条件即兴创造。每次活动有不同主题。培训者也要参与进去，调动起每位教师的积极性，给每位教师发言的机会。由此，参与的程度在很大

---

① 叶澜，白益民等著：《教师角色与教师发展新探》，教育科学出版社2001年版，第10页。

程度上影响和决定了培训的效果。

2. 以问题为中心的培训方式

"以问题为中心"的培训模式主张"先问题，后学习"，即在培训者指导下，受训教师从教育实践中选择教育问题，并以"解决问题"为中心展开主动探究式的综合学习。问题是教师培训的起点，也是确定培训内容的依据。受训教师参与问题的选择和培训内容的确定，都是按照这一思路，根据受训者自身在课程改革教学实践中遇到的问题来进行。问题确定以后，培训者通过一定的途径把问题呈现给受训教师，培训者和受训教师同时面对不确定问题的解决过程，每个人都有极大的思维和尝试空间，共同进步，双方受益。

3. 情景式培训

这是一种情景模拟的培训模式。主要是为中小学教师提供类似于真实的活动情境，指导其完成操作性作业，在作业中提高其实践活动的水平与质量。[①] 例如可以组织受训教师到某一学校真实的课堂中去完成既定教学任务，其他老师和培训者共同听课，对其上课中的表现与新课程的要求进行对照，找出存在的问题，共同解决，在解决问题中形成相应的能力和水平。

4. 校本培训模式

在日常师资培训活动中我们经常发现，由专门的师训机构完成教师培训工作既存在突出的工学矛盾，又常常会使教师感到缺乏将新课程理念融入课程实施的能力，并且在新课程实施过程中会有问题不断产生，这些客观原因都决定了需要将新课程师资培训方式贯穿在新课程实施过程的始终，而不能是一种短期行为，也不能一劳永逸。必须以校为本，重视培训的后续工作，以保证师资培训持续有效、有针对性地进行。

对新课程师资培训来说，将培训深入到学校教育教学真实的情景和过程中，把新课程和教师的需要、学校发展的需要结合起来，及时解决教师在新课程实施中的困惑，才更有实用价值，更具操作性。因此，校本培训过程中既要充分调动教师、教研组、专业指导教师的深入课堂进行自我培

---

① 滕飞：《以人为本新课程师资培训课程体系建构的新视野》，载《教育探索》，2005年第9期。

训的主动性，让他们主动参加到其他教师的教学活动中去。让他们在他人的新课程教学实践活动相互学习和继承对方经验，共同成长。同时要积极谋求与当地师资培训中心、大学教学专家以及其他科研部门之间的联系与合作，以指导各地校本培训的有效进行。在校本培训的形式上要不拘一格，采用自我反思，案例研究，行动研究，观摩听课等多元化方式进行。

由于缺乏政策和制度导向是实施教师校本培训的主要障碍，而缺乏管理与研究也使得校本培训流于形式。所以国家要把教师校本培训模式作为一项政策固定下来，把校本培训工作的质量当成校长考核的一项主要内容来做，才会有培训活动的针对性、时效性。

5. 远程教育式

随着计算机信息网络技术和多媒体技术的推广普及，"学校作为唯一教育信息场所"、"采用固定不变的、传授式教学方式进行教育的传统模式必将结束，利用现代信息技术手段开展多元性、个性化中小学在职教师培训势在必行"。因此，中小学教师新课程培训的未来发展趋势必将是信息化、个性化的，培训方式将突破时间和空间的限制，实现由简单型向分散型、多样型及灵活型转变。以信息化带动教师培训的现代化，充分发挥教师教育系统（人网）、卫星电视系统（天网）和计算机互联网（地网）在教师培训中的作用，成为新课程的师资培训的重要方式。

（四）加强对培训效果的评估

在培训工作结束后，教育行政部门、培训部门、受训学校都应对受训教师的受训情况随机抽样，进行培训效果评估，以便及时发现培训中存在的问题，及时解决问题，促进培训工作持续有效进行。为全面客观了解培训效果，要客观考虑评价主体、评价指标和评价方式。其中，评估的主体要多元化。既要有专家、教授，也要有基础教育教学一线的名师。评估的指标设定也要合理，能综合考虑课程目标、课程内容、课程方式方法掌握的情况。评估的方法要多样化，既要有量化评价，也有质性评价。通过对受训教师在实际教育教学工作效果的综合性评估，及时发现问题，为今后的培训工作指出重点、难点。按照"边实验、边培训、边总结、边提高"的原则，不断提高新课程师资培训工作的效果。

总之，新课程师资培训是一项长期而复杂的系统工程，需要培训部门和学校及受训教师的共同努力，决不可能一蹴而就。新课程在教育理念、教学内容、教学方法上的变革，既依赖于广大中小学教师的变革，也依赖于培训部门的要求。其中，培训部门、教育行政主管部门特别是培训教师工作是新课程师资培训成败的关键，而受训教师在培训过程中表现出的、符合新课程基本精神的教育信念、选用的教学方法，则是对新课程改革师资培训效果的最好诠释，也是新课程师资培训的奋斗目标。

第六章 农村教师身份政策问题

在农村教师队伍发展过程中,有一个长期存在而始终未能从政策层面很好解决的社会群体——非正式教师队伍。非正式教师是国家公办教育机构中,未进入国家和所在学校正式教师编制体系、不享受国家和所在学校公办教师工资待遇的从教人员。通过对古今中外非正式教师的归纳推理发现,非正式教师都有一定文化知识、教育知识,都有从教的意愿性,只是其从教的能力和水平不同。因此,从政策层面看,非正式教师的存在具有一定的合理性。非正式教师的存在合乎教育发展需要与正式教师数量不足之理,合乎教师流动规律与教师发展目的的统一性之理,合乎其存在的组织行为目的与其个体发展价值的统一性要求。但非正式教师存在需要以辅助性、合格性、同工同酬性、地方主导与学校主体相结合原则为其存在的合理性前提。

在任何时期的非正式教师群体中,都有一些具有极高教师素养和能力的教育工作者,也有一些不具备教师资格和能力的教育工作者。因此,制定非正式教师转正的合理性限度,推动具有完全教师资格和能力的教师转正,限制不具有教师能力和资格者的转正,是农村地区教师队伍建设的需要。合理的非正式教师转正限度可以保证正式教师队伍的整体质量和素质,确保学校教育教学质量的稳定提高,也可以充分有效利用非正式教师资源,最大限度地发掘他们的教育教学潜力,进而引导学校教育教学效率的全面提高。非正式教师转正的基本限度主要体现在学历、能力、时间和资格四个方面。其中,学历方面达到从教阶段当时规定的最低学历底线和知识标准,能力方面具备基本的教学设计、语言表达、课堂组织管理、教学测量与评价等方面能力,专业方面系统修习过师范专业课程,在时间方面经历过合理的教育年限和教学年限锻炼;在资格方面具有各种合理的资格条件。为确保非正式教师在合理限度内转正，国家层面要制定好非正式教师身份转化的合理性政策措施；地方教育行政部门做好国家教师身份转化政策的理解、消化工作，并努力使之具体化，学校层面要依据相关政策做好教师身份转化的考核、推荐工作。

当然，在引导非正式教师转正过程中，也要制定出合理可靠的正式教师政策，引导教师群体中不具有教师德行的正式教师向非正式教师转化，以纯化和提高教师队伍质量。教师身份转化合乎其身份转化的目的与规律，符合政府办学目的与教师工具价值，合乎教师流动规律与教师个体价值目标。因此，正式与非正式教师身份的相互转化具有合理性。但合理性教师身份转化需要在宏观控制基础上，在综合考虑主观、客观，社会、个体多方面因素基础上才能实现。具体而言，为促进正式与非正式教师身份的合理性转化，国家层面要制定好教师身份转化政策并努力使其合理化；地方教育行政部门做好国家教师身份转化政策的理解、消化和传达工作，也要制定好地方相关政策，做好本地教师身份转化的安排、部署和检查、统计、指导工作；学校层面做好教师身份转化的考核、推荐工作。

第一节　非正式教师存在的合理性问题

以往关于非正式教师研究大多只关注了特定时期、特定阶段的特定群体研究，分别关注了民办教师、代课教师、支教教师等一系列独个教育群体的工资待遇、教育教学质量问题，关注了国家关于各个特定教育群体政策的合理性问题，但很少对作为同一性质的非正式群体进行整体分析，也没有对其进行哲学层面的存在或合理性审视。因此，这些研究只具有微观层面和阶段性改进意义，对国家相关政策制度的制定、改进不具有根本性价值。全面系统性审视非正式教师存在的合理性问题，有助于从宏观方面对其存留及其存在方式问题作出科学合理的制度抉择。

一　非正式教师及其基本特点

非正式教师有广义和狭义区分，广义的是指不被特定办学机构正式承认、未列入其计划内编制人员序列，不享受该机构正常待遇的从教人员，包括在公办或民办机构中临时从教人员两类。狭义的非正式教师是国家公办教育机构中，未进入国家和所在学校正式教师编制制度体系、不享受国家和所在学校公办教师工资待遇的从教人员，主要包括普通中小学中的民办教师、代课教师、实习见习教师、部分支教教师以及志愿者服务人员。从来源方式上划分，又可以将其分为外派性非正式教师和内生性非正式教师两类。外派性非正式教师（包括支教教师、大学生志愿者和专业学校实习生等）是由教育行政部门或学校派遣的教学援助或实习人员，具有时间性、组织性强的特点，其存在的合理合法性极少受到质疑。内生性非正式教师（包括民办教师、雇佣或代课教师）是原发性或从当地自然形成的教师群体，是西部农村地区影响范围最大、最具特色的教师，也是非正式教师的最早、最基本形式。其中，民办教师是迄今影响程度和范围最大的非正式教师群体，也是 20 世纪 50—70 年代中国大陆非正式教师的绝对主体。民办教师系由县级及县级以下教育行政部门及学校自行聘请、自行付薪的中小学教师，包括计划内民办教师和计划外民办教师两种。计划内民办教师由县级教育行政部门任命，计划外民办教师由乡村领导自行任用。代课教师（包括雇佣教师）系指由县级及县级以下教育行政部门及学校自行聘用、自行付酬，不被国家行政部门正式承认的教学人员。代课教师在新中国成立初期即存在，只不过当时数量不多、影响不大。1998年后随着民办教师消失，逐渐成为非正式教师主体。代课教师学历层次参差不齐，三十年前基本都是初中以下毕业的，近年来有初中毕业的，也有大学毕业的；有综合大学毕业的，也有师范院校毕业的。而且其任教期限不确定，聘用学校往往说换就换，任教教师自己也可能会说走就走，但一般都是短期聘用的。

　　分析非正式教师的存在的过程与原因，可以抽象出他们的一些共同要素：（1）都有一定的文化知识。在传统社会中，教学是以传递知识为使命的活动，知识是从教的前提，没有知识就无法从教。所以，凡任教教师都有一定的文化知识。20 世纪五六十年代的小学非正式教师普遍具备小学至初中文化程度，20 世纪 80 年代的小学非正式教师普遍基本具备了初中至高中文化程度，21 世纪前十年的中小学非正式教师则普遍具备了高中至大学文化程度。说明任何时期的非正式教师都具备一定的文化知识基础，只是在不同时代非正式教师的文化知识基础不同，而随着时间的发展变化，中小学非正式教师的知识文化程度总体在不断提高。（2）都有教育知识。教育知识是实践性知识，是个体从生活实践中习得的知识。所以，教育知识天生具有草根性，是每个个体在长期生活实践中自然习得并用自己言行举止践行的知识。教育知识源于学校、家庭、社会教育，是个体在学校、家庭、社会等不同场域，在观察、体验中生成的实践性知识。人人可以通过自身生活实践活动获得相应教育知识，对教育活动目的、教育意义形成自己的价值判断。非正式教师在长期实践中也形成了自己的教育观点、立场和教育方法，并可以有效指导教育实践活动。（3）都有从教的意愿性。愿意从教是做好教师和教学工作的前提条件，不愿意从教的人肯定做不好教师和教学工作。非正式教师的从教行为普遍是主动和自愿性行为。非正式教师为了实现个人职业理想、改善自己的生活条件、提高自己的社会地位，普遍愿意和希望从事教育工作，甚至在拥有极低工资待遇情况下，无怨无悔、乐此不疲。

二　非正式教师存在的合理性

自有教师职业、办起私学以来一直存在非正式教师。非正式教师作为正式教师的对立面和补充形式，对基础教育特别是农村教育普及发展作出了重要贡献。但是，从非正式教师发展演变历史看，非正式教师的产生、变化与存在方式上始终存在问题。由于其学历结构参差不齐、专业化程度整体不高和教学质量问题总体普遍，不同时期批评、埋怨的声音经常出现，人们持续不断质疑和批评其功能效果。不同时期的相关部门也在努力试图取消其中的一些教育群体。但一旦颁布取消政策，为其鸣冤和打抱不平的声音会不绝于耳。1998 年中国民办教师取消政策出台以后如此，2006 年代课教师取消政策出台以后也如此。而且，我们经常看到、听到的是取而不绝、继续不断或者取消了其形式、却持续延续着其根本和以新形式继续存在的事实。说明非正式教师的存在有其不合理性，但其存在的合理性不容置疑。而且从地区和国外情况看，我国港台地区、英美日等许多国家的非正式教师均有其深厚的历史渊源、并被现实广泛认可。

合理性从一般逻辑规定上包括四方面含义：一是合理的事物必然由一定的法则和规律所支配；二是凡合理的东西一定是成系统的；三是表明某物能够依靠逻辑方法分析其意义；四是意味着事物以客观理性为内在发展主线。总之，合理性就是相对独立于那种个人主观偏好，而以客观理性为自我确证的规定性。① 非正式教师的存在合乎了教师职业活动和流动的特点与规律，合乎了师生教学交往实践理性，是教育活动中价值理性与工具理性，形式理性与实质理性相统一的具体要求。具体而言，非正式教师的存在首先合乎了教育发展需要与正式教师数量不足之理。发展教育、提高人口素质是不同时期、不同社会的共同需要，教育的形成与发展也是每个个体实现自我超越的最合理性方式。教育的形成和发展关键在教师。在在职教师工作压力大、工资待遇不高、社会地位低和不断流失情况下，在师范院校发展速度缓慢，其教师教育招生人数不能满足社会需求，而应届毕业生又因为教师工资、地位问题不愿意到岗的情况下，正式教师、特别是农村地区正式教师数量严重匮乏和形成非正式教师成为教育发展的合理性需要，也是发展弱势地区、薄弱学校教育的合理性方式。正式教师有学科知识、教育知识，非正式教师相关知识层次、程度相对较低，但不乏这方面知识，而且有更强烈的从教愿望。非正式教师伴随正式教师而产生，大大弥补了正式教师之不足。没有正式教师的学校，必然是非正式教师的天下；以正式教师为主的学校，也有非正式教师相辅助。因此，新中国成立初期，由于正式教师之不足而发展民办教师具有合理性。1998 年后，在正式教师依然不能满足教育基本需要，政府部门为强行取消民办教师而形成大量代课教师也具有合理性。

非正式教师存在的合理性是合目的与合规律的统一，合教师流动规律与合教师发展目的的统一。按照经济学人性假设，人都是私的，追求个人利益最大化是人生发展的根本动力及其追求的最直接目标。因此，正式教师希望通过事业单位工作获得更大的个人收益，非正式教师也希望通过从教行为改变个人身份命运。在穷国办大教育和经济发展不均衡背景下，农村和薄弱学校正式教师不能在其工作单位获得其期望利益与发展目标，其新生力量不能主动流进、既有力量却努力流出在所难免。而人才流动的基本规律是从农村流向城市，从经济落后地区向发达地区流动，从经济、社会地位弱势单位向经济和社会条件强势单位流动。因此，在农村落后地区、薄弱学校不能依照市场经济正常引入教师，其正式合格教师依经济规

① 刘双胤：《不合理的合理性哲学意蕴——马克斯·韦伯社会政治哲学解读》，载《河南师范大学学报》（哲学社会科学版），2009 年第 4 期。

律不断向发达地区、强势学校流动情况下，非正式教师顺应社会经济规律，从经济、社会身份不高的位置流向社会地位更高的角色具有合理性。

非正式教师存在合理性是合其存在的组织行为目的与合非正式教师个体发展价值的统一。在政府机构、任职学校等组织部门看来，非正式教师主要是以工具或手段方式而存在，是维系学校教育教学活动继续存在和基本运转的手段。在正式师资严重短缺情况下，为了满足教育和学生发展需要，以文化知识层次相对较低人员充当临时教师应急，这是非正式教师被应允的学校和教育目的，也体现了其所具备的工具合理性。但非正式教师作为另一类教师群体也有其个人价值诉求：成为有更高社会地位、社会价值和有尊严的教育者。在成为非正式教师之前，他们是学生、是农民，是社会地位更低社会群体。成为非正式教师后，他们成了"准知识分子"，他们的社会地位因此有了明显改变。但非正式教师并不满足于现状，他们普遍有更高的目标和价值诉求：成为正式教师，这样他们的经济地位、社会地位可以得到迅速提高，他们的教师身份可以得到政府、社会的完全确认，体现了其行为追求的价值合理性。

三　非正式教师存在的合理性原则

非正式教师存在合理，但以什么样原则存在则更为重要。非正式教师存在的原则直接影响到其存在的合理性及其存在效果。非正式教师存在具有多方面原则和基础，但辅助性、合格性、同工同酬性、地方主导与学校主体相结合原则则是其最基本和最根本性原则。在正式教师严重不足的特定历史时期，非正式教师的大量存在并成为教学主力，满足了其时的经济社会发展和学生成长需要，具有一定的合理性。在教师教育工作得到迅速发展、正式教师总量得到初步满足而局部地区仍很短缺的今天，以教学辅助人员身份继续维持非正式教师群体的存在也具有合理性。但以非正式教师身份出现的各学校教学辅助人员总量应明显少于正式教师；而且在具体教学活动中，这些教学人员主要承担作业检查批阅、教学辅导或者其他能力所及的课程教学活动，承担与其身份相符的活动，避免部分非正式教师因知识层次和专业化程度不高，不能准确传递知识信息和正确教学现象发生。同时也可以减轻正式教师的教学负担，更好地发挥其在教育教学中的引导作用。

同工同酬就是按照工作性质、工作量大小和工作任务轻重程度给予薪酬，给予相同工作任务、工作内容的教师同等的工作报酬。同工同酬是社会公平正义的反映，也是激发和调动劳动者工作积极性的要求，是合教师工作目的与流动规律的统一方式。1993 年颁布的《中华人民共和国教师法》第三十一条规定："各级人民政府应当采取措施，改善国家补助，集体支付工资的中小学教师的待遇，逐步做到在工资收入上与国家支付工资的教师同工同酬。"① 而日美等一些西方发达资本主义国家更要求临时教师与正式教师同工同酬，甚至要求临时教师收入要高出正式教师收入。② 但是由于西部和农村地区地方财政收入不足，无力为非正式教师提供必要的财政保障，导致其无力为自行聘用同工教师及时发放同等数额薪酬。西部农村义务教育工作全部纳入国家保障机制后，为学校自行筹薪、自行聘用教师创造了条件，也成为各类教师同工同酬的基本方式。

自主选择是各地区根据其所属学校各年级、各班级和各个学科教学需要，从具备较高学历、相应专业和任职资格的应聘人员中自行聘用其所需教学人员，是教学目的性、针对性的体现和要求，但只有自主聘任容易出现教师任用中的放任自流现象。实行教育行政主管部门聘任教师是英美等一些西方发达国家任用教师的普遍做法，也是我国教师场域任用教师的长期要求和方式。我国在选聘民办教师、代课教师、支教教师等不同类型非正式教师过程中都有正式文件，强调要加强地方政府的监督、管理作用，不能对非正式教师放任不管。如果行政部门以政治任务方式简单委派支教教师、大学生志愿者，往往出现学非所用、教非所学的情况。将政府部门审核聘用与任教学校自主选择结合起来，可以避免学校用人过程中的随意性，同时可以避免政府用人过程中的盲目性。

另外，不论什么样教师都应取得教师资格证书，成为有教师资质、受法律认可的合格的教育工作者。成立于 19 世纪后期的美国等一些西方发达国家的教师组织明确提出：禁止使用不合格教师，禁止安排现任教师从事非专业领域的教学工作。③ 而合格教师的最核心条件是要取得教师资格

---

① 国家教育委员会政策法规司：《中华人民共和国现行教育法规汇编》（1990—1995）（上卷），人民教育出版社 1998 年版，第 13 页。
② 郭朝红：《影响教师政策的中介组织》，天津教育出版社 2006 年版，第 101、106 页。
③ 同上书，第 118 页。

证书。1993 年制定的《中华人民共和国教师法》首次以法律形式规定，国家要实行教师资格证书制度。1995 年国务院正式颁布了《教师资格条例》，2001 年国家开始全面实施教师资格制度。教师资格是国家对准备进入教师队伍、从事学校教育教学工作人员的基本要求，是学校教育教学从业人员的必备条件。自国家实行教师资格证书制度以后，只有具备了教师资格证书的人才能被聘任或任命为教师，否则，他将不能和没有资格从事教育教学活动。① 因此，无论正式还是非正式教师，需要参加国家统一的教师资格证书考试，都需要取得教师资格证书，以符合教师条件为任职基本原则。

第二节　正式教师与非正式教师身份相互转换的合理性问题

身份（identity）源于拉丁语 statum（拉丁语 stare 的过去分词形式），在我国有些文献中被译为"认同"，意思是地位的获得。当代英国学者阿兰·德波顿认为，身份指个人在社会中的位置。我国社会学者张静认为，身份是社会成员在社会中的位置。身份的核心内容包括特定的权利、义务、责任、忠诚对象、认同和行事规则，也包括该权利、责任和忠诚存在的合法理由。② 青年学者景晓强等认为，身份是自我关于"我是谁"的观念。"我是谁"决定了"我想要什么"（利益）和我以什么样方式生存。③ 本文认为，身份是"我是谁"、"我在什么社会位置、我有什么价值和权利"的观念，"身份"的本质决定了其内在地位的统一性、稳定性和绝对的一致性。狭义看，身份是个人在法定团体职业中的地位（如工人、农民、教师等），广义指个人在他人眼中的价值和重要性。④

---

① 陈永明：《教师教育研究》，华东师范大学出版社 2003 年版，第 158 页。

② 张静：《社会身份认同研究》，上海人民出版社 2006 年版，序第 4 页。

③ 景晓强，景晓娟：《身份建构过程中行为体的施动性——基于社会化理论与社会身份理论的比较研究》，载《外交评论》，2010 年第 1 期。

④ ［英］阿兰·德波顿：《身份的焦虑》，陈广兴，南治国译，上海译文出版社 2009 年版，序第 5 页。

一 教师身份及其转化意蕴

教师身份是教师以及其他社会成员对其社会地位、社会价值，权利与义务观念的认同与反映。由于社会身份形成的方式、方法不同，教师身份类型往往不同。从聘用主体与薪酬来源渠道划分，可以将教师身份分为公办教师和民办教师两大类。从我国教师工资、待遇以及办学机构对其接纳情况看，通常将教师身份分为正式教师与非正式教师两类。

由于私立、民办教育与公立教育属于不同教育体系，私立和民办教育办学方式、资金来源及教师聘用制度与公立学校存在巨大差别，私立、民办教师与公办教师一般没有直接转换的可能性，其内部身份转化不需要、也不允许政府部门过多关心和干涉。从公立学校层面考察教师社会身份构成及其相互关系，考察其正式与非正式教师身份结构及其转化的可能性、合理性与合理性方式，以解决公立学校教师队伍关系紊乱、教师工资待遇与其身份不相吻合，教师社会身份与其教育教学效率、教育教学质量不相吻合等问题，激励和调动起不同身份教师的教学热情，促进教育教学质量和教学效率的稳定提高，进而实现教育公平正义，则是政府和社会当前最需要解决的紧迫任务。

广义讲，正式教师包括公办教师、"特岗"教师（准正式教师）和从其他学校正式教师队伍中外派去的各类教师等，也包括被国家教育行政部门认可，被民办学校长期聘用的教师。因此，正式教师可以是公办学校教师，也可以是民办学校教师。狭义的正式教师是国家公办教育机构中，进入国家和所在学校长期教师编制制度体系、享受国家和所在学校公办教师工资待遇的从教人员。公立学校中不被国家长期认可、只是被教学单位临时雇佣的代课人员只能是非正式教师。因此，非正式教师包括历史上的雇佣教师、民办教师（仅仅被县级教育行政部门承认其临时身份的公立学校教师），同时也包括当下没有取得教师资格证书的代课教师、没有任何从教经历的所谓"支教教师"、大学生志愿者等等。正式教师工资待遇高，其身份得到了政府部门承认，有较高社会地位；非正式教师工资待遇和社会地位低，其教师身份也没有获得政府、社会和自我完全认同。但从教师法和教师资格证书制度实施以后，所有教师都应取得教师资格证书，成为被国家和政府部门完全认可的教师。一旦其被从教学校聘用，他将是完全合法教师，而不能成为非法教师。但合法教师既可以是正式教师，也可能是临时的非正式教师。合法教师不等于正式教师。教师法实施以后，没有取得教师资格证书的教学人员既是非正式教师、也是非法从教者，而取得教师资格证书的临时代课教师是合法从教者、却是非正式教师。由此教师身份转化便是正式教师与非正式教师之间的相互转化。但从历史进程和未来趋势看，教师身份转化主要是非正式教师向正式教师的转化，很少出现正式教师向非正式教师转化的现象。

从世界范围看，许多发达国家则是根据教师聘用时间长短、工资待遇高低及其在办学机构的接纳程度，将教师身份划分为正式教师和临时教师两类。这种划分实际上类似于中国正式教师与非正式教师之分。国外正式教师的教师身份也是被办学机构完全认可、聘用时间长，工资待遇高，临时教师聘用时间短，其教师身份未被办学单位完全接纳，工资待遇相应低。这种身份结构下的教师身份转化便是正式教师与临时教师之间的相互转化，其实质也是正式教师与非正式教师之间的相互转化。

二 正式与非正式教师社会身份相互转化的合理性

合理性从一般逻辑规定上包括四方面含义：一是合理的事物必然由一定的法则和规律支配；二是凡合理的东西一定是成系统的；三是表明某物能够依靠逻辑方法分析其意义；四是意味着事物以客观理性为发展主线。总之，合理性有悖于个人主观偏好，而是以客观理性为自我确证的规定性。在教师队伍身份转化过程中，合理性首先是指教师身份转化合乎客观要求。合理性是作为教育主体的教师身份转化符合客观规律及其规则的要求，从而使其身份转化理性化。教师队伍身份转化的合理性同时是个体价值的合理性，也是社会需要和个体作为工具和手段意义的合理性。[①] 因此，合目的、合规律、合规则、合社会需要的教师身份转化方式才有合理性。

教师身份转化合乎其身份转化的目的与规律，符合政府办学目的与教师工具价值，合乎教师流动规律与教师个体价值目标。目的合理性是一个

---

① 刘双胭：《不合理的合理性哲学意蕴——马克斯·韦伯社会政治哲学解读》，载《河南师范大学学报》（哲学社会科学版），2009 年第 4 期。

历史范畴，其一般特征是：是否是人的追求且有利于人自由全面发展，是否为社会发展所需要。① 政府、学校实施教师身份转化的目的是奖优罚劣，提高教师工作的积极性。而不断追求新的身份、实现个人新的更高的社会价值是每个正式与非正式教师共同的价值追求。每个正式、非正式教师都期望不断实现身份转化获得个人新的更高的、全面自由发展。

而依据辩证唯物主义观点，一切都在发展变化。个体身份转化也表明个人身份地位不是先赋性的、不是固定不变的，而是不断变化中的。因此，一个人不应当抱着原有身份不放，也不应为现有身份自暴自弃，而是需要通过后天努力改变自己原有身份，获取新的身份地位。单位和集体则不能以定式思维看待教师身份，而是需要以发展变化的眼光看待教师身份。所有教育工作者都需要看到教师身份可以从非正式教学人员转化为正式教学人员、实现个人价值理性，从而平等和更加有尊严地生活，也可以从国家工作人员转化为地方普通工作者，以较低身份等级从事工作，体现个人工具价值。也需要看到教师身份可以从准知识分子转化为知识分子，也可以从知识分子变为非知识分子。在普通民众看来，教师都应当归属为知识分子，但非正式教师只能是可能的知识分子或准知识分子，其知识分子身份尚未被政府部门确认和合法化。只有其教师身份被国家、社会和单位完全确认以后，才可以正式承担起知识传递与创新任务、成为知识分子。成为知识分子后其知识的合理合法和正当性才可以被完全认可，他才可以理直气壮地从事教育教学工作。教师身份转化也意味着不同经济身份、政治身份的教师可以相互转化。吃国家皇粮的人可以变成吃地方粮的人，以地方粮票为生的人可以以皇粮为生。因此，任何人需要树立身份的危机感和紧迫感，自觉维护其既有身份，自觉从一种社会身份向高层次社会身份转化。

教师身份转化合乎个体身份转化目的与身份转化规律之理，合乎政府办学目的与教师工具价值统一之理，也合乎教师职业流动规律与合教师个体发展价值之理。不断追求新身份、新地位，实现个体新的更高的社会地位是每个人的价值追求，每个教师都期望不断实现身份转化获得个人新发展。非正式教师普遍渴望获得自我正式教师身份的社会认同，正式教师则

① 鲁鹏：《制度合理性的根据——道德根据论批评》，载《东岳论丛》，2010 年第 3 期。

希望获取更高社会地位、谋取更大社会认同。教师自我身份转化是为了获取更高的社会地位和劳动价值，从而合理合法和有尊严地生活。但任何身份转化都以教育行政部门的组织、管理和安排为前提。教育行政部门身份转化管理的目的、方式是奖惩罚懒，激发和调动人的工作热情。所以，教师身份转化主要以低身份向高层次身份转化为主，从民办、代课等非正式身份教师向正式教师转化。但从正式教师向非正式教师身份转化，从教师身份向非教师身份转化符合社会发展需要，也符合教育教学以及学生自身发展需要。对于在既定工作岗位上不努力工作，不认真践行自己岗位职责和身份要求的正式教师，要求其向非正式教师或非教师身份地位转化，以有效提高教育教学质量，符合教育教学和学生发展的价值理性，也符合教师自身发展的工具理性。20 世纪 50—70 年代海原教育历史上出现的从正式公办教师被迫转化为非正式民办教师身份就是在这一背景下形成的。教师身份转化是学校教育教学发展价值、学生发展价值理性与教师个体发展价值理性的统一方式。教师身份被动转化符合教育行政部门和学校办学目的与教师工具价值之理。政府、学校为实现教育目的，总是有目的、有意识掌控着个体身份转化的路径、方式，个体只能在其设计好的框架内选择转化类型、方式和方法。但教师身份转化又需要以自主、自愿为前提，促使其在新的工作岗位上认真做好本职工作。因此，教师身份转化是社会安排与自我选择的统一状态。

三　正式与非正式教师身份相互转化的合理性方式

教师身份转化在日本、法国等许多国家、地区都存在。法国教师中介组织 FEN 的任务之一就是帮助临时代课教师转化为正式教师。日本教师中介组织 JTU 的任务之一也是负责编制内临时聘用教师的转正，而且明确要求废止临时教师转正的考试年龄限制和资格规定，[①] 但日本新用教师（临时代课教师）都有一年试用期，试用期间合格以后才可以转为正式教师。[②] 在美国，受聘教师就职后，一般都有 2—5 年不等的见习期（做临时代课教师），签订长期聘用合同的教师，若试用期获得学生或学校管理

---

① 郭朝红：《影响教师政策的中介组织》，天津教育出版社 2006 年版，第 117—118 页。
② 马健生：《比较教育》，高等教育出版社 2010 年版，第 252 页。

者的好评，可申请转为终身教师（类似中国的正式教师）。^① 多年来，美国许多州一直尝试培养非教育专业的准教师，通过代课方式逐步把他们锻炼为合格教师。联邦政府 2002 年度财政拨款 3500 万美元资助"转行当教师计划"，以资助地方招募优秀人才充实教师队伍。^②

在我国，教师身份转化需要在宏观控制基础上，在综合考虑主观、客观，社会、个体多方面因素基础上进行。就是说身份转化不能完全依据不同身份教师个人主观意愿和用人单位嗜好、想转就转，而是在综合考虑影响不同个体、不同地区诸客观因素基础上进行。影响教师身份转化的社会因素主要是社会经济、教育发展水平，个体方面主要是个人知识、能力、学历，教龄、专业化程度等因素。教师身份转化要以以上两方面的体系因素为依据，有序进行。具体而言，需要从以下三个层面分别做好相关部署和安排工作。

第一，国家层面要制定好教师身份转化政策并努力使其合理化。要制定出正式身份教师学历、能力、资格、专业和年龄等方面的基本标准和政策底线要求，明确规定达到一定学历、能力和资格标准要求的非正式教师可以转化为正式教师，不具备一定能力、资格要求的正式教师需要转化为非正式教师，为正式与非正式教师身份转化提供切实可行的宏观政策依据。同时分层次、分步骤对教师身份转化方式、转化措施统筹规划、科学安排，力求使其科学化、合理化。教师身份转化不能设置硬性指标，符合正式教师条件的非正式教师都应该及时、顺利实现转化，以维护其基本权益、实现其个人价值。不具备正式教师基本条件的教师也应该及时非正式化，以实现教育改造的目的，同时可以切实保证教育质量。

第二，地方教育行政部门做好国家教师身份转化政策的理解、消化和传达工作，也要制定好地方相关政策，做好本地教师身份转化的安排、部署和检查、统计、指导工作。地方教育行政部门是国家教师身份转化政策的理解者和贯彻者，是教师身份转化的具体审核和决定者。地方政府对国家教师身份转化政策的理解、贯彻程度直接影响教师身份转化的效率和方

---

① 马立：《全国中小学教师队伍现状、预测与对策研究》，人民教育出版社 2006 年版，第 189 页。

② 励骅，白华：《国外薄弱学校改进的有效举措探析》，载《比较教育研究》，2009 年第 6 期。

向。因此，地方教育行政部门官员都应全面系统学习教师身份转化的相关政策文件。相关政府部门要将教育行政官员学习国家教师身份转化政策质量作为工作能力考核的基本方面。地方教育行政部门在贯彻国家政策、制定本地教师政策时，要结合地方教育教学以及当地教师实际灵活进行。但地方行政部门不能以灵活应用国家相关政策为名而违背国家相关政策本质、不顾不同身份教师实际表现和下属学校意见，以自己嗜好为依据违规进行身份转化。地方行政部门的基本任务是全面检查、调研、统计辖区学校教师队伍建设问题，帮助辖区学校分析不同身份教师教育教学情况及原因，指导各学校以教师身份转化为手段，促进不同身份教师教育教学质量的全面提高。

第三，学校层面做好教师身份转化的考核、推荐工作。学校考核、评价、推荐是教师身份转化的最基础工作，是影响教师身份转化价值、转化方向和转化方式的最根本性工作。学校在教师身份转化工作中的成效如何直接关系到学校教育教学质量、效率的提高，也影响到学校自身的生存与发展。因此，学校领导和管理机构在日常工作中，需要用统一性的教育教学质量规格标准对不同身份教师工作成效进行具体考核，及时将教育教学能力强、水平高，达到合格以上条件要求的非正式教师推荐转正，将不愿意开展教育教学活动、不会从事教育教学工作和不符合合格教师资格条件的正式教师转化为非正式教师或非教学人员。

第三节 非正式教师身份"转正"的合理性问题

自从有了非正式教师以来，非正式教师"转正"问题就成了社会和教育行业议论的话题。多数时期多数国家和地区主张有条件地"转正"非正式教师，少数时期少数国家和地区反对、甚至阻止非正式教师"转正"。其实，不受限制地全部"转正"非正式教师不合理，人为限制非正式教师"转正"也不合理。在一定限度内、以一定方式"转正"非正式教师具有合理性。

一 非正式教师及其合理性"转正"限度意义

非正式教师有广义和狭义之分，广义的非正式教师是收入待遇较低、不被办学单位长期聘用的教师，包括民办和私立学校的临时教师，也包括公立学校的临时教师。狭义上的非正式教师是公立学校中不被国家和所在单位长期认可、只是被基层教育行政部门或教学单位临时雇佣的代课人员。因此，狭义上的非正式教师包括历史上的雇佣教师、民办教师（仅仅被县级教育行政部门承认其临时身份的公立学校教师），同时也包括当下没有取得教师资格证书的代课教师、没有任何从教经历的所谓"支教教师"、大学生志愿者等等。本文所谓的非正式教师便是从狭义层面做的界定。从聘用主体看，雇佣教师、代课教师可以由任教学校直接聘请，民办教师、支教教师、大学生志愿者则必须经由基层教育行政部门同意方可聘用。从相互关系看，大学生志愿者、雇佣教师可以转变为代课教师，代课教师也可以转化为民办教师，但反过来则不能转化。从行为特征看，各类非正式教师的共同之处是：他们聘用时间相对较短而且不确定，工资待遇和社会地位相对更低，其教师身份也没有获得政府、社会和自我完全认同，但他们都可以转化为正式教师。

教师身份"转正"是指从非正式的临时身份教师转化为长期性、终身性教师身份的现象，也是从较低的不稳定性工资收入者向较高的稳定性收入者转变的过程，相应地这也是从低社会地位者转向较高社会地位者的过程。非正式教师"转正"从古代社会即已开始，但古代社会的非正式教师"转正"是私立、私塾学校教师通过科举考试等形式向公立学校正式教师身份"转正"。公立学校内部鲜有非正式教师存在，也就更谈不上非正式教师向正式教师转化现象的发生。近代资本主义普及义务教育制度实施以后，为满足公立学校大规模教育需要，公立学校内部才有了临时代课教师等非正式教师身份出现，也才出现了公立学校非正式教师向正式教师转化现象和合理性转化限度要求。

转正限度是指对转正资格、转正条件做出的最低要求，回答具备什么条件的人可以转正、不具备什么条件的人不能转正的问题。非正式教师转正限度是指对非正式教师转正资格、条件做出的最低要求，回答什么样的非正式教师可以转正、什么样的非正式教师不能转正的问题。通常是达到或超越转正条件要求的可以自然转正，未达到转正标准的则不能转正，以此保证转正活动的秩序、质量、效率和合理性。任何时期、任何国家和地区的非正式教师转正都有限度要求，只是不同时期、不同国家和地区的非正式教师转正限度要求不同。但无论从教师质量、还是教育教学质量效率等方面看，符合其时代、国家和地区需要的转正都是合理的，而一切合理的转正限度都有其特殊的意义和价值。首先，合理的转正限度可以确保教师队伍的健康发展，保证教师队伍的整体质量和素质。教师队伍建设的必然趋势和终极追求是教师队伍的专业化发展。教师队伍专业化的基础是教师资格化发展，是合格条件教师人数及其比例的不断发展壮大。在知识层面，教师专业化过程是教师队伍高学历化发展过程，是高学历引导下教师知识专业化发展过程。在专业层面是师范专业化发展过程，是接受过师范教育的教师比例大幅度提高过程，更是具体的所学专业与所教专业对口衔接过程。因而，形成合理的教师转正知识、专业和资格限度，可以有效保证转正教师条件和素质，从多方面有效提高教师队伍整体素质和质量，进而从根本上保证教师队伍整体社会地位的大幅度提高。如果不加限制地引导非正式教师转正，必将使一些不具备合格学历、不具备教师资格条件的非师范专业出身的教学人员堂而皇之地大量进入教师行列，大大降低教师队伍整体素质和质量，也严重损害教师社会形象和社会地位。过高的转正条件限度则影响教师队伍建设步伐，也影响教育事业发展的总体进程。

其次，合理的转正限度也可以确保学校教育教学质量的稳定提高。教师质量是形成教育教学质量的关键。因此，通过合理的转正限度把真正不具备教育教学基本条件和能力的非正式教师限制在正式教师行列之外，把具备教育教学基本条件和能力的非正式教师及时吸收到正式教师行列，以保证正式教师队伍从业人员基本质量和基本素质方式可以确保学校教育教学活动的基本质量。设立合理的教师职业转正限度也可以使非正式教师看到转正的希望与努力的方向、明确努力的程度与方式，以提高个人业务条件等方式努力达到其质量标准，保证教育教学质量。而且明确教师转正限度也可以使非正式教师为了达到身份转化条件、顺利完成转正工作而"自觉"、"自愿"接受学校各种工作任务安排，努力做好教育教学工作，稳步提高学校教育教学质量。

最后，合理的"转正"限度可以充分有效利用非正式教师资源，最大限度地发掘他们的教育教学潜力，进而引导学校教育教学效率的全面提高。效率是随市场经济发展产生的经济学概念，是主体单位时间消耗劳动量与获得劳动效果的比率。社会学上经常将效率置换为"效益"，表示广义的社会效率，是"资源的有效使用和有效配置"。[1] 心理学研究表明，积极的情绪状态可以产生正面功能效果，消极情绪状态对行为产生破坏、瓦解或阻断作用。[2] 人在积极情绪状态下，工作效率高，低迷情绪状态影响其工作效率。人在长期稳定的工作状态下容易形成积极稳定的情绪状态，在飘忽不定的工作状态下容易产生消极的工作心理。转正限度过多、过高和不合理，致使非正式教师长期无法实现身份转化、长期处于临时教学状态下，将会形成消极的教学心理和低迷教学情绪状态，致使其难以全身心投入教育教学活动，进而影响学校教育教学活动的效率。设定合理的非正式教师转正条件和限度，可以让非正式教师看到经过努力成为正式教师的希望，非正式教师的"转正"可以使其教学行为长期化、稳定化，进而激发其教育教学热情，促进教学效率的提高。

总之，形成合理的非正式教师"转正"限度，可以有效解决好公立学校教师队伍关系紊乱、教师工资待遇与其身份不相吻合，教师社会身份与其教育教学效率、教育教学质量不相吻合等问题，激励和调动起非正式教师的教学热情，促进教育教学质量和教学效率的稳定提高，进而实现教育公平正义。人为剥夺和限制非正式教师"转正"对非正式教师本人、对教师队伍的整体发展和建设，对学校教育教学质量与效率提高都会产生负面影响。但任何时期、任何国家和地区的非正式教师"转正"均非毫无限制地进行，而是在其规定的限度内展开的，以实现其"转正"目标。任何时期、任何国家和地区的非正式教师转正又有其共同的条件和要求。

二　非正式教师"转正"的合理性限度

非正式教师的"转正"必要而且有意义，但各个时期、各个国家和地区、各个教育阶段的各类非正式教师"转正"都应在其合理的条件和范围内进行，才能够取得其应有的正向功效。达不到一定条件或超越其限度的"转正"可能会起到负面功能。20 世纪 70 年代后期至 80 年代初期民办教师"转正"的限度是工作态度、业务能力、文化程度、教学效果，

---

① 杨东平：《中国教育公平的理想与现实》，北京大学出版社 2006 年版，第 103 页。

② 孟昭兰：《人类情绪》，上海人民出版社 1989 年版，第 31 页。

符合这些条件要求的"转正"，否则不能"转正"。① 2005 年国家小学代课教师"转正"条件是一次性大专学历、中学代课教师"转正"条件是一次性本科学历，而其他方面都规定为 31 周岁以下，通过特岗教师招考考试者。

非正式教师身份转化在日本、法国等许多国家、地区也都存在。法国教师中介组织 FEN 的任务之一就是帮助临时代课教师转化为正式教师。日本教师中介组织 JTU 的任务之一也是负责编制内临时聘用教师的"转正"，但他们明确要求废止临时教师"转正"的考试年龄限制和资格规定，② 而且日本新用教师（临时代课教师）都有一年试用期，试用期间合格以后才可以转为正式教师。③ 在美国，受聘教师就职后，一般都有 2—5 年不等的见习期（做临时代课教师），签订长期聘用合同的教师，若试用期获得学生或学校管理者的好评，可申请转为终身教师（类似中国的正式教师）。④ 多年来，美国许多州一直尝试培养非教育专业的准教师，通过代课方式逐步把他们锻炼为合格教师。联邦政府 2002 年度财政拨款3500 万美元资助"转行当教师计划"，以资助地方招募优秀人才充实教师队伍。⑤

综合部分国家、部分地区和各个时期非正式教师"转正"条件限度可以看出，非正式教师"转正"的范围及其条件限度比较多，但其最主要和最核心的限度体现在学历、能力、时间和资格四个限制性条件方面：在学历限度方面，"转正"教师都需要有基本的学习经历，都能达到从教阶段当时规定的最低学历底线和知识标准。20 世纪 50—70 年代初中文化程度是我国小学教师最低学历要求，中等文化程度是初中教师最低学历标准。所以，其时初中文化程度是小学非正式教师"转正"的基本限度，中等学历是初中非正式教师"转正"的最低学历要求。20 世纪八九十年

---

① 王献玲：《民办教师始末》，知识产权出版社 2007 年版，第 85、93 页。

② 郭朝红：《影响教师政策的中介组织》，天津教育出版社 2006 年版，第 117—118 页。

③ 马健生：《比较教育》，高等教育出版社 2010 年版，第 252 页。

④ 马立：《全国中小学教师队伍现状、预测与对策研究》，人民教育出版社 2006 年版，第189 页。

⑤ 励骅，白华：《国外薄弱学校改进的有效举措探析》，载《比较教育研究》，2009 年第 6 期。

代中专文化程度是小学教师的最低学历要求，也是小学非正式教师"转正"的基本限度；大专以上文化程度是初中教师最低学历要求，也是初中非正式教师"转正"的学历限度。2005年以后专科学历是小学教师的最低学历要求，也是小学非正式教师"转正"之限度；本科学历则是初中教师的最低学历要求，也是初中非正式教师"转正"的基本条件。因此，不同教育阶段有不同的学历限度，不同时期有不同的知识、学历限度。学历限度应依据时代发展的水平和教育阶段性需要而不断调整。但各个时期、各个基础教育阶段对转正教师学历又有最低限度，即所有教师学历都应高出其任教学校教育层次水平才具有合理性。

在能力限度方面规定，基本的教学设计、语言表达、课堂组织管理、教学测量与评价等方面能力是一名合格教师需要具备的基本能力，也应该是非正式教师转正的合理性能力之限度，[1] 也就是能完成基本的教育教学活动任务，有能力从教，能教给学生正确知识和技能，能保证基本教育教学质量的非正式教师"转正"具有合理性。不会进行教学设计，讲话结巴，没有独立开展教育教学活动的各种能力、不能保证基本教育教学质量的非正式教师不具有"转正"的合理性。基本的教育教学能力是任何时期、任何国家和地区教师非正式教师转正的合理性限度。

在专业条件方面是否修习过师范专业课程是其能否转正的合理性专业限度。不论毕业于综合院校还是师范院校教师，最低限度应该是师范专业毕业生，系统地学习过师范专业知识、系统地进行过师范专业技能训练，懂得教育教学的基本理论知识，能正常组织开展教育教学活动，才可以成为正式教师；非师范专业毕业生短期内不能深入理解教育教学的基本规律、基本特点和方法，不能有效开展教育教学活动，转正后对学生发展和学校教育活动开展具有负面影响，因此，其转正行为不具备合理性。而所学具体专业与所用专业保持一致则是非正式教师转正的最高专业限度。学习中文教育专业的教数学，不利于学校数学教学活动开展，也影响学生数学知识与能力的培养。

在时间限度方面规定，凡被"转正"的非正式教师都要经过合理的教育年限和教学年限锻炼，形成正式教师所需要的基本的经验性和实践性

---

① 陈永明：《教师教育研究》，华东师范大学出版社2003年版，第87—88页。

知识，被认为合格以后才可以实现"转正"。没有进行过最低从教年限训练的非正式教师不能"转正"，实习、实践和试教目标完成而继续延续非正式教师身份者，在时间方面不具备合理性。当然非正式身份从业教师都有过教学经历，没有任何教学经历人员不可能是任何意义上的教师，也不可能是非正式教师。国外多数国家非正式教师转正的合理性从教年限为1—3年，国内也有此趋势。但从一名教学新手到成熟教师所需要的时间流程看，一名成熟教师的形成需要3年以上时间。因此，非正式教师的转正年限规定在3年也是比较恰当的。

在资格限度方面，教师"转正"需要合理的资格条件界限。资格是指从事某种活动应具备的条件、身份①，多数情况下是指职业资格，即从事某种职业活动所应具备的年龄、学历、专业等条件。在职业资格制度实施以前，从事任何职业也有条件要求，但不需要明确的资格证书。在教师职业资格制度实施以前，非正式教师"转正"也有条件限制，但不需要明确的资格证书，也就没有严格系统的转正资格限度。职业资格条例实施以后，从事任何职业需要职业资格。从事教师职业也需要达到国家和时代规定的教师职业年龄、学历、实习时间等方面的总体条件，才可以获得任教国家和地区相应教育阶段的教师资格证书。有任教阶段的教师资格，其教师身份也得到了国家和政府部门的完全确认，他就可以理直气壮地从事教育教学活动。因此，教师资格制度实施以后，从事教育教学活动的非正式教师如果具备了从教阶段教师资格证书，那么，他就具备了国家承认的教师身份，达到了教师职业身份转正的合理性资格限度。教师法实施以后，没有取得任教阶段教师资格证书的非正式教师既没有从事教育教学工作的充分条件，也没有实现职业转正的正当理由。

三　非正式教师合理性转正限度的形成

非正式身份教师转正受制于国家、地方、学校以及非正式身份教师等多方面教育主体，因此，促进非正式身份教师在合理性限度内转正的关键是克服引起非正式身份教师非合理性转正的国家、地方以及所在教学单位

① 中国社会科学院语言研究所词典编辑室：《现代汉语词典》，商务印书馆1988年版，第1529页。

中的各种因素，也要克服影响非正式身份教师合理性转正的非正式教师个体因素。就是说教师身份转正不能完全依据教育行政部门和用人单位的主观嗜好、想转就转，而是在综合考虑影响不同时期、不同国家和地区诸客观因素基础上进行。具体而言，需要从以下几个层面分别做好相关部署和安排工作。

1. 国家层面要依据本国教师队伍发展状况和趋势需要，制定好非正式身份教师转化的合理性政策措施并努力使其合理化。要制定出特定时期正式身份教师学历、能力、资格、专业和年龄等方面的基本标准和政策底线要求，明确规定达到一定学历、能力和资格标准要求的非正式教师可以转化为正式教师，为非正式教师身份转化提供切实可行的宏观政策依据。同时分层次、分步骤对教师身份转化方式、转化措施统筹规划、科学安排，力求使其科学化、合理化。教师身份转化不能设置硬性指标，符合正式教师条件的非正式教师都应该及时、顺利实现转化，以维护其基本权益、实现其个人价值。

2. 地方教育行政部门做好国家非正式教师转正政策的理解、消化和传达工作，也要制定出合乎当地教育实际的非正式教师转化方式。地方教育行政部门是国家教师身份转化政策的理解者和贯彻者，是教师身份转化的具体审核和决定者。地方政府对国家教师身份转化政策的理解、贯彻程度直接影响教师身份转化的效率和方向。因此，地方教育行政部门官员都应全面系统学习教师身份转化的相关政策文件。相关政府部门要将教育行政官员学习国家教师身份转化政策质量作为工作能力考核的基本方面。地方教育行政部门在贯彻国家政策、制定本地非正式教师转化政策时，要结合地方教育教学以及当地教师实际灵活进行。但地方行政部门不能以灵活应用国家相关政策为名而违背国家相关政策本质、不顾不同身份教师实际表现和下属学校意见，以自己嗜好为依据违规进行身份转化。地方行政部门的基本任务是全面检查、调研、统计辖区学校教师队伍建设问题，帮助辖区学校分析不同身份教师教育教学情况及原因，指导各学校以教师身份转化为手段，促进不同身份教师教育教学质量的全面提高。

3. 学校层面做好教师身份转化的考核、推荐工作。学校考核、评价、推荐是教师身份转正的最基础工作，是影响教师身份转正质量、转化效率和转正方式的最根本性工作。学校在非正式教师身份转正工作中的成效如何，直接关系到学校正式教师队伍的质量和水平，进而影响到学校教育教学质量、效率的提高，也影响到学校自身的生存与发展。因此，学校领导和管理机构在非正式教师转正工作中，需要用正式教师所必需的学历、专业和教育教学能力等标准看待非正式教师转正的可能性，及时将具备基本教育教学能力，具备转正学历、专业和资格条件的非正式教师推荐"转正"，理性拒绝不具备最低学历要求、没有专业和资格条件的非正式教师的转正诉求。

第七章　农村教师流动政策问题

　　流动是当代社会发展的重要条件，也是每个人获得良好发展的前提条件。越发达的国家和地区其人口流动性越强，越落后的国家和地区其人口流动性越弱。同样，越发达的国家人的发展速度越快，越落后国家人的发展速度越慢。因此，发展教育需要教师流动，教师流动是现代教育发展的条件和保证，也是教育快速发展趋势和要求。但合理的教师流动会促进教育的平等发展，不正常教师流动则是造成教育片面、畸形，非均衡、不平等发展的重要原因。合理流动是教育内部的双向平等流动，不合理流动是单向向上或者向教育系统外进行的流动。教育希求的是教育内部平等、均衡性发展，平等、均衡是教育发展永恒的价值诉求。

　　但是，由于教师个体内在意愿以及贫困地区政策制度、经济文化和教师自身外在因素的影响，农村贫困地区教师队伍处于不充分流动状态。当然，农村教师充分"流动"对农村贫困地区学生、教师及其教育发展可能是有害的。而不充分流动可以有效防止当地教师队伍、学生队伍的充分流失及其教育本身的破产，这对贫困地区学生队伍、教师队伍的整体发展以及当地教育质量的稳步提高可能具有更充分的意义。但是，企图以外在的制度规则和贫困文化实现贫困地区教师队伍及其教育的持续的稳定和发展，只是一种幻想。因此，必须形成以流动促稳定的观念，形成利于教师队伍稳定的内在的政策、规则、措施，切实维护当地教育的稳定和发展。

　　农村教师、农村学生城市化流动和农村教育城市化发展是农村教育发展的趋势之一。但是由于经济资本、个人关系等非正式制度性因素、刚性人事编制制度以及地方保护主义行为影响，农村教师城市化流动存在平等不足和效率低下问题。因此，建立公共关系范畴和政府宏观指导下的公平流动制度，弹性化教师编制制度，摒弃教师流动中的人为限制和地方保护主义行为，是实现农村教师城市化平等效率性流动的基本方式。

受国家西部地区政治、经济、人口、教育等政策因素以及西部农村地区教育发展内在力量影响，五十多年来，西部农村地区本县籍中小学师资数量、比重保持持续增长态势，其本县籍教师数量、比值由历史最低发展到历史最高值，本地教师功能由历史最小强化到历史最大值。而其外县、外省籍教师比重由历史最高值下降到历史最低点，外地教师功能由历史最大弱化到历史最小值。因此，从政治、经济等方面重新思考和修正西部农村教师流动方式问题，是形成西部农村地区合理性教师地缘结构及其最大地缘功效的基本方式。

第一节 西部某贫困县农村教师地缘结构变迁问题

地缘结构在行政管理学上称为户籍结构，是人口行政地理位置上的构成。教师地缘结构是教师队伍地理位置构成，主要是指其本县、本省外县和外省籍教师的构成比例。从实践领域看，教师地缘构成单一化是地区教育发展水平不高、缺乏诱力的反映。不同区域教师地缘的被动聚合、被动构成是聚集师资数量和区域内教育数量不足、质量不高的体现，不同区域教师力量的主动聚合则是选择师资质量、聚集教育智慧的结果。但以往教师队伍结构研究很少关注教师地缘构成、变化特点、原因及其功能效果，无助于总结反思教师地缘形成的合理性，从本源上解决地区师资队伍建设问题。因此，为有目的、有计划、有组织做好西部农村地区教师队伍支援建设工作，以海原县为例，系统透析西部农村教师地缘结构变化的特征、变化的动因及其功能效果无疑有重要意义。

海原县地处西部内陆，素以人多（H 省区第三大人口县）、地广（H省区国土第二大县）、十年九旱、极度贫困而著称。海原县是典型自然经济和农牧业生产县域，其农牧业收入占国民经济总收入的 70% 以上，但其 90% 以上财政收入依靠国家财政拨款，地方财政收支长期处于赤字状态，也无法对当地教育实行财政支持。① 但 50 多年来海原县教育及其师资队伍结构在国家西部政策、特别是西部教育和教师政策支持下，取得了

---

① 王兴林：《海原县财政志》（内部资料），2007 年，第 2 页。

量上的巨大变化和质的根本性变化。本县籍小学教师从 20 世纪 50 年代不足百人、不到小学教师人数 10% 发展到目前的 2354 人，占小学教师总数的 94% 以上。本地初高中教师从无到有，2008 年已经分别发展到 928 人和 241 人，分别占当地初高中教师总数的 86% 和 91% 以上。① 海原县师资队伍地缘结构变化，从一个侧面反映了在国家统一的农村教育、农村教师和西部政策控制和影响下，西部地区教师师资队伍变化的特点和规律。因此，系统发掘海原县五十多年教师地缘结构形成、变迁的特点和规律，对海原县教师队伍建设会产生直接性功能效果，对西部农村地区三分之一相同或相似县域教师队伍结构控制和发展有重要参考价值。

一 海原县农村中小学教师地缘结构变迁的特点

受政治、经济、文化、教育等因素影响，教师地缘结构在不同时期、不同教育阶段有显著的差异性。从表 7—1—1 和图 7—1—1 看出，20 世纪 50 年代是西部农村地区本县籍小学教师数量最少、比值最小的时期。1958 年海原县本县籍小学教师仅有 29 人，占全县小学教师总数的 7.86%。

表 7—1—1　　　1958—2008 年海原县小学教师地缘结构变化表②

年份 项目	1958 (369 人)	1968 (357 人)	1978 (649 人)	1988 (1545 人)	1998 (2424 人)	2008 (2487 人)
本县教师	29 (7.86%)	39 (10.92%)	396 (61.02%)	1004 (65%)	2085 (86.01%)	2354 (94.63%)
外县教师	85 (23.04%)	118 (33.05%)	110 (16.95%)	139 (9.03%)	125 (5.16%)	70 (2.83%)
外省教师	255 (69.11%)	200 (56.02%)	143 (22.03%)	402 (25.98%)	214 (8.83%)	63 (2.54%)

① 海原县教育局：1958、1968、1978、1988、1998、2008 年海原县教育统计资料（内部资料）。

② 资料来源：(1)海原县教育志（清末—2003 年）以及 1958—2008 年海原县各阶段教育统计报表中的小学师资户籍统计；(2)1958 年至今每 10 年海原县各小学档案资料及两所小学校志中的师资统计；(3)海原县两所时间最久、人数最多乡镇小学教师户籍的田野统计、计算以及按各阶段、按比例对海原县小学师资户籍人数的推算。

　　20 世纪 60 年代后期至 90 年代后期的 30 多年中，本县籍小学教师人数一直保持了成倍增长态势。"文化大革命"期间海原县本县籍小学教师增长了 10 倍多，成为其本县籍小学教师数量增长速度最快时期。2008 年海原县本地小学教师 2354 人，占小学教师总数的 94.63%，成为历史上数量最多、比值最大时期。从表 7—1—1、图 7—1—1 看出，从 50 年代到现在，西部农村地区本县籍小学教师数量及其地缘结构比重均呈现持续增长特点和规律。本县籍教师数量与其在地缘结构中所占比值的增长呈正比例关系，即本县籍教师数量多的时候也是其所占比值最大的时候；本县籍教师数量少的时候也是其所占比例小的时候。但本县籍小学教师数量及其地缘比值发展有忽快忽慢、忽高忽低特点，并非是均衡化发展过程。

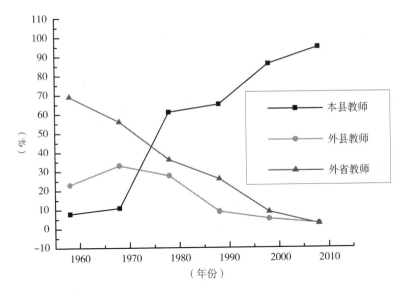

图 7—1—1　1958—2008 年海原县小学教师地缘比重变化曲线图

　　从表 7—1—1 也可以看出，西部农村地区本省外县籍小学教师从 20 世纪 50 年代开始迅速扩充，60 年代海原县外县小学教师比值占到小学教师总数的三分之一，达到历史最高纪录。从 60 年代后期开始，其外县籍比值开始下降，到 80 年代后期，其外县籍教师比值已经不到小学教师总数的十分之一。2008 年，海原县外县籍小学教师总量及其比值均降低到新中国成立以来历史最低点。从表 7—1—1、图 7—1—1 中也可以折射出，西部农村地区外县籍小学教师数量长期呈现起伏不定、忽多忽少，但变化不大的特点，其外县籍小学教师所占地缘比值从60年代开始至今持续保持下降趋势，下降速度除个别时期外总体均衡。

表7—1—1表明，1958年海原县外省籍小学教师数量是改革开放前的最高纪录，以后逐渐减少。1998年其外省籍教师人数降低至2000年前的最低纪录。从地缘结构比重看，20世纪50年代是西部农村地区外省籍小学教师所占比重最大时期，1958年海原县外省籍教师占全县小学教师总数的69.11%，以后开始持续稳定下降。现在农村外省籍小学教师所占比值降低到新中国成立以来的最低点。2008年海原县外省籍教师仅占全县小学教师总数的2.54%。由此可以透视出，西部农村地区外省籍小学教师数量发展不稳定，有忽多忽少现象，但其所占地缘结构比值至今一直保持了较为稳定的下滑态势。

表7—1—2　　　　1958—2008年海原县中学教师籍贯结构变化表①

项目 ＼ 年份	1958 （21人）	1968 （59人）	1978 （159人）	1988 （496人）	1998 （809人）	2008 （1333人）
本县教师	0 （0）	12 （20.34%）	76 （47.8%）	349 （70.36%）	750 （92.71%）	1169 （87.7%）
外县教师	2 （9.52%）	16 （27.12%）	37 （23.27%）	67 （13.51%）	32 （3.96%）	101 （7.58%）
外省教师	19 （90.48%）	31 （52.54%）	46 （28.93%）	80 （16.13%）	27 （3.33%）	63 （4.72%）

从表7—1—2、图7—1—2看出，20世纪五六十年代是西部农村地区本地籍中学教师数量及其比重最小时期。1958年海原县基本没有土生土长的本县籍中学教师，1968年其本县籍中学教师占到中学教师总

---

① 资料来源：（1）海原县教育志（清末—2003年）以及1958—2008年海原县各阶段教育统计报表中保存的中学师资户籍人数统计；（2）1958年至今每10年海原县各中学档案资料及两所中学校志中的师资统计；（3）海原县两所时间最久、规模最大乡镇中学教师户籍的田野统计、计算以及按各阶段、按比例对海原县中学师资户籍人数的推算。

数的 20.34%，而在 20 世纪 60 年代到 2000 年前的 30 多年中，海原县本县籍中学教师人数每十年以 2—5 倍速度增长，导致其地缘结构比值每十年以 15 个以上百分点速度递增。2008 年海原县本县籍中学教师已经发展到 1169 人，达到历史最高纪录，而其地缘结构比值在 1998 年已经发展到历史较高记录并开始下滑。从图 7—1—2 中可以映射出，从 20 世纪 50 年代末至今，西部农村地区本县籍中学教师人数保持持续快速增长态势，本县籍教师数量的增长导致其地缘结构比值基本上也保持了持续稳定增长。

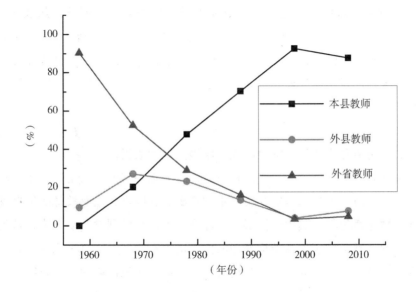

图 7—1—2　1958—2008 年海原县中学教师地缘比重变化曲线图

从表 7—1—2、图 7—1—2 看出，20 世纪五六十年代西部农村外县籍中学教师人数仍然不多，但其所占比重却比较高。1968 年海原县外县籍中学教师所占地缘比例达到 27.12%，是历史最高纪录。自此以后其外县籍中学教师地缘比值持续下降，1998 年降低到历史最低点（3.96%）。尽管 2008 年海原县外县籍中学教师总量发展到 101 人，达到历史最高纪录，其所占地缘比值（7.58%）有所回升，但与新中国成立后各年代相比较，仍然是所占比例较低年份之一。从表 7—1—2、图 7—1—2 中也可以透视出，西部农村地区外县籍中学教师人数除个别阶段出现明显下滑外，总体呈现持续增长趋势。外县籍中学教师所占地缘结构比值除近年有所回升外，从 60 年代末开始一直保持稳定的下降趋势。

从表 7—1—2 可以分析和推算出，20 世纪 50 年代是西部农村地区外省籍中学教师所占比重最大时期，1958 年海原县外省籍中学教师占当地中学教师总数的 90.48%。从 50 年代末开始，海原县外省籍中学教师以年均近 4 个百分点速度递减；60 年代后期以两个以上百分点速度递减；70 年代以后开始以一个左右百分点递减。1998 年海原县外省籍中学教师所占比值仅为 3.33%，成为历史上地缘结构比值最小时候。尽管近年来外省籍中学教师数量与地缘比重有所回升，但提升并不明显。从表 7—1—2 及图 7—1—2 可以推定，西部农村地区外省籍中学教师人数在 20 世纪 90 年代前持续增长，90 年代之后有升有降，但外省籍中学教师所占地缘结构比值除近年回升外，从 50 年代开始一直保持了极为明显的下降趋势。

二　海原县农村中小学教师地缘结构变迁的动因

引起教师地缘结构变化的因素很多，有教育外部的政策制度、经济水平、文化环境、人口结构等社会因素和婚姻家庭因素，以及教师队伍自身内在结构矛盾等等。其中经济形态和经济发展水平以利益驱动方式，是吸引农村地区教师队伍地缘结构变迁的内在动力和长期性、直接原因；政策制度以行政命令要求等手段，是短时间内引起农村地区教师队伍地缘结构大规模变迁的外在力量，也是引起西部农村教师结构阶段性变化的标志性因素；婚姻家庭以协商或推拉等方式，是教师地缘变动的连带力量，多数地缘变动是婚姻家庭许可和要求的结果。而农村地区教师数量、质量构成及其比例关系矛盾是其地缘结构变化的本体原因。在本地师资数量不足、质量不高的情况下，只能依靠外援和外力解决，从而引起地缘构成变化。但总体来看，社会流动是教师地缘结构变化的最后原因。外地教师流进是教师地缘结构形成的直接原因，外地教师流出则是其地缘结构变化的根本原因。没有 50 年代外地教师大规模介入，就形成不了西部农村地区外地教师逐年流出和递减的趋势。

人口社会学理论认为，人口迁移规律是从经济相对落后地区向经济相对发达地区流动，① 因此，经济变化是引起农村地区教师队伍地缘结构变化的内在动力。20 世纪 50—70 年代计划经济形态下，东西部、城乡之间经济发展差距不大。20 世纪 50 年代从北京来到海原县的赵天录老师认为，50 年代的北京也很落后，来到海原县没有大的心理落差。由于在任何地方工作对其收入影响不大，大批外地中小学教师服从国家经济宏观发展计划来到西部，推动了海原县农村地区教师地缘结构的绝对外籍化发展。20 世纪 80 年代市场经济形态下农村教师地缘结构开始自主化发展。尽管在国家讲师团、志愿者服务队和支教教师推动下，此时一度出现外省籍中小学教师数量回升的短暂现象。但由于东西部以及城乡间经济差距持续拉大，外地、外省教师回流城市和发达地区是大趋势，而且其地缘结构比值一直保持在快速下降序列中。与此同时，本地骨干教师开始大量外流，从而导致西部农村教师队伍地缘结构日趋单一化、本土化和薄弱化。正如海原县兴仁中学郭平老师说言，乡村教师除了死工资外没有其他收入，城市和东部经济发达地区教师的代课费、补课费、晚自习费、节假日补贴累计起来比工资还高。因此，农村自己的老师都在努力往外跑，更别想吸引外地教师。尽管近十年来农村地区外省籍初中教师、本省籍初高中教师数量及其地缘结构比值开始逐渐增加，但此时的外地教师主要是社会竞争中被城市和发达地区挤压下来的人员，外地籍教师此时的地缘变化目的不是事业而是先就业后择业，先获取稳定的工资收入再寻找更高收入单位。2008 年来到海原县高崖中学的贵州籍教师何某夫妻二人，任教两年后便走向了收入和生活环境更好的东部城市。

政治政策是农村地区教师队伍地缘结构变迁的外在力量，也是西部农村教师结构变化的最直接原因。50 多年来中国社会流动和结构变化都是在几次政治变迁背景下发生的，受到了国家政策的强烈干预。尤其在改革开放以前，国家垄断了一切社会资源，在政治上直接主宰了每个人社会位置变化，也决定着社会结构变化。② 20 世纪 50 年代后期至 70 年代，国家为了教育、改造"右派"和"极右派分子"，缓解北京、上海等大城市人

---

①　"西部大开发中的人口问题"课题：《西部大开发中的人口问题》，中国统计出版社 2005 年版，第 119 页。

②　陆学艺：《当代中国社会流动》，中国社会科学文献出版社 2004 年版，导言第 6、9 页。

口压力和加强西部边疆民族地区建设，连续遣送"地、富、反、坏、右"等"阶级分子"到西部农村劳动改造，其中"右派分子"占到当地教师队伍总数的四分之一左右。另外国家还连续三次派遣大批支边青年、支援西部建设，也在更大程度上导致海原县外省籍教师队伍迅速扩大及其地缘比重提高。在阶级斗争扩大化过程中，为防止滋生腐败，回避政治风险，"自觉"服从组织安排，自觉服从计划内工作频繁调动是生活常态，阶级身份不好的外县籍教师明哲保身起见，常常主动采取异地工作方式，导致60年代本省外县籍农村中小学教师地缘比重迅速提高。"文化大革命"结束后，随着本地教师队伍力量壮大崛起，以及知识分子政策落实及其"右派帽子"摘除，外省籍教师开始大量回原籍工作，造成本地教师比重大幅度提高和教师地缘结构本地化发展。20世纪80年代实行大学生回原籍就业政策，导致本地教师力量持续增长和外地教师比值进一步下降。十一届三中全会以后，国家提出西部大开发战略规划，随之派遣大批讲师团、支教队等专业技术人员，导致90年代前外省籍教师数量上的扩充。但这些"教师"多数是外地学校的后勤行政干部，他们对当地教学的功能影响极其有限。[①] 随着90年代就业政策的放开和就业自主化，外省区应届大学生再极少到西部农村地区就业、创业，来到当地的应届大学生多数是在外地无能立足的本地力量，造成90年代后期本地初高中教师地缘比重不断攀升，以至发展到历史最高点。从变化图和表中看出，近年来外地初高中教师比重逐步提高，主要原因是国家为有效解决农村地区教师编制严重不足、年龄老化和质量不高等问题，从2006年开始连续实行了五年特岗教师招考计划。由于报考特岗教师没有户籍限制，应届大学生就业压力又持续增大，异地考生纷纷采取先就业后择业，到处报名应考办法，从而造成落后地区外县籍初高中教师地缘比重回升和本地教师比例下降。海原县李俊中学杨校长指出，受特岗教师政策影响，地处县际边界的该县外县籍教师已经占到了其教师总数的一半。而2000年后农村地区本县籍小学教师地缘比重继续提高的主要原因是小学教师完全本地化培养的结果。绝大多数外省籍高校毕业生都不愿意长途奔波到西部农村地区做一名社会公职中地位最低的乡村小学教师。

---

① 田方，林发棠：《中国人口迁移》，知识出版社1986年版，第77页。

　　从教育内部看，西部农村地区教师地缘结构变化是当地教育普及发展以及人口素质提高的结果。20 世纪 60 年代之前，西部农村地区文化教育事业极其落后，60 年代初期海原县才有了普通高中教育，60 年代中期才有了土生土长的高中学历教师，造成"教育大革命"时期只能依靠外籍支教教师推动教育运转的局面。20 世纪 60 年代以后，随着本地中等教育和本地初等师范教育发展，以及本省高等教育事业发展，海原县有了可资利用的师资力量，越来越多的本地教师充实到了当地中小学教师队伍中，大大提升了本县籍教师在教师地缘结构中的比例，也为外省籍教师回原籍工作和降低外地教师地缘比重创造了条件。应该看到，教师地缘结构比重变化既是本地教育发展的结果，也是外地教育获得更快发展和吸引的结果。在西部农村地区教育发展过程中，东部和城市地区经济社会教育有了更大发展，导致东西部、城乡之间教育差距持续拉大。在教育及家庭子女教育持续升温的情况下，农村地区教师开始带领子女到城市、在东部地区谋求两代人、特别是子女发展成为大趋势。20 世纪 50 年代从北京来到海原县支教的全国劳动模范赵老师也是在这种背景下，于 80 年代末携带妻儿离开海原县的。据了解，20 世纪 80 年代前后，外省教师大规模回迁，90 年代本地骨干教师外流，一个重要原因是为了子女未来的发展需要。

三　海原农村中小学教师地缘结构变化对西部农村教师地缘结构调整的启示

　　回顾五十年来海原县农村中小学教师地缘结构及其变化情况可以看出，20 世纪五六十年代通过国家西部农村地区政治、经济、教育，特别是教师政策，大大增加了海原县外地教师比重，弥补了其本县籍教师队伍之不足，满足了当地学生学习之需求，极大地促进了当地教育事业发展。80 年代后，随着城乡之间和东西部经济差距不断拉大，以及大学生就业自主化发展，外县以及外省籍教师顺应经济规律开始大量离去。由于国家倡导的西部扶贫支教活动无法得到人力、财力和物力上的充分保障，外地教师的人数比重及其实际教育功能影响已经弱化到了历史极值，因此，促进城乡之间、东西部之间教育均衡化发展是当下迫切需要解决的问题，如果不下大力气解决该问题必将影响国家基础教育的整体协调发展，也严重制约国家整体的现代化水平。而促进城乡之间、东西部之间教育均衡发展已经成为我国基础教育发展的长期政策，促进教育均衡、公平发展也是国际教育发展的总体趋势。教育均衡、公平发展的关键是师资力量的均衡发展。因此，重新审视和调整西部农村地区教师地缘政策，切实利用城市和东部地区地缘力量发展西部教育是国家当下急需考虑的问题。而为有效发挥不同地域教师对西部农村地区教育的功能影响，需要从经济、教育政策制度层面做一些调整。

首先，发展西部农村地区经济，加大教育投入力度，是改善西部农村教师经济和生活条件，形成农村教师合理性地缘结构的根本性方式。人是利益性动物，趋利避害是人的本能。市场经济条件下，哪里工资高、待遇好，那里就能吸引人；哪儿工资低、待遇差，那儿就留不住人才。因此，经济因素是稳定本地教师队伍的基础，也是吸引外地教师前来长期任教的前提。当西部农村教师工资待遇达到城市或东部地区水平的时候，教师迁出迁入将会正态化，其地缘结构将得到大大改善。因此，用现代工业改造传统农村生产方式，大力提高农业生产效率，努力增加西部地区地方财政收入，最低保证和有效监督其在当地教育中的基本投入，加大中央西部农村教育专项资金力度，同时，通过试行生活补贴、住房补贴等方式，保证西部农村教师有不低于东部发达地区教师的工资津贴收入，是稳定当地教师和吸引不同县域、不同省区高质量教师到西部地区、到农村地区长期就业发展的关键措施，也是推动西部地区教师来源结构正常化的根本方式。

其次，改革传统利用应届学生扶贫支教方式，大面积试行城乡及东西部现任教师异地结队帮扶形式，将外省区和城市发达地区高水平骨干教师派往西部农村地区，取代在西部农村地区"支教"的应届青年学生，以师带徒、现场示范教学和就地培训师资等方式，来控制和放大地缘结构功效，是提高帮扶质量与效率的积极有效方式。临时支教教师是必要的，有经验的临时支教教师与没有教学经验、教学能力的支教教师所起的作用完全不同。没有经验的支教学生有最新的专业知识，但缺乏工作能力；增加了外地教师数量、比重，起不到真正的教师地缘强化功能。以有经验的外地骨干教师去西部支援和培训当地教师，既是现身传授经验、指导克服问题方式，也是维护教学稳定性、连续性的有效方式。

最后，为有效发挥教师地缘效果，应借鉴近五年西部农村地区招聘特岗教师做法和发达地区招聘教师经验，实行面向全国招聘各类正式教师办法，将外地高学历、高职称，专业骨干教师以国家特殊人才津贴等方式，有计划地直接纳入到本地教师行列，增加本地教师的工作压力与动力，又可以发挥稳定持久的外地教师功能影响力。

第二节 西部农村贫困地区教师流动问题

贫困地区是指社会成员生活水平低下，发展机会匮乏以及发展能力不足的地区。① 贫困地区是一个相对意义上的概念，世界上各个国家都有其自己的贫困地区。在我国贫困地区主要是指人均年收入在千元以下，以老、少、边、穷为核心的农村地区。贫困地区由于其经济、文化、社会以及人的思想观念的严重滞后性，当地的教师流动始终处于一种不充分状态。

一 贫困地区教师不能充分流动的原因

充分流动须有两个基本条件，一个是自愿性；一个是"我"的自在性或自为性。也就是说一方面要愿意流动；另一方面又能够流动。但在贫困地区既存在着流动的不愿意性，也存在着流动的不能够性。马斯洛需要层次理论告诉我们，在个人基本需要满足的前提下，追求自我社会价值成为人的最大愿望。教师作为知识分子的代表，在追求物质需求的同时，更看重精神激励，更追求个人价值的实现。当贫困地区的教师感受到在贫困地区也能实现自我价值时，他们将会主动留在当地而不会选择流动的。这说明在贫困地区存在着教师不能充分流动的意愿性，但在贫困地区教师流动中更多的则是一种不能够性。

（一）贫困地区的政策、制度制约着当地教师的充分流动

有人认为，有利于人们自由充分发展的社会必然是政府管得不太多的社会，防止由政府权力过度扩展对人们自由的侵害。② 但在我国教师流动总体上处于政府干预过多状态，我国教师队伍的流动政策总体上是保守的，这为贫困地区教师流动提供了不利的大背景，从整体上制约了贫困地

---

① 吴忠民：《社会公正论》，山东人民出版社2004年版，第357页。
② 姚洋：《转规中国、审视社会公正和平等》，中国人民大学出版社2004年版，第570页。

区教师的流动。在我国教师的流动一般都要经过调出单位及其主管部门的层层审批，也要经过调入单位及其主管部门的逐级审查，最后才能流动成行。这种制度在实际操作中更多地体现了操作者的主观意志，有绝对的人为成分存在，其旨在限制教师以及贫困地区教师的充分流动，在某种程度上保护当地教育发展。而且，由于贫困地区人的思想观念的保守性，在当地很难形成一套相对民主化的政策制度。在贫困地区出台的大多都是一些更为落后的政策制度，该制度又在无意识地制约着人的流动。贫困地区实行的教师聘任制是一种全员聘任制度，聘任工作由校长"独立"完成，教师没有自由选择聘用的权利，也没有自由选择被聘用的权利。尽管《教师法》规定了学校、教师在聘用制上平等的权利，但在贫困地区现实的社会环境下，它只能是一种乌托邦，这就决定了贫困地区教师不能充分流动的必然性。因此，贫困地区教师不能流动是有意识制度与无意识制度的结果。

（二）贫困地区经济、文化、社会发展水平制约着当地教师的充分流动

马克思认为，机器大工业生产是人获得全面发展的前提条件。机器大工业条件下人才可以获得全面流动。也就是说人的充分流动是市场经济充分发展条件下的产物，而我国贫困地区仍处在自然的小农经济状态，小农经济不需要流动。流动也不能给当地社会经济带来实质性利益，小农经济鼓励的是一种安定平稳的生活，在这种社会经济环境中人们产生不了流动的欲望。教师流动规律则告诉我们，社会越落后，教育发展水平越低，教师流动性越小。[1] 贫困地区由于其区域文化的封闭保守性，导致当地教师流动中的保守心理和保守行为。

（三）贫困地区教师的自身条件制约着其充分流动

一般的教师在工作两三年后大多都成家了。有家属的教师流动一般是建立在另一方能够流动的基础上的。如果对方是有工作单位的，牵扯到两人同时流动困难很大；如果两人从两个不同单位向外流动难度就更大。另外，考虑到流动到外地需要居家买房子、解决孩子上学等一些对贫困地区的贫困教师来说较为棘手的问题，多数有潜力教师望而却步。所以，成家

---

① 孟令熙：《教师流动规律及其对教师管理的启示》，载《中国教师》，2004 年第 6 期。

带来了工作的稳定性，也在某种程度上抑制着人们流动的冲动性、意愿性和能够性。贫困地区中年富力强、经验丰富、教学水平高、"能够"流动的教师因家庭拖累以及学校的竭力"劝留"而存在流动的不能够性；对于刚刚步入工作单位的单身汉来说，虽然说没有流动的家庭拖累，但是，也没有三年的工作经验和实践锻炼，多数单位也不愿意接收，流动中也存在不能够性。而对于年龄大的老教师来说，既存在着因家庭拖累而出现的流动的不愿意性，也存在着因为接收单位的年龄限制而出现的流动的不能够性。

因此，贫困地区的教师流动始终是在一种不充分状态下进行的。充分流动是指没有外在条件限制的自主流动。任何国家、任何地区的教师都不可能随心所欲、自由流动，没有无条件的流动，任何人的流动都是有条件限制的。因此，充分流动是相对的，不充分流动是绝对的和必然的。贫困地区的教师只能获得相对意义的流动，不可能实现绝对意义上的真正流动。教师流动是从不充分到充分的过程，但永远实现不了充分性。

二 贫困地区教师充分流动的负面效应

（一）贫困地区教师的充分流动影响到当地学生的生存与发展

优质教师是贫困地区学生向上流动的重要渠道，缺少优秀教师的贫困地区难以形成优质教育，也很难引导该地区学生向上流动。一方面，优秀教师上升流动使当地学生及其家长逐渐对本地教育质量产生怀疑，由此也降低了他们在本地求学的积极性。促使他们为获得优质教育而纷纷外流，导致当地学生质量和数量的下降。[①] 但另一方面贫困地区教师的充分流动危及到当地贫困学生群体对教师的信心。少数优秀教师的流失，会使学生许多学生产生一种心理：水平高的老师都流走了，流不出去的都不是好教师。心理学上的罗森塔尔效应告诉我们，学生不爱自己的教师，对教师不抱有希望，将导致其对教育信心的丧失。当学生对当地教育不抱有任何信心的时候，他们将大面积主动辍学，抑制了贫困地区弱势学生群体向上流动。这是贫困教育中最危险、最需要解决的事情。

---

① 吴忠民：《社会公正论》，山东人民出版社 2004 年版，第 127 页。

（二）贫困地区教师的充分流动影响到当地教师队伍的生存与发展

充分流动应该有流出也有流进。但由于贫困地区自身条件不足和缺乏吸引力，在当地只存在教师充分流出的可能性，而没有充分流进的可能性。因此，当地教师充分流动之后，导致当地教师及其骨干教师的大量流失和严重不足，"在家"教师在外出教师的渲染下蠢蠢欲动，出现有走心无守心的情况。如果教师充分流动，贫困地区就不愿意花大力气培养青年骨干教师。因此将影响到师资队伍整体素质的提高以及教师队伍的整体建设情况。① 而且，教师充分流动会导致流动教师在准备流动前产生自由涣散思想，以及对学生、对学校责任心的下降，工作中敷衍了事、应付差事。这不仅关系到流动教师自身的发展，也严重危及到贫困地区师资队伍的建设。

（三）贫困教师的充分流动影响到当地教育的生存与发展，导致当地教育的失控

贫困地区教师的充分流动必将导致本地骨干教师大量外流，使该地区成为发达地区各类学校的练兵场，也将使贫困地区永远成为优秀教师的缺失之地。这将影响到当地学校及教育部门领导对本地教育的信心，以至采取放任自流或松散管理的办法，从而导致当地教育质量的进一步滑坡。而且，在贫困地区所有的教师流动基本上都是事先没有告诉学校的，等到与有关学校联系好了才去告知所在学校的。其中，又有部分教师是在学期初或学期中间走人的，结果造成学校来不及做人员上的准备，必需的课程又没有老师上，学校个别学科教学处于将要停滞的局面。因此，有人建议建立贫困地区与城市间定期定量交流机制，引导贫困地区教师合理流动。但其弊端是造成流动教师与其家庭的分离，尤其当城市教师被隔离家庭、带着消极抵触情绪下到贫困地区时，将导致工作中的不安心、不认真，敷衍了事、应付差事，由此将造成贫困地区教育质量的又一次下滑。

三　贫困地区教师不能充分流动的合理性

在贫困地区社会经济极为匮乏的条件下，广大成员不可能拥有广泛的

---

① 邵学伦：《关于中小学教师流动问题的思考》，载《山东教育科研》，2002年第18期。

基本权利，不可能拥有较多的生存发展机会用以实现机会平等的原则。①因此，贫困地区教师不能充分流动既是必然的，也是合理的。

（一）贫困地区教师队伍的不充分流动利于当地学生发展

社会发展的基本宗旨是人人共享，普遍受益。即随着社会发展每个人的潜能应当相应地不断开发，每个人的需要应当相应地持续不断地得到满足，"结束以牺牲一些人的利益来满足另一些人需要的状况"（恩格斯），使全体社会成员才能得到全面发展。② 贫困地区教师作为当地最重要的共享性教育资源，应注意帮助本地各方面学生的合法利益，尤其要帮助那些在各种先赋性条件方面处于弱势地位的学生群体，从而使其在未来社会生活中享有公平的机会。③ 教师是学生发展的奠基石，有学生的地方都需要教师存在。教师队伍的不充分流动利于贫困地区各类学生发展的时候，这种不充分是合理的，也是合法的。

（二）贫困地区教师的不充分流动利于当地师资队伍水平的整体提高

贫困地区教师流动存在不愿意性、不能够性，说明贫困地区教师不能充分流动的必然性与其自在的合理性。不能够或不愿意性在某种程度上决定了教师个体发展的范围，但它并不会影响到当地教师的绝对发展。因为不充分流动意味着贫困地区也存在优秀教师创业发展的空间和舞台，优秀教师在贫困地区也可以获得发展。而且，贫困地区教师的不充分流动利于提高当地学校及教育部门领导的信心，激发他们打造当地"名师"的积极性，以名师带动贫困地区师资队伍水平的整体提高。因此，贫困地区应当"掌握"和"控制"自己的"名师"，并通过"名师"带动当地师资队伍的整体发展。这种"掌握"、"控制"应当是合理的也是合法的。

（三）贫困地区师资队伍的不充分流动可促进当地教育质量的稳步提高

人的发展与社会发展是矛盾的统一体。当社会处于低层次运行状态时，人的发展与社会的发展往往处于尖锐的对峙状态，历史的发展过程往

---

①　陆学艺：《当代中国社会流动》，社会科学文献出版社 2004 年版，第 18 页。

②　吴忠民：《社会公正论》，山东人民出版社 2004 年版，第 88 页。

③　同上书，第 11 页。

往是以个人利益让步而获得社会利益的最大化结果。因此，一定程度上贫困地区的教师为了当地学生的发展，为了当地教育事业的发展，必然要"牺牲"个人利益，以"牺牲"个人利益换取当地的教育和社会效益。教师是贫困地区最重要的教育资源，他们的稳定提高是贫困地区教育发展的重要保证。英国的 Pter Mortimore 教授等人对 50 所学校 2000 名学生进行长达 4 年的研究发现，教师的稳定是提高学校效能的关键因素之一。为此，联合国教科文组织在《关于教师地位的建议书》（1966 年版）中特意强调了教师职业稳定的必要性。①

总之，贫困地区教师不能充分流动是必然的，也是合理的，不主张贫困地区教师全面流动，并不是要禁止贫困地区教师的流动。流动是必然的，也是绝对的，不流动是相对的。贫困地区教师不充分流动也是必然的和绝对的。因此，应对贫困地区的教师流动只能采取一种改良主义行为，而不是改造主义行动。

四 稳定贫困地区教师队伍的几点建议

（一）贫困地区的学校及其教育主管部门要树立在流动中求稳定、求发展的观念

流动是教师职业发展的大趋势，保守封闭只能导致贫困地区教育的自我消亡。因此，贫困地区要改变当地教师流而不动和流而不进的特点，以积极的政策措施引导外地教师向本地区流动，实现当地教师在输入和输出上的动态平衡。省级教育主管部门应当制定政策，规定发达地区教师至少在贫困地区服务半年以上方可评定相应的职称、职务。促使发达地区的骨干教师为了职称、职务，"主动"、"自愿"走进贫困地区，利用个人特长服务当地教育。为保证发达地区教师向贫困地区的"充分"流动，实现其流动的自主性。应当规定希望流动的教师可以根据自身需要随时与所在学校及其主管单位协商服务期限和服务时间。

（二）国家以及贫困地区的政府部门要有待遇留人的观念和措施

实行弱势补偿政策，提升贫困地区薄弱学校教师的经济地位，充分利

---

① 王洪斌：《关于中小学教师流动问题的思考》，载《江西教育科研》，2001 年第 6 期。

用国家扶贫资金扶持当地教师队伍建设。贫困地区所在地应建立教师队伍县、乡长负责制，使贫困地区的县、乡政府不能截留挪用教师资金，且能主动筹集资金、支持当地师资队伍发展。国家、省、县级以上人民政府要筹集资金，设立"贫困地区教师基金，"将其中一半（每月不低于 500 元的费用）直接用于该地区的教师生活补贴，其余可以作为教学津贴、教学奖励基金、班主任奖励基金，定期奖励长期奋战于该地区且有一定成就的优秀教师。打破教师收入上的平均主义，充分调动教师们从事当地教育事业的自觉性、积极性。

（三）贫困地区的学校要有事业留人的观念和措施

教师职业特点决定了他们更注重精神上的满足和追求。因此，贫困地区的学校在向教师提出责任义务的同时，应赋予和保障教师充分的自主权利；在要求教师敬业、爱岗、奉献的时候，更应注重公开、公正、公平性评价。应将教师个人业绩作为其晋级、晋职、评优、提干的主要条件。其次，要善于肯定和用人所长，学校领导要让教师深切感受到在贫困地区、在贫困地区的学校工作也有用武之地，也可以实现个人价值，使其在精神上获得满足感和成就感，做到事业留人。①

第三节　农村教师城市化平等有效流动问题

以往关于农村教师流动的研究多数关注了其负面影响，关注了农村教师流动对农村教育、农村学生发展的负向功能，很少认识到教师流动也有其正面意义，这不利于农村教师流动功能的正常发挥。因此，正视农村教师城市化流动的各种功能，推动农村教师队伍平等有效流动，是推动农村教师队伍健康发展的需要。

一　农村教师城市化平等效率性流动的本质与价值

美国学者库克（Kuck）通过他的曲线图启迪人们：为了使创造力不断提高，应在创造力进入稳定期，或者说在进入新环境 4 年到 5 年后，就变换教育工作部门、进行职业流动，才会有助于教师专业成长和教育活动

---

① 陈言贵：《农村中小学骨干教师流失现象思考》，载《当代教育科学》，2003 年第 11 期。

开展。① 而农村教师城市化流动不仅可以让在当地工作过数年的教师获得新的工作环境和条件，让这些教师获得城市性发展机会，促进其借助城市优质教育资源和平台，获得专业上迅速成长；同时也有助于农村学校吸收、补充新的师资队伍，促进农村教育新陈代谢、实现动态化发展。

　　农村教师城市化流动的基本价值是效率与平等，即既是平等性流动，也是高效率流动。效率是随着市场经济发展产生的经济学概念，是主体消耗劳动量与获得劳动效果的比率。社会学上经常将效率置换为"效益"，表示广义的社会效率，是"资源的有效使用和有效配置"。②（p. 103）教师流动效率包括社会学上教师群体流动效率与经济学上教师个体流动效率两个方面。群体流动效率是实际流动教师人数与期望流动教师人数以及教师总数之间的比率。实际流动教师数与期望流动教师数以及教师总数之间比率越高，其流动、使用效率越高；实际流动教师人数与期望流动教师数量以及教师总数之间比率越低，其流动和使用效率越低。个体流动效率是个体流动过程中花费时间的多少。个体流动过程用时越少，效率越高，反之，效率则比较低。从农村教师自身发展角度考虑，城市化流动效率越高，越有助于改善工作环境、提升其工作生活质量。张天雪等人在浙江的调查显示，77.8%的教师希望通过流动改变自己命运③（pp. 15—18）；邓涛等人在吉林的调查显示，61%的教师迫切希望城市化流动。④（pp. 34—41）说明农村教师普遍有比较强烈的城市化流动意愿，城市化流动对他们发展必要和有意义。高效的城市化流动可以迅速改善他们工作环境，提高其工作效率和生活质量，是社会流动的基本价值。低效的城市化流动往往影响他们身心健康、工作信心，也影响农村学校和农村学生发展。

　　平等是人社会地位相等，人在政治、经济、文化、教育等方面享有同等权利。⑤（p. 30）人生而平等、没有高低贵贱差异。强调平等首先是强调人

---

① 李森，杨正强：《关于教师流动的理性认识与管理策略》，载《宁波大学学报》（教育科学版），2008 年第 2 期。

② 杨东平：《中国教育公平的理想与现实》，北京大学出版社 2006 年版，第 103 页。

③ 张天雪，朱智刚：《非正式制度规约下教师流动实证分析——以桐庐县为例》，载《中国教育学刊》，2009 年第 4 期。

④ 邓涛，孔凡琴：《关于推进基础教育师资配置均衡化的思考——吉林省城乡师资差异和教师流动意愿的调查与分析》，载《中国教育学刊》，2007 年第 9 期。

⑤ 陈燕：《公平与效率》，中国社会科学出版社 2007 年版，第 30 页。

类先天的共同属性和共同需要，即人有平等的超越性和自我超越权。平等流动是不受学历、职称、年龄、性别等因素影响，完全依据工作年限进行的自主有序性流动，是个体工作到一定年限（如 5 年或 10 年）后自动进行、不受其他任何限制的流动。平等流动的目的是平等超越、共同发展。另外，平等也需要以个体后天发展为价值导向，强调个人能力和努力差异上的平等。努力多的后天发展机会多，不努力的后天发展机会少。平等流动又不受其外在家庭背景、私人关系和经济条件影响，是以个人能力和后致性努力结果为本的流动。所以，平等要以人现有条件为基础，是人类既有本体属性，也是个体后天努力的结果。实现教师共同流动与以个人能力为本、差异性相统一的流动是平等流动的精神实质。

农村教师城市化平等流动可以为每位教师提供城市性发展机会，使其切实体会到只要在一个学校工作一段时间后，都必然要变换其工作生活环境，向城市流动。这种工作方式极易激励起其工作热情和动力，消解其职业疲倦和随意应付心理，提高教育教学质量和效率。这反过来也将成为农村教育发展的动力及其质量源泉。对于生活于人情社会只会工作、不愿意为"流动"应付烦琐人际交往的弱势教师而言，更期盼规则性的平等有序流动。平等、有序的制度性流动可以降低人情和人际消耗，节约教师流动时间、精力，有助于其集中精力搞教学，一心一意谋发展。这样的流动对他们必要也有意义，这样的流动更是关系社会中人情关系弱势教师提高工作、生活信心，实现专业成长的重要方式。

二　农村教师城市化平等有效流动的缺乏

众多调查证实，农村教师城市化流动意愿强烈而且普遍，但农村教师城市化流动平等不足，又缺乏效率。2008 年宁夏某县农村小学教师城市化流动 13 人，占农村小学教师总数的 0.7%；外流中学教师 5 人，占中学专任教师总数的 0.43%。[①] 而据当地教育专业人员估计，10 年内长期在农村小学任教，未进行过工作环境调换和想调换的教师占到了其教师总数的 60% 以上；20 年没有流动到城镇和想流动的教师占其小学教师总数

---

① 邹占第:《海原县基础教育统计报表（2008—2009 学年）》，海原县教育局，2008 年 10 月。

的 30%以上。胡敬峰调查南昌市高新区王余家洁纪念学校时发现，该校共有 46 位教师，2003 年至 2006 年三年间流失了 14 位教师。① 这个数字表面看起来相对多，但平均到每一年仅有 5 人左右，占每年流动教师总数的 10.14%，这个比重也不高。王娟对甘肃河西地区一所农村中学调查的结论是，2006—2009 年三年流动到城镇的教师 21 人，占全部教师 48 人的 43%。但每年的流动人数仅 7 人，占教师总数的 14.58%，也达不到库克曲线规定的 4 年到 5 年界限。说明农村教师城市化流动效率低。但流动出去的基本都是 26—35 岁之间的骨干教师，这对于知识陈旧老化的老教师不公平。② 庞丽娟撰文指出，江西某农村中学四年中有 36 位骨干教师流动到了浙江、广东、福建等一些发达省区城市，年流动率表面高、实质也达不到库克曲线的规定，且主要还是年轻骨干教师，对非骨干的老教师不公平。③ 而笔者在对部分流动教师随机访谈中，多数教师承认流动过程中寻找过同学、老师、亲戚、朋友等不同私人关系。其中有的人也很快找到了内部重要关系，在乡村学校工作不到一年就流动到了城市；有的人从接收单位同意调动到办完调动手续花时甚至不到一个月；有的人花费了两三年工夫"跑"调动，才如愿以偿，拿到城市绿卡；有的人在乡村学校待了很多年，因为关系"不到位"，城市化流动始终没有成行。而其他省份的一些乡村教师也认为，类似情况在全国许多农村地区都存在。说明在城市化流动这一件事情上不同教师享受到的机会、过程与结果不可能平等，流动效率也不一样，但总体上违背流动的自然平等理念、又背离流动的后致性平等精神，这样的流动既没有群体流动效率，也缺乏个体流动效率。因此，这样的流动欠平等、又缺乏效率，是不公平的流动。

影响农村教师流动效率问题的因素很多。从制度层面反思，主要是人事制度制定的不科学、不规范、不透明、静态化和人为操作等问题要素。不合理人事编制抑制了农村教师城市化流动效率。编制是组织机构设置及其人员数量的定额和职务分配规则。编制目的是控制机构与人员数量，限

① 胡敬峰：《农村中学教师流动与管理对策研究》，载《江西教育学院学报》（社会科学版），2007 年第 4 期。
② 王娟：《西北地区农村中小学教师流动问题研究——以甘肃省河西两市为例》，载《当代教育与文化》，2011 年第 4 期。
③ 庞丽娟：《加强城乡教师流动的制度化建设》，载《教育研究》，2006 年第 5 期。

制机构规模，减少开支，提高工作效益。因此，编制设置必须也合理。但是，如果城市学校没有与其实际需要相匹配的编制存在，就不能有效吸引和储备师资力量、全面开展教学。如果相关学校有编制但仅仅以学历、职称、年龄等规定、规定流动，则影响流动的先在性平等，也影响流动的总体效率。而我国现行教师编制是僵硬、刚性身份管理制度，不是根据学校、学生、班级规模变化形成的弹性编制。该编制不具备必要的伸缩性，不利于城市学校在学生数量剧增时及时吸收补充教师，也不利于提高农村教师城市化流动效率。从目前城市学校任教教师情况看，城市地区普遍缺乏教师，但也普遍缺乏编制，多数地区的多数学校都在聘用临时代课教师。农村地区的许多正式教师普遍不愿意冒着丢掉"铁饭碗"风险，在城市学校做临时聘用、雇用教师。敢于冒险向城市流动者必然是有调动把握或生活所迫者，而这些人毕竟是流动中的少数。由于代课教师身份的临时性及其"转正"期限的难以预测性，又抑制了农村教师流出的欲望和流动积极性，也制约其城市化流动效率。另外，城市教育行政部门及学校在制度层面普遍以学历、职称、年龄等条件接纳流动教师，限制了低学历、低职称和老龄教师流动。从而形成了一种平等性流动而限制了另一种平等流动，同时也影响了流动效率。因此，有人说教师职业是所有行业中流动效率最低的。①

　　而一个制度不健全、制度人为操作和不透明社会本质是非制度化社会。非制度化社会流动是规定程序和规则之外流动，是不易从严格程序上调控的流动。非制度化流动最基本的特征是流动的个别性、随意性和不确定性，随意性流动往往是最不平等、不公正性流动。因为非正式制度化流动普遍是私人关系性行为。"关系"是中国社会运用频率最高、运用范围最广的概念，是象征一个人能力大小的标志性范畴。在中国传统文化中，谁有关系、谁的关系"硬"谁就能办成事情；谁的关系少而弱，就意味着谁的能力不行。谁与流入学校领导及其教育主管部门领导有关系，谁就容易得到城市化流动绿卡、顺利流动，没有关系的教师即使才能出众也不能轻松流入相应学校。私人关系社会本质不公平。它意味着在城市化流动这一件事情上，有关系的人方便、快捷、效率高得多，没有关系的人只能

① 陆学艺：《当代中国社会流动》，社会科学文献出版社 2004 年版，第 159—160 页。

依"规则"缓慢流动或停止不进。其主要原因是在当下城市学校因地理空间不足、教师缺员不多、编制紧缺情况下，往往存在先依靠代课教师维持教学、后通过考试将其转正等情况。因代课教师身份的临时性、过渡性，聘用学校一般不便通过正式渠道对外专门公布招聘信息，"有关系"的人通过私下渠道获得了用人信息并如愿流动，没有关系的教师因信息闭塞而不能参与到城市化流动行列，导致农村教师城市化公平流动的缺损。

一定意义说，农村教师流动也有经济行为，是个体经济能力的体现，存在若隐若现的不平等性。在市场化和非正式制度化教育大背景下，农村教师城市化流动都在一定经济基础上进行，是一定经济实力者的经济行为。最基本的经济支出是进城过程中的交通住宿补贴及应试费用，这是规则之内、少数经济条件差者可能也承担不了的开支。规则之外无法掌控的人际消费也可能影响或决定流动结果。经济是基础，钱多好办事。在一个物质文明不很发达、人的思想道德境界不高，又没有严格流动制度的社会，一个富有人在现实中享有的平等自由权利明显大于或多于贫穷人。[①](p.143)高经济地位教师比低经济地位教师有更大的流动权，更容易流动。

而农村地区学校、教育行政部门以保护当地教育骨干力量、发展当地教育事业为名，普遍人为限制本地教师流动。认为农村教师的充分流动就是充分流失，农村教师充分流失就无法办好农村教育。因此，对农村流动教师的流动申请尽可能地不同意、不允许、不给"盖公章"，也是教师流动低效的原因。但人为限制了部分缺乏人情关系和社会资本人的流动，阻挡不了社会关系优势力量依然畅通进行的流动，成为不平等流动的新原因。

总之，市场经济和社会转型期农村教师流动基本是强者流动，弱者流动难以成行。他们或者是经济强者，或者是社会资本、教育教学实践能力强者。相比较而言，经济社会资本强者的流动注重流动者专业之外条件，是最不平等、最需要彻底排斥的非制度性流动。有一定工作年限和教龄者、教育教学和研究能力强者凭借个人资历和努力及其内在品质参与的制度性流动，是教师平等有效流动的基本方式，但是是一种需要进一步完善的流动方式。

---

① 卢梭：《论人类不平等的起源和基础》，商务印书馆1962年版，第143页。

三　农村教师城市化平等有效性流动的实现

平等有效流动就是自主有序流动，是国家完全正式规则制度下不受人为因素约束和限制的流动。在制度化社会，制度是公共利益和社会公平正义象征，是推动社会成员平等有效发展的基本保障。而非正式制度流动以自发组织为形式、以混乱无序为特征，是极不平等和低效的流动，是社会内耗、个体精力浪费的直接原因。因此，实行政府宏观控制指导下的科学合理的制度化流动，避免农村教师人为、自在化流动，是促进农村教师平等、高效、有序城市化流动的基本方式。

合理的流动制度需要以合理的流动审批机构为条件。流动机构规定着流动，又制约制度的执行。合理的流动审批机构只应当存在于直接接收、释放人员的直辖教育行政部门，避免行政机构过多和层层审批对流动平等效率的制约。流动审批机构的职责之一是以制度方式规定工作一定年限教师流动的基本权利和流动方式，保证流动制度对人情资本、经济资本弱势人群利益的满足和教育制度的正义本质，实现教师流动的先在性公平与效率。而教师流动机构的另一个职责是负责辖域内城市教师缺员情况的调查统计分析，并通过广播、电视、网络等途径尽早对外发布招聘信息和组织选拔相关用人单位的主考人员对进城教师进行统一考核录用，以完全制度化方式消解教师流动机会中的人情和经济资本因素，以制度化方式保证教师选用过程中的后致性平等，提高其流动效率。

农村地区以开放心态、摒弃教师流动中的人为限制和地方保护主义行为是促进教师队伍平等有效流动的基本需要。禁止和限制流动可以留住农村教师身体，不能留住其安心从教之心。而且单凭"卡人"方式留人在当代社会已经逐渐失效。为了引进优秀教师，许多城市学校已经不再将户籍档案作为进人的必要条件。没有档案材料他们可以重新建立新的档案，而取消户籍档案限制已经是社会发展大趋势。以户籍档案为手段人为限制流动，只能降低流动速度效率，而不能阻止城市化流动潮流和趋势。因此，农村教师队伍建设中需要形成平等有序流动的观念和方式。依照库克曲线规定，制定科学合理的流动制度，并严格依据制度，允许和要求工作过一定年限的教师城市性流动，不允许制度之外人为限制流动，也不允许无规则、无制度的随意性流动，是教师平等有效流动的基本保证。

而取消静态、僵化的编制制度，实行按需设编的师资制度，形成便于教师流动的教育管理体制结构，则是保持城市学校教学工作的稳定性与连续性，改变其师资力量既雇用、又不能彻底进来和流动低效的根本方式。取消编制限制可以引导农村教师合理性城市化流动，使外聘教师与在职教师同工同酬，有效开展教育教学工作；按需设岗则可以清除学校富余的非教学人员。取消编制限制不是无原则的进人，而是按需进人，根据在校学生实际数量变化而增加或减少教师指数，根据学科、岗位实际需要进人，体现用人过程中原则性与灵活性的结合。为此要根据城乡教育资源流动的趋势和特点，经常审核、调整和均衡其编制结构，以弹性化编制结构推动农村教师的有序流动和乡城师资的对口衔接。

第四节　教师流动与教育平等发展问题

流动是当代社会发展的重要基础，也是每个人获得良好发展的前提条件。越发达的国家和地区其人口流动性越强；越落后的国家和地区其人口流动性越弱。同样，越发达的国家人的发展速度越快；越落后国家人的发展速度越慢。因此，发展教育需要教师流动，教师流动是现代教育发展的条件和保证，也是教育快速发展趋势和要求。但合理的教师流动会促进教育的平等发展，不正常教师流动则是造成教育片面、畸形，非均衡、不平等发展的重要原因。[①] 合理流动是教育内部的双向平等流动，不合理流动是单向向上或者向教育系统外进行的流动。教育希求的是教育内部平等、均衡性发展，平等、均衡是教育发展永恒的价值诉求。

一　区域内外基础教育平等发展是现代化国家教育工作的终极目标

区域内外教育平等发展是指区域内外教育的公平、公正发展，主要指不同区域的教育者、受教育者均能获得平等的发展权，也能享受到平等的发展机会。范围上指个体、学校、及地区教育的平等发展，实质上是教育条件、教育过程的平衡发展。但平等发展不是平均发展或者结果相同，因为"在共产主义第一阶段还不能做到公平和平等，富裕的程度还会不同，

而不同的就是不平等。"①

从宏观层面看，国家基础教育发展的基本目标是保证区域内外教育平等发展。以区域内外教育的平衡发展推动不同地域人口素质的共同提高，进而缩小差距，促进各地区及区域内经济、社会、文化的平衡发展。依照人力资本理论，区域内外政治、经济、文化平衡发展依赖的是人口质量和素质的平衡发展，人口质量素质平衡发展依赖的是教育的均衡发展。因此，教育是区域内外诸方面平衡发展的依据和理由，是区域间政治、文化、经济协调发展的平衡器，是现代化国家教育工作的终极目标。

从具体的受教育者层面看，基础教育的直接目的是不同受教育群体获得平等发展，特别是使农村落后地区的弱势教育群体获得平等发展，进而实现社会的公平与正义。平等原则的基本含义是缩短优势地区学生与弱势地区学生之间受教育的差距，使社会中处于不利地位的人获得平等的教育条件、均等的教育过程和最大的教育利益。教育不平等将会使弱势地区的受教育群体失去社会竞争力，进而影响社会的公平与正义。

卢梭认为，人生而就是平等的。但是由于政治、经济地位的不平等性，由于文化以及历史差异等因素影响，许多人出生后就存在巨大的差异性。受后天不平等教育因素影响，进一步加速了个体之间的不平等性。因此，必须实施平等教育。平等教育就是通过平等的教育条件、教育过程，积极有效的知识、智力支持，推动社会下流人员的向上涌动，缩小个体的出生差异。

二　教师单向向上流动是造成基础教育不平等发展的直接性的内在原因

影响教育平等发展的因素很多，概括起来有内在因素和外在因素两种。政治、经济、文化、人口、自然环境等均属于外在因素，教师单向向上流动则是造成基础教育不平等发展的直接性的内在原因。

向上流动是指教师从低层次社会位置向高层次社会位置变动的情况。在我国，具体地表现为教师从西部地区向东部地区，从民族、贫困地区向城市、发达地区的流动。常言道，人往高处走，水往低处流。教师资源的

---

① 列宁：《国家与革命》，转引自《列宁选集》（第三卷），人民出版社 1972 年版，第251页。

向上流动是教师流动的自然规律，是市场经济条件下教师实现其社会价值的主要方式。但教师向上流动的速度、流量及频率则能映射出教育不平等发展的程度。教师向上流动的速度快、流量大、频率高，意味着发达地区对落后地区教育资源"掠夺"程度的加深，教育不平等程度的加重。反之，教育就会出现均衡发展的态势。

一方面，教师单向向上流动造成学校间、区域间教师资源的不平等。优质学校，经济、教育强势地区利用其优厚的工资待遇、优越的教育条件吸引、选拔教师，总是优秀教师的聚集地，使落后地区不断处于优秀人才的缺失状态。胡敬峰调查南昌市高新区王余家洁纪念学校时发现，该校共有 46 位教师，2003 年至 2006 年三年间流失了 14 位教师，基本都是学科骨干教师。造成了弱势地区基础教育质量下降。[①] 王娟对甘肃河西地区一所农村中学调查的结论是，2006—2009 年三年流动到城镇的教师 21 人，占全部教师 48 人的 43%。而且流动出去的基本都是 26—35 岁之间的骨干教师。[②] 对西部农村教育质量构成了直接威胁，也加剧了城乡教育的不平衡发展。庞丽娟撰文指出，江西某农村中学四年中有 36 位骨干教师流动到了浙江、广东、福建等一些发达省区城市，且主要还是年轻骨干教师，对不同区域间基础教育的平衡发展造成了负面影响。[③] 也导致一些地区语、数、外等核心紧缺学科教师长期处于超负荷工作状态。据了解，受教师单向向上流动等因素影响，我国许多偏远落后地区小学骨干教师的周课时量都在 18 节以上。这无形中加重了在岗教师的工作负担，影响了其工作的信心和信念，造成落后地区教育教学质量的下降。

另一方面，教师单向向上流动造成区域内外学生资源的不平等。名师出高徒是中国人广泛信奉的神话，所以，优秀教师集中的学校往往就是优秀学生趋之若鹜的地区。为名师而择校，为择校而不惜重金。师资力量薄弱的学校往往成了学困生最后的避难所。在教育竞争普遍存在的时代，地域间、学校间生源悬殊的竞争必然导致竞争结果的悬殊。城市和发达地

---

① 胡敬峰：《农村中学教师流动与管理对策研究》，《江西教育学院学报》（社会科学版），2007 年第 4 期。

② 王娟：《西北地区农村中小学教师流动问题研究——以甘肃省河西两市为例》，载《当代教育与文化》，2011 年第 4 期。

③ 庞丽娟：《加强城乡教师流动的制度化建设》，载《教育研究》，2006 年第 5 期。

区、好学校因为师资力量强、学生生源好，在升学考试排名和教育竞争中往往处于优势，进而巩固了这种优势。农村和欠发达地区、落后地区的所谓"差"学校因为师资力量弱、学生"差"在升学考试排名和教育竞争中处于弱势，进而巩固和拉大了教育差距。

受流动能力等因素影响，一般而言，中学、高校教师流动率大，小学教师流动率小；男教师流动率大，女教师流动性小。但越是低层次教师的单向向上流动，对基础教育平衡发展的负面影响力越大。

三　教师单向向上流动的原因

造成教师单向向上流动原因是多方面的，有政治因素、经济因素以及教育内部因素等等。其中政府部门的政策措施是引起教师向上流动的关键因素。新中国成立60多年来，国家、省、市教育行政部门为快速培养高层次顶尖人才，不同时期集中财力、物力和人力资源兴办了一批不同名称的重点学校、示范学校。这些学校的师资力量大多是从农村、薄弱地区和薄弱学校中公开选拔的。在选拔教师过程中，各级政府明确提出选拔条件是35岁以下，三年以上工龄、中级以上职称的骨干教师，或40岁以下的中学高级教师。并且提出选拔过程中，下级教育行政部门及学校必须尽力满足上级教育行政部门及学校要求，不能妨碍教师流动，从而导致农村和落后地区教师大量外流。

经济是教师向上流动的根本因素。计划经济时代，各地教师收入变化不大。教师流动主要是政策引导的结果。市场经济条件下，不少城市和发达地区的名牌中小学通过开办民办学校收取高额学费以及择校费，为教师提供更多的津贴待遇。而农村偏远地区学校因为无额外收入而无法给教师提供待遇，导致城市、农村，发达地区与落后地区教师收入差距明显加大。与此同时，人才作为重要的资源已经进入市场，个人对单位的依附性逐渐淡化，人才流动成为大趋势。因此，原本有失公平的义务教育在市场主义导向下更加不公平。[①]

而教育内部差距和教师地位差距是教师向上流动的内部原因。一般而

---

① 余文盛：《对我国西部边远地区高校教师流失问题的思考》，载《教育探索》，2004年第5期。

言，教师流向与教师的知识层次、工资待遇、社会地位以及所处环境紧密相关。知识层次高的高校教师社会地位高、工资待遇高，容易吸引中小学教师向之流动，知识层次较高的中学教师、其社会地位相应也高、工资待遇也较高，容易吸引小学教师向之流动。城市教师由于其环境、工资待遇高而更容易吸引农村教师的流动。① 由于各地区教育条件差异，多数教师往往从教育条件差的学校和地区流向条件好的地区和学校。

四　建立科学的教师流动机制，推动基础教育平等发展

人才流动是现代化国家的必然要求，也是社会发展的必然趋势。只有人才流动才可以找到更适合自己的工作岗位和环境，获得更多的发展机遇，也可以激发起其工作的热情和创造性，促使其获得更大、更好的发展。而每个人的发展又可以促进相应社会组织结构的发展。但现代化社会并不祈求人才的单向向上随意性流动，单向随意性流动将导致社会混乱、无序和不和谐发展。现代社会要求人才流动应合理、有序和双向进行，才可以形成社会流动的质量和效率。平稳有序流动必须要制度保证。因此，需要建立起教师上下流动，平衡发展的政策制度。也就是建立一种在保持教师队伍基本稳定基础上的能进能出制度，强化教师合理流动的激励和约束政策，促进区域内教师的均衡分布。而教师流动制度建立的方式上可借鉴日本 20 世纪 70 年代的做法，通过实行"不平等"教师政策促进教师、教育的平等化发展。实行校内外教师定期轮岗制，同时通过缩短职称评定年限、论文数量要求，提高艰苦地区教学津贴，实行艰苦地区教师质量领导负责制的形式促进发达地区向落后地区、城市向农村地区的合理流动；实行教师有偿流出机制，使落后地区在流出人才的过程中获得一定的经济补偿，用于骨干教师的引入和优秀教师的培养；同时要建立、健全教师的合同制度，依法规范教师的流动。

另外，汲取市场经济精髓，充分发挥经济资本在教师流动中的杠杆作用，发挥人才市场和劳动力市场在教师供求中的调节作用。同时，更要发挥计划经济的调节功能，引导教师向农村和经济欠发达地区流动。经济学认为，人是利益性动物，哪里有利益、哪里利益大，就会向哪里流动。因

---

① 阎光才：《义务教育制度的底线公平》，人大复印资料《中小学教育》，2003 年第 7 期。

此，为引导教师双向平衡流动，应有意向经济欠发达和农村地区教师增加
津贴，使弱势地区教师的工资津贴收入达到甚至超出城市、发达地区水
平，必然为教师双向流动创造条件，也促进不同地区基础教育质量协调
发展。

　　总之，解决基础教育平衡发展问题时，不应忽视宏观调控和计划调
节，应把市场机制和计划调节结合起来。需要加大政府投入力度、特别是
中央政府对教育落后地区教师的支持力度，提高教师待遇，改善其工作、
生活条件。

参考文献

一 著作类

（一）外文著作

1. ［英］阿兰·德波顿：《身份的焦虑》，陈广兴，南治国译，上海：上海译文出版社 2009 年版。

2. ［美］阿瑟·奥肯：《平等与效率》，北京：华夏出版社 1999 年版。

3. ［法］埃德加·莫兰：《迷失的范式：人性研究》，陈一壮译，北京：北京大学出版社 1999 年版。

4. ［加］大卫·杰弗里·史密斯，郭洋生：《全球化与后现代主义教育学》，北京：教育科学出版社 2001 年版。

5. ［英］戴维·伯姆：《论对话》，北京：教育科学出版社 2004 年版。

6. ［美］杜威：《我们怎样思维——经验与教育》，北京：人民教育出版社 1991 年版。

7. ［德］赫尔巴特：《教育学讲授纲要》，李其龙译，杭州：浙江教育出版社 2002 年版。

8. ［美］莱斯列·斯蒂芬森，大卫·哈贝曼：《世界十大人性哲学》，施忠连译，上海：复旦大学出版社 2007 年版。

9. ［苏］列宁：《国家与革命·列宁选集》（第三卷），北京：人民出版社 1972 年版。

10. ［法］卢梭：《论人类不平等的起源和基础》，北京：商务印书馆 1962 年版。

11. ［美］马里斯·特蕾莎·西尼斯卡尔科：《世界教师队伍统计概

览》，丰继平，郝丽平译，上海：华东师范大学出版社 2007 年版。

（二）中文著作

1. 昌家立：《关于知识的本体论研究——本质、结构、形态》，成都：四川出版集团巴蜀书社 2004 年版。

2. 车文博：《心理咨询大百科全书》，杭州：浙江科学技术出版社 2001 年版。

3. 陈燕：《公平与效率》，北京：中国社会科学出版社 2007 年版。

4. 陈向明：《教师如何做质的研究》，北京：教育科学出版社 2001 年版。

5. 陈永明：《现代教师论》，上海：上海教育出版社 1999 年版。

6. 陈永明等：《教师教育研究》，上海：华东师范大学出版社 2003 年版。

7. 冯江平：《挫折心理学》，太原：山西教育出版社 1991 年版。

8. 冯建军：《当代主体教育论》，南京：江苏教育出版社 2001 年版。

9. 高文：《现代教学的模式化研究》，济南：山东教育出版社 2000 年版。

10. 国家教育委员会政策法规司：《中华人民共和国现行教育法规汇编（1990—1995）》（上卷），北京：人民教育出版社 1998 年版。

11. 郭朝红：《影响教师政策的中介组织》，天津：天津教育出版社 2006 年版。

12. 金一鸣：《教育社会学》，江苏教育出版社 1998 年版。

13. 郝文武：《教育哲学》，北京：人民教育出版社 2006 年版。

14. 衡鸣：《求实创新，努力探索民族贫困地区教师培训的有效途径》，《新世纪的民族教育——新世纪民族教育论坛（回族）论文集》，银川：宁夏人民教育出版社 2003 年版。

15. 胡军：《知识论》，北京：北京大学出版社 2006 年版。

16. 李文卿：《神木统计年鉴》，神木统计局 2008 年版。

17. 陆学艺：《当代中国社会流动》，北京：中国社会科学文献出版社 2004 年版。

18. 马健生：《比较教育》，北京：高等教育出版社 2010 年版。

19. 马立：《全国中小学教师队伍现状、预测与对策研究》，北京：人民教育出版社 2006 年版。

20. 孟昭兰：《人类情绪》，上海：上海人民出版社 1989 年版。

21. 母国光，翁史烈：《高等教育管理》，北京：北京师范大学出版社，1998 年版。

22. 宁夏教育年鉴编写组：《宁夏教育年鉴》，银川：宁夏人民出版社 1988 年版。

23. 强兆虎，王建社：《教师队伍建设管理机制研究》，沈阳：沈阳出版社 2000 年版。

24. 彭世华：《发展区域教育学》，北京：教育科学出版社 2004 年版。

25. 任平：《走向交往实践的唯物主义》，人民出版社 2003 年版。

26. 任运昌等：《他们输在了起跑线上》，重庆出版社 2005 年版。

27. 陕西省陶行知研究会：《陶行知论乡村教育改造》，西安：陕西师范大学出版社 1989 年版。

28. 邵宝祥：《中小学教师继续教育基本模式的理论与实践》，北京：北京教育出版社 1999 年版。

29. 神木县教育局：《神木教育统计年鉴》，2003 年版；2008 年版。

30. 孙孔懿：《教育失误论》，南京：江苏教育出版社 2003 年版。

31. 檀传宝：《信仰教育与道德教育》，北京：教育科学出版社 1999 年版。

32. 田方，林发棠：《中国人口迁移》，北京：知识出版社 1986 年版。

33. 王保华：《教师专业化与制度创新》，中国教育政策评论（2002）（A），北京：教育科学出版社 2002 年版。

34. 王发成：《我的自学》，海原县兴仁中学校志编审委员会，《海原县兴仁中学校志》，2008 年版。

35. 王桂：《当代外国教育——教育改革的浪潮与趋势》，北京：人民教育出版社 1995 年版。

36. 王海明：《人性论》，北京：商务印书馆 2005 年版。

37. 王献玲：《民办教师始末》，北京：知识产权出版社 2007 年 7 月版。

38. 王兴林：《海原县财政志》（内部资料），2007 年 5 月。

39. 王嵘，张强，王炳刚：《贫困民族地区教师队伍建设研究》，沈阳：沈阳出版社 2000 年版。

40. 王光彦：《大学教师绩效评价研究——基于教师自主发展的探索》，北京：教育科学出版社 2012 年版。

41. 吴忠民：《社会公正论》，济南：山东人民出版社 2004 年版。

42. "西部大开发中的人口问题"课题：《西部大开发中的人口问题》，北京：中国统计出版社 2005 年版。

43. 姚洋：《转规中国、审视社会公正和平等》，北京：中国人民大学出版社 2004 年版。

44. 杨东平：《中国教育公平的理想与现实》，北京：北京大学出版社 2006 年版。

45. 叶澜，白益民等：《教师角色与教师发展新探》，北京：教育科学出版社 2001 年版。

46. 袁振国：《教育政策学》，南京：江苏教育出版社 1994 年版。

47. 袁振国：《深化教育政策研究，加强两种文化交流》，《中国教育政策评论（2001）》，北京：教育科学出版社 2001 年版。

48. 曾晓东，曾娅琴：《中国教育改革 30 年：关键数据及国际比较卷》，北京：北京师范大学出版社 2009 年版。

49. 张静：《社会身份认同研究》，上海：上海人民出版社 2006 年版。

50. 张军：《价值与存在》，北京：中国社会科学出版社 2004 年版。

51. 中国社会科学院语言研究所词典编辑室：《现代汉语词典》（修订本），北京：商务印书馆 1996 年版。

52. 周瑞海：《回顾、探索、展望——宁夏回族教育 50 年》，银川：宁夏人民出版社 2001 年版。

53. 周卫：《教育沉思录》，银川：宁夏人民出版社 1999 年第 3 版。

54. 朱小蔓：《对策与建议——2003—2004 年度教育热点、难点问题分析》，北京：教育科学出版社 2004 年版。

55. 朱智贤：《儿童心理学》，北京：人民教育出版社 1995 年第 2 版。

56. 子思：《中庸·礼记》，西安：陕西文艺出版社 2009 年版。

57. 郑金洲：《教师如何做研究》，上海：华东师范大学出版 2005 年版。

58. 曾晓东，曾娅琴：《中国教育改革 30 年：关键数据及国际比较卷》，北京：北京师范大学出版社 2009 年版。

二 论文期刊类

（一）中文期刊论文

1. 阿呷热哈莫，黄晓晗，李征：《特岗教师培训现状与需求分析》，《世界教育信息》，2012 年第 4 期。

2. 曹刚：《义务教育学校现行绩效工资制度存在的问题及对策初探》，《网络财富》，2010 年第 5 期。

3. 陈立：《行动研究》，《外国心理学》，1984 年第 3 期。

4. 陈言贵：《农村中小学骨干教师流失现象思考》，《当代教育科学》，2003 年第 11 期。

5. 邓涛，孔凡琴：《关于推进基础教育师资配置均衡化的思考——吉林省城乡师资差异和教师流动意愿的调查与分析》，《中国教育学刊》，2007 年第 9 期。

6. 董旎：《义务教育学校教师绩效工资政策实施问题探析——以沈阳市某区为例》，《基础教育研究》，2011 年第 8 期。

7. 杜金玲，谭鑫：《高校教师绩效管理研究综述》，《技术与创新管理》，2010 年第 6 期。

8. 杜志强，靳玉乐：《新课程师资培训的问题与对策》，《课程·教材·教法》，2005 年第 5 期。

9. 樊彩萍：《我国教师工资的统计分析与政策建议》，《教育发展研究》，2010 年第 21 期。

10. 范国锋，刘家富：《关于义务教育学校实施绩效工资的思考》，《知识经济》，2010 年第 10 期。

11. 范先佐，付卫东：《义务教育教师绩效工资改革：背景、成效、问题与对策——基于对中部 4 省 32 县（市）的调查》，《华中师范大学学报》（人文社会科学版），2011 年第 6 期。

12. 方卫星：《地方性本科大学教师生存状态及改善策略》，《大学教育科学》，2006 年第 3 期。

13. 冯建军：《主体教育理论：从主体性到主体间性》，人大复印资料《教育学》，2006 年第 4 期。

14. 付卫东，崔民初：《义务教育学校教师绩效工资政策分析》，《现代教育管理》，2011年第2期。

15. 高汉运，张建中，吴良益：《论教师心理障碍对教育效果的影响》，《教育探索》，2002年第2期。

16. 高靓：《教师培训，请多些人文关怀》，《中国教师》，2004年第8期。

17. 顾明远：《学历主义与教育》，人大复印报刊资料《教育学》，1999年第7期。

18. 国家教育行政学院课题组：《关于农村中小学教师队伍现状的调研报告——来自64个地市教育局长的信息及分析》，《上海教育科研》，2004年第3期。

19. 郝滢：《西方公共话语权及其在我国的发展》，《河南社会科学》，2005年第13期。

20. 郝文武：《师生主体间性建构的哲学基础和实践策略》，《北京师范大学学报》（社会科学版），2005年第4期。

21. 郝文武：《价值理性、工具理性视角观照下的农村教育问题》，《陕西师范大学学报》（哲学社会科学版），2005年第7期。

22. 郝文武：《提高教育质量的永恒追求与时代特征》，人大复印资料《教育学》，2015年第7期。

23. 胡敬峰：《农村中学教师流动与管理对策研究》，《江西教育学院学报》（社会科学版），2007年第4期。

24. 胡耀宗，童宏保：《义务教育教师绩效工资政策执行中的问题及解决策略》，《教师教育研究》，2010年第4期。

25. 金东海，任强，郭秀兰：《西北民族地区农村义务教育阶段学校教师资源配置效率现状调查》，《当代教育与文化》，2010年第2期。

26. 景晓强，景晓娟：《身份建构过程中行为体的施动性——基于社会化理论与社会身份理论的比较研究》，《外交评论》，2010年第1期。

27. 乐毅：《关于制定我国国家质量教育标准的几点思考——基于美国波多里奇国家质量奖教育标准的比较研究》，《教育理论与实践》，2007年第7期。

28. 李晓波，张莉：《我国应适当提高基础教育师资学历标准》，《内蒙古师范大学学报》（教育科学版），2010 年第 6 期。

29. 李幸：《从福柯的权利话语理论看第二十二条军规》，《文教资料》，2006 年第 3 期下旬刊。

30. 李继星：《关于中小学教育经费、教师工资及专用教室建设状况的调查》，《教育科学研究》，2005 年第 11 期。

31. 李森，杨正强：《关于教师流动的理性认识与管理策略》，《宁波大学学报》（教育科学版），2008 年第 2 期。

32. 李玉峰：《论教师教学专业技能的核心成分及其养成》，《中国教育学刊》，2007 年第 1 期。

33. 连榕，孟迎芳：《专家—新手型教师研究述评》，《福建省社会主义学院学报》，2001 年第 4 期。

34. 梁玉华，庞丽娟：《论教师角色意识：内涵、结构与价值的思考》，《教育科学》，2005 年第 4 期。

35. 刘小吾：《解读公共政策》，《湖南社会科学》，2009 年第 4 期。

36. 刘复兴：《公共教育权力的变迁与教育政策的有效性》，《教育研究》，2003 年第 2 期。

37. 刘双胤：《不合理的合理性哲学意蕴——马克斯·韦伯社会政治哲学解读》，《河南师范大学学报》（哲学社会科学版），2009 年第 4 期。

38. 刘德华，刘丽娟：《公正的理念之剑应高悬于绩效考核工作之上》，《集美大学学报》（教育科学版），2010 年第 4 期。

39. 刘魁：《政策分析角度——义务教育绩效工资的博弈分析》，《当代教育论坛》（上半月刊），2009 年第 10 期。

40. 柳国辉：《我国义务教育学校绩效工资政策的价值分析》，《教育与考试》，2011 年第 5 期。

41. 卢浩宇：《落实绩效工资制实现教育均衡发展》，《内蒙古农业大学学报》（社会科学版），2010 年第 5 期。

42. 鲁鹏：《制度合理性的根据——道德根据论批评》，《东岳论丛》，2010 年第 3 期。

43. 鲁洁：《实然与应然两重性：教育学的一种人性假设》，《华东师范大学学报》（教育科学版），1998 年第 4 期。

44. 栾俪云：《教师工资与教师流失相关的经济学分析》，《广州大学学报》（社会科学版），2005 年第 4 期。

45. 孟令熙：《教师流动规律及其对教师管理的启示》，《中国教师》，2004 年第 6 期。

46. 米锦平，代建军：《当前我国中小学教师绩效评价的问题及反思》，《教育科学研究》，2011 年第 8 期。

47. 牛瑞雪：《行动研究为什么搁浅了——大学与中小学合作研究的困境与出路》，《课程·教材·教法》，2006 年第 2 期。

48. 欧阳康：《复杂性与人文社会科学创新》，《哲学研究》，2003 年第 7 期。

49. 庞丽娟：《加强城乡教师流动的制度化建设》，《教育研究》，2006 年第 5 期。

50. 庞丽娟，韩小雨：《我国农村义务教育教师队伍建设：问题及其破解》，《教育研究》，2006 年第 9 期。

51. 乔资萍：《教育行动研究的困境及其解读》，《湖南师范大学教育科学学报》，2008 年第 4 期。

52. 邵学伦：《关于中小学教师流动问题的思考》，《山东教育科研》，2002 年第 18 期。

53. 宋宁娜：《自我：当代教育的困惑》，《南通大学学报》（教育科学版），2007 年第 2 期。

54. 苏君阳：《义务教育学校实施绩效工资面临的问题》，《中国教育学刊》，2010 年第 2 期。

55. 覃学健，杨挺：《绩效工资背景下教师流动制度新思考》，《当代教育科学》，2010 年第 15 期。

56. 汤利荣，洪肖红：《实现教师专业发展的有效途径》，《台州学院学报》，2008 年第 3 期。

57. 唐毅：《新时期教师心理挫折的成因与对策》，《教育导刊》，2002 年。

58. 滕飞：《以人为本新课程师资培训课程体系建构的新视野》，《教育探索》，2005 年第 9 期。

59. 童传贵：《基于"三圈"理论视角的事业单位绩效工资分析》，《经营管理者》，2011 年第 6 期。

60. 王安全，杨淑霞：《我国贫困地区教师问题政策建议》，《教学与管理》，2005 年第 3 期。

61. 王安全：《关于稳定贫困地区教师队伍的几点思考》，《教育探索》，2005 年第 9 期。

62. 王安全：《海原县农村教师地缘结构变迁研究》，《教育学报》，2011 年第 4 期。

63. 王安全：《特岗教师政策合理性审思》，人大复印资料《中小学教育》，2011 年第 12 期。

64. 王安全：《非正式教师存在的合理性及其合理性原则》，《教育理论与实践》，2012 年第 1 期。

65. 王安全：《教师学历功能及其正向化方式》，《中国教育学刊》，2012 年第 1 期。

66. 王传金：《教师教育标准：维度与主体》，《河北师范大学学报》（教育科学版），2010 年第 9 期。

67. 王洪斌：《关于中小学教师流动问题的思考》，《江西教育科研》，2001 年第 6 期。

68. 王坤庆：《关于人性与教育关系的探讨》，《教育研究与实验》，2007 年第 3 期。

69. 王海峰，张忆寒：《公平与效率关系新论》，《求索》，2010 年第 7 期。

70. 王娟：《西北地区农村中小学教师流动问题研究——以甘肃省河西两市为例》，《当代教育与文化》，2011 年第 4 期。

71. 吴郁葱：《一个应令人警觉的问题——从乐清师范招生男女生比例看教育生态环境的平衡》，《教学与管理》，2000 年第 11 期。

72. 邢思珍：《社会学视角下的教师话语权》，《当代教育科学》，2004 年第 7 期。

73. 熊川武：《教育理解论》，《教育研究》，2005 年第 8 期。

74. 熊和平：《教师是谁——现代教育理念下教师身份的重构》，《上海教育科研》，2005 年第 3 期。

75. 解光穆，刘炎胜：《宁夏农村教师队伍实证研究与对策》，《宁夏师范学院学报》（社会科学版），2010 年第 2 期。

76. 鱼霞，毛亚庆：《论有效的教师培训》，《教师教育研究》，2004年第1期。

77. 余文盛：《对我国西部边远地区高校教师流失问题的思考》，《教育探索》，2004年第5期。

78. 余小波：《高等教育质量概念：内涵与外延》，《新华文摘》，2006年第3期。

79. 阎光才：《义务教育制度的底线公平》，人大复印资料《中小学教育》，2003年第7期。

80. 张天雪，朱智刚：《非正式制度规约下教师流动实证分析——以桐庐县为例》，《中国教育学刊》，2009年第4期。

81. 张光陆：《教师实践智慧生成的自我理解之路》，《教育学术月刊》，2009年第7期。

82. 张锐：《浅谈教师绩效工资的实施与绩效评价标准的构建》，《知识经济》，2009年第12期。

83. 赵德成：《绩效工资如何设计才能有效激励教师——基于心理学理论的分析》，《中国教育学刊》，2010年第6期。

84. 周必玲：《绩效工资实施背景下人文关怀的价值探析》，《科学咨询》（教育科研），2012年第3期。

85. 周霖，霍国强：《教师绩效工资缘何难以推行》，《当代教育科学》，2011年第10期。

86. 周如俊：《教师"行动研究"如何"行动"》，《中小学教师培训》，2009年第10期。

87. 周卫勇：《山东省普通高中教师来源结构调查与相关政策分析》，《教师教育研究》，2010年第3期。

88. 钟秉林，宋萑：《专业化与去专业化：美国教师教育改革悖论——中美教师教育比较研究之一》，《高等教育研究》，2011年第4期。

89. 钟启泉：《"教师专业化"的误区及其批判》，《教育发展研究》，2003年Z1期。

90. 朱兴宏，汪传雷：《义务教育学校绩效工资制度（激励机制）研究》，《皖西学院学报》2010年第4期。

（二）外文期刊

1. Darinka Verdonik, Between Understanding and Misunderstanding. Journal of Pragmatics, 2009 (9)

2. Bernadette Robinsona, Wenwu Yi. The Role and Status of non – governmental（"daike"）Teachers in China's Rural Education. International Journal of Educational Development 28（2008）35 – 54

3. Collins, Timothy. Attracting And Retaining Teachers In Rural Areas. ERIC Digest. ERICERIC Clearinghouse on Rural Education and Small Schools Charleston WV. Identifier：ED438152, 1999 – 12 – 00

4. Jennifer Imazeki. Teacher Salaries and Teacher Attrition. Economics of Education Review, Volume 24, Issue 4, August 2005, Pages 431 – 449

5. Mingxing Liu, Rachel Murphy. Education Management and Performance after Rural Education Finance Reform：Evidence from Western China. International Journal of Educational Development. Volume 29, Issue 5, September 2009, Pages 463 – 473. Education and Development In Contemporary China

三　学位论文类

1. 卜延文：《教师专业化的系统分析与对策研究》，博士学位论文，天津大学，2004 年。

2. 刘欣：《由教育政策走向教育公平——我国基础教育政策的公平机制研究》，博士学位论文，华中师范大学，2008 年。

3. 刘良华：《行动研究的史与思》，博士学位论文，华东师范大学，2001 年。

4. 石长林：《中国教师政策研究》，博士学位论文，华中师范大学，2005 年。

5. 周小虎：《利益集团视角下的美国教师组织对教育政策的影响研究》，博士学位论文，东北师范大学，2006 年。

6. 周宏伟：《教师绩效工资改革的问题与对策研究》，硕士学位论文，华东师范大学，2011 年。

7. 朱金花：《教育公平：政策的视角》，博士学位论文，吉林大学，

2005 年。

8. 朱永坤：《教育政策公平性研究——基于义务教育公平问题的分析》，博士学位论文，东北师范大学，2008 年。

四 电子期刊类、档案文献及报纸类文献

1. http：//hi. baidu. com/日月网：2009 年全国县域经济排行榜，2009 年 7 月 27 日。

2. 教育部：关于实施"农村义务教育阶段学校教师特设岗位计划"有关情况［EB/OL］. （2006 - 05 - 15）. http：//www. moe. gov. cn/edoas/web - site18/28/info1237286979339528. htm。

3. 海原县教育局，1958、1968、1978、1988、1998、2008 年海原县教育统计资料（内部资料）。

4. 海原县教育局：《海原县特岗教师花名册（2006—2010 年)》，2011 年 10 月。

5. 全国人民代表大会常务委员会：《中华人民共和国义务教育法》（2006 年修正）［EB/OL］. （2006 - 06 - 29）. http：//www. moe. edu. cn/edoas/website18/69/info20369. htm。

6. www. csscipaper. com. 国外薄弱学校改进的有效举措探析（2），2010 - 05 - 25 06：50。

7. 宁夏教育厅师资处 2007 年年度统计报表。

8. 教育部 财政部 人事部 中央编办：《关于实施农村义务教育阶段学校教师特设岗位计划的通知》教师〔2006〕2 号，http：//www. edu. cn/zhuan_ ti_ 5118 /20090115/t20090115 _ 35 5319. shtml。

9. 张树红：《固原市 2005—2006 年教育统计报表》，固原市教育局（内部资料），2005 年 11 月。

10. 邹占第：《海原县基础教育统计报表（2008—2009 学年)》，海原县教育局（内部资料），2008 年 10 月。

11. 傅剑锋：《代课教师艰辛执着震动人心》，《南方周末》，2005 年 11 月第 3 版。

后　记

历时多年的思考，这本仍然显得并不成熟的拙著《西部农村教师教育政策的理论基础与实践反思》终于结稿了。

屈指算来，从事教师教育理论学习和实践应用已经 27 年了，专门从事农村教师政策研究已经十年多时间。因此，拙著是在以往理论学习和实践锻炼基础上进行的，倾注了个人在教师教育方面思想、情感和经验及其喜怒哀乐，也是专门化研究的结果。期间翻阅了大量学术专著，也查阅了许多期刊论文。在历经多次一线调研和对所研究问题进行长时间思考基础上完成。为了科研和学术上的追求，期间放弃了许多寒暑假和节假日休息时间；为了学术上的发展，也放弃了与家人休闲度假机会。在他人看来，其写作的艰辛是不言而喻的。但在研究者看来，这里面有艰辛、也有快乐和幸福。当有值得他人信任的成果出来的时候，这里的幸福是难以形容的。当然，对家人的愧疚也是不言而喻的。

拙著写作过程中引用了许多专家、学者的观点，有些地方注释出来了，有些地方由于考证不到位，并没有明确标注。在此表示感谢，也表示歉意。我的硕士研究生马春梅、余英姿、刘飞、任伟参与了部分章节的编写工作，对他们的劳动在此一并表示感谢。

尽管论稿已经完成。然而，仔细分析论稿之中仍有许多问题和不足之处。有些内容自我感觉已经完善，但由于个人能力和水平有限，没有发现的问题应该还不少，望同行、读者提出宝贵意见。

2015 年 8 月初于宁夏大学金波湖畔